东非简史

[美]罗伯特·马克森　著
王　涛　暴明莹　译

世界知识出版社

图字:01—2010—4774 号

图书在版编目(CIP)数据

东非简史/(美)马克森(Maxon,R.M.)著,王涛,暴明莹译.—北京:世界知识出版社,2012.11
(浙江师范大学非洲研究文库.非洲研究译丛)
书名原文:East Africa:An Introductory History
ISBN 978-7-5012-4378-5
Ⅰ.①东… Ⅱ.①马… ②王… ③暴… Ⅲ.①东非—历史 Ⅳ.①K42
中国版本图书馆 CIP 数据核字(2012)第 259186 号

书　　名	东非简史 Dongfei Jianshi
作　　者	[美]罗伯特·马克森
译　　者	王　涛　暴明莹
责任编辑	柏　英
特约编辑	王振兴
责任出版	刘　喆
出版发行	世界知识出版社
地址邮编	北京市东城区干面胡同 51 号(100010)
投稿信箱	xueshuchuban@126.com
照排印刷	北京市兰翎印刷有限公司
经　　销	新华书店
开本印张	720×1020 毫米　1/16　18 印张
字　　数	284 千字
版次印次	2012 年 12 月第一版　2013 年 7 月第二次印刷
标准书号	ISBN 978-7-5012-4378-5
原书书号	ISBN 978-1-933202-46-4
定　　价	36.00 元

本书获教育部区域和国别研究基地、浙江省哲学社会科学重点研究基地、浙江省重点创新团队（文化创新类）、浙江省高等学校创新团队、浙江师范大学非洲研究文库出版基金资助

《非洲研究文库》编纂委员会

（以姓氏笔划为序）

目录

Contents

序

东非有着悠久丰富的历史，多数地区的历史都可以追溯到人类起源时期。本书叙述的是东非从石器时代到20世纪90年代的历史。尽管在20世纪以前东非的三个现代国家——肯尼亚、坦桑尼亚和乌干达都尚未成形，但本书还是以这些国家为单位对东非历史进行考察。除了前三章，其余章节都以东非大陆三个地区为单元，分别论述各自地区内的历史发展，在论述殖民时期的章节中，沿海的桑给巴尔岛(Zanzibar)与奔巴岛(Pemba)也被作为独立的单元进行叙述。

本书大概可以平均分为两个部分。前七章讲述了前殖民时期从史前最早时代一直到19世纪90年代的东非历史。由于东非内陆大部分地区缺乏19世纪以前的文字材料及其他原因，所以在前几章中对时间的界定必然存在武断之处。第三章专门探讨了沿海地区的历史，第四和第五章叙述东非内陆的历史；这种处理方法符合大多数的东非历史编纂学，因为19世纪前东非沿海与内陆地区的历史发展几乎没有共同之处。

最初几章主要关注各个群体的迁徙及其政治、经济与社会体系的发展。本书的一个主要目标是描绘出这一地区主要的社会形态——常常被定义为"部落"或"族群"——如何在19世纪90年代以前占据其所在区域的。这是一段有关各个群体迁徙、运动及彼此互动的故事。简单而言，东非各种社会形态反映在语言、文化及经济体系中的巨大差异。同样的差异性也体现在东非的政治形态。东非一些地区发展出了由君主统治的中央集权国家。历史学家拥有更多关于这些国家的材料，从中可以了解这些国家的更多细节；与之相比，关于由酋长或长老会议统治的政治形态的材料少得多。

从19世纪开始，东非受到了日益增强的外部影响，并随着欧洲人瓜分这一地区而达到高潮，其中最重要的是欧洲人通过商业渗透进这一地区。在19世纪，欧洲资本主义在东非寻找原料来源并开拓市场。日益增加的贸易联系以及人道主义的考虑为英国与德国占领东非提供了契机。第六和第七章讨论了相关具体细节。

从第八章至第十一章是本书的下半部分。其中前三章详述了始于19世纪90年代强加给东非的殖民统治及其运作情况。殖民统治的时间尽管不长，却留下了巨大的遗产。政治独裁主义与经济依附性的模式被建立起来，而取得独立的东非各国也没能果断地改变这些模式。

第十一章考察了20世纪60—90年代东非各国独立以来的历史。[①]

在第四和第五章中，当论及前殖民时代的历史时，“坦桑尼亚”(Tanzania)这个词被用来指代这个国家的大陆地区。在第八章，“德属东非”(German East Africa)一词表示在19世纪90年代至第一次世界大战结束坦桑尼亚大陆处于德国统治之下。在第九和第十章，“坦噶尼喀”(Tanganyika)一词表示一战结束后英国在占领这一地区后给它起的新名字。冒着可能导致混淆的风险，使用这些词汇以反映不同时期的术语使用情况。

书中有关地名、族群名、语言名称的拼写都与当前的用法一致。出于方便与清晰的考虑，多数族群名称的前缀都被省略掉了，例如，本书中使用“干达人”(Ganda)而非“巴干达人”(Baganda)。语言学术语的分类与拼写大多都依据俄瑞特(C. Ehret)、内斯(D. Nurse)、舍恩布伦(D. Schoenbrun)与菲利普森(G. Philipson)的用法。族群的名称并不总是与语言学术语相匹配。第二和第四章提供了图表，帮助读者认识那些讲不同语言的族群之间的关系。

若无许多人的帮助，这一有关东非历史的著述是不可能完成的。在此，不再一一致谢。我尤其要感谢约翰·因达克瓦(John Indakwa)，他说服我完成这一项目；还要感谢安铁诺·奥德荷姆博(E. S. Atieno Odhiambo)和奥切恩格(W. R. Ochieng)，在我撰写本书初稿时，他们与我分享了理念与材料。西北大学(Northwestern University)的约翰·罗维(John Rowe)、加利福尼亚州大学戴维斯分校(University of California at Davis)的辛西亚·布兰特利(Cynthia Brantley)阅读了书稿，他们的意见对我完成定稿的帮助最大。西弗吉尼亚大学(West Virginia University)的肯·马蒂斯(Ken Martis)和埃里森·哈纳姆(Alison Hanham)准备了本书的地图。特别要感谢已故的西弗吉尼亚大学出版社(West Virginia University Press)的第一位经理罗伯特·穆恩(Robert Munn)对我的鼓励与帮助。

① 在第三版中，作者对20世纪90年代至2008年的历史也做了相应的补充。译者注。

第一章　东非地理

东非地区包括肯尼亚(Kenya)、乌干达(Uganda)和坦桑尼亚(Tanzania)的大陆以及桑给巴尔岛(Zanzibar)和奔巴岛(Pemba)。这一地区的地形、气候和植被差异极大。既有潮湿的沿海地带，也有积雪覆盖的乞力马扎罗山(Kilimanjaro)和肯尼亚山。维多利亚湖(Lake Victoria)的湖滨是一片苍翠繁茂的地带；肯尼亚东北部则是荒芜的不毛之地。东非大裂谷(Rift Valley)有着巍峨的峭壁悬崖，而赛伦盖蒂平原(Serengeti Plain)却看似无边无垠。东非地区横跨赤道，差不多有67.9万平方英里。其自然边界东为芬芳怡人的印度洋海岸，南为鲁伍马河(Ruvuma River)，西为壮丽的大裂谷西支及一系列高地，在普遍较为干旱的北方地区没有明显的自然边界。

一、地形

东非大部分地区是由一系列高原或类似高原的、有着不同外形与高度的地表所构成。这些高原的海拔从约1 200英尺到超过10 000英尺不等；大陆隆起、断层、火山运动及侵蚀等多种多样的地质进程塑造出了东非的地貌。而东非大部分地区的气候和植被类型都受到了高原地形的影响。

也许了解东非地形的最有效方式是，从东非沿海地区开始对这一地区进行想像性扫视。东非很少有广阔的沿海平原。从肯尼亚的塔纳河(Tana River)三角洲到南部坦桑尼亚的达累斯萨拉姆(Dar es Salaam)的沿海平原特别狭窄，其以北和以南地区的沿海平原较为宽阔。

沿海平原以西是高原，这里的地势逐渐上升到海拔3 000英尺。东部高原是高原地区中海拔最低的地区之一，坦桑尼亚北部沿海的坦噶(Tanga)以西的高原部分非常狭窄，由此向南北延伸则变得比较开阔。它向北囊括了肯尼亚北部大部分地区；在莫罗戈罗(Morogoro)以南，扩展至包括大鲁阿哈河(Great

Ruaha)与基隆贝罗河(Kilombero)河谷的地区。

进一步深入内陆就到了中部高原，这里与东部差异不大。中部高原囊括了维多利亚湖在内的乌干达和坦桑尼亚内陆大部分地区，其海拔从 3 000 英尺到 4 500 英尺不等，只有某些地方地势比较高。到了乌干达北部，高原的海拔已逐渐降低。

高地分布在肯尼亚中部、坦桑尼亚的北部和南部、乌干达的西南部，这里明显要比内陆高原的海拔高。之所以会如此，可以归结为火山活动，这是很清楚的，火山活动在这里造出了高达 19 000 英尺的乞力马扎罗顶峰。这些高地中最广阔的一块分布在肯尼亚中部。事实上，这块高地被东非大裂谷的东支切割成两部分，形成了东边的阿伯德尔山(Aberdare)和西边的茅地区(Mau)。

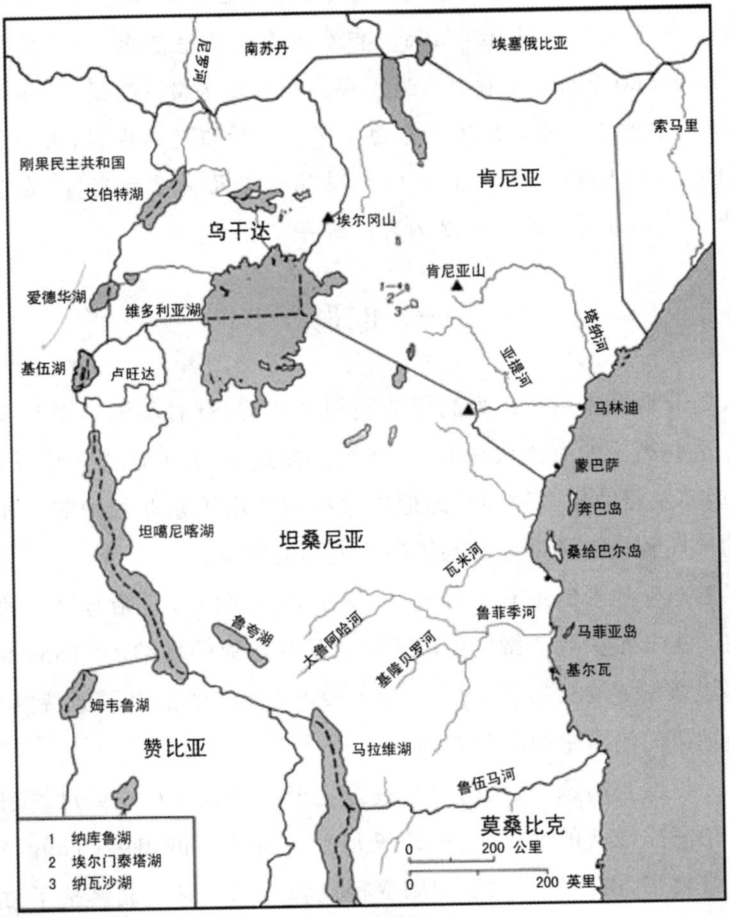

图 1—1 东非主要地形特征

大裂谷东支可能是整个东非最清晰可辨的地貌了，是因地壳断裂而形成的两列相对的平行悬崖中间的下沉地貌。在这里，仅仅几百英里范围内就有着显著的地形变化。在肯尼亚中部，裂谷扩展形成一个宽度为20—40英里的宽阔谷地。在北部的图尔卡纳湖（Turkana）地区，裂谷谷底的海拔为1 200英尺，到了肯尼亚中部的纳库鲁湖（Nakuru）地区谷底海拔上升至接近6000英尺，到了靠近肯尼亚与坦桑尼亚边界的地区谷底海拔下降至2 000英尺以下。

来到东非地区西部，可以在大裂谷西支——从马拉维湖（Malawi）经坦噶尼喀湖（Tanganyika）至艾伯特湖（Albert）——看到另一幅独特的景象。这里的山谷很深，坦噶尼喀湖是世界上第二深的湖泊，与之邻近的、乌干达境内的鲁文佐里山（Ruwenzori Mountains）是整个东非地区最重要的山脉之一。

无论是在大裂谷的东支还是西支，谷底都零星点缀着一些死火山和湖泊。裂谷东支还有不少比较浅的盐湖，包括图尔卡纳湖、巴林戈湖（Baringo）、纳库鲁湖（Nakuru）、埃尔门泰塔湖（Elementeita）、纳瓦沙湖（Naivasha）、马加迪湖（Magadi）、纳特龙湖（Natron）和埃亚西湖（Eyasi）。裂谷西支的湖不多，但都很大，包括坦噶尼喀湖、艾伯特湖、基伍湖（Kivu）和爱德华湖（Edward）。

维多利亚湖是世界第二大淡水湖，位于东、西两支裂谷中间的低洼地区。视线所及之处无不是它广阔的水面。维多利亚湖估计是由于地壳运动形成的，地壳运动阻塞了它原先向西的水道。临湖的大部分地区降水量都很大。与东支裂谷中的那些湖区相比，维多利亚湖的湖滨地区从古至今人口一直都很稠密。从维多利亚湖向西至坦噶尼喀湖、基伍湖、爱德华湖、艾伯特湖之间以及向北至基奥加湖（Kyoga）之间的地区，常常被称作“大湖地区”或“湖间地区”。

维多利亚湖是非洲最长河流尼罗河（Nile）的源头之一。[①]尼罗河蜿蜒北上，穿过基奥加湖和艾伯特湖后离开东非地区。非洲其他主要河流多向东流入印度洋，比如鲁伍马河、鲁菲季河（Rufiji）、瓦米河（Wami）、潘加尼河（Pangani）、加拉那—萨巴基河（Galana－Sabaki）和塔纳河（Tana），这些河流都季节性地冲击出一片低湿地带。在鲁菲季河、瓦米河和塔纳河的下游都有很大的三角洲；不过，密集的河渠分叉限制了它们作为交通通道的功能。由于从地势较高的西部高原

① 维多利亚湖是尼罗河的两条支流之一白尼罗河的源头；而另一支流青尼罗河则源于埃塞俄比亚高原的塔纳湖。译者注。

流向沿海，一些河流中产生了瀑布和急流，而另一些河流的入海口被沙洲所阻。这些因素都制约了东向河流的利用，使之无法作为联系沿海与内陆的通道。

二、气候

正如地势的起伏一样，东非的气候特征也变化多样。最重要的气候因子无疑是降水。在东非，降水是不均衡的。一些地区如沿海地区与大湖地区的降水非常丰富，但另外一些地区如肯尼亚东北部则降水相对较少。这种变化主要表现为每年降雨量的多少和降水时间的不同。东非近 2/3 的地区在一年中会遭受六个月或更长时间的干旱。例如，肯尼亚有近 15%的地区每年仅有 30 英寸的降水。这意味着在许多土地上不能有效地从事农业生产。

东南信风（又称东南季风）是带给东非降水的一个主要因素。从每年 4 月开始，这些饱含水气的风从东南方向的印度洋上空稳定地向东非吹来。7 月，风力达到高潮。从 11 月到来年 3 月，影响东非地区的主要是东北信风（又称东北季风），来自东北方的风通常是由大量干燥的气流组成。几个世纪以来，这种季风系统的交替对印度洋上的航行产生了重大影响。东北季风便利了从阿拉伯、波斯湾与印度到东非沿海地区的小帆船（即单桅三角帆）的旅程，而东南季风则为这些船只从东非向北方地区返航提供了便捷。

在东非内部，一些降水类型可能值得关注。简便起见，可将它们分为两大类。第一种降水类型的特点是，一年中的暴雨有两个时段，通常称为雨季，在两个雨季的间隔通常不会下雨，称为旱季。例如，在肯尼亚中部内罗毕（Nairobi）以北，降水通常集中在 3—5 月，下一次降水期则在 10—12 月。与此相似的降水类型分布在维多利亚湖沿岸和东非沿海的大部分地区。在这种降水类型影响下，有两个生长季节。第二种降水类型是一年中只有一个湿季和一个干季。在坦桑尼亚大部分地区，降水主要集中在 11 月至来年 3 月，在一年的其他时间里则相对干旱。而在乌干达北部地区，坦桑尼亚湿季的那几个月是它的干季。除了上述两种类型外，肯尼亚北部地区的降水量普遍很少。

东非内陆多种多样的水体对不同地区的降水量产生了显著影响。高地得到了很好的灌溉，因为周围有东非最高的山峰，如埃尔冈山（Elgon）、肯尼亚山与乞力马扎罗山。维多利亚湖庞大的表面积也对降水产生了积极的影响，其湖滨地区是东非灌溉最好的地区。

然而，必须要强调的是，通常而言，东非总体降水情况并不好。除了东非各地的降水量不充足外，降水的稳定性无论是在降水量上还是在降水时间上都无法令人满意。而且，在雨季里降水通常集中在一天中的某一时段，这导致大量水资源通过径流损失掉了。东非的高蒸发率进一步减少了降水在一些农耕地区的利用价值。

气温是东非气候的另一个重要因素。年均最高温和最低温与海拔高度密切相关。沿海地区通常是闷热的，湿气也很重。例如，蒙巴萨（Mombasa）的年均气温全年变化不大，为 26.3℃，平均日温差在沿海地区中也非常小。而在内陆高原，年均温度低，湿度小，日温差大。内罗毕的年均气温为 19.1℃。在海拔更高的地区，年均温度更低。东非虽然处于赤道地区，但环境普遍比较温和。

三、植被和土壤

气候对东非的植被状况产生了重要影响，而这一地区的植被分布也与降水情况相对应。从干旱的沙漠到潮湿的雨林，从沿海的沼泽到气候温和的山峰，东非有着大量不同的植被类型。

如果把“森林”理解为密集的高大树木所形成的荫盖遮蔽了阳光、使树下的草类无法生长的区域，那么在最近一段时期东非森林植被的面积相对较小。这样的森林与大量降水相关，可能会在一些山地地区特别是肯尼亚境内以及潮湿的低地见到它们。许多森林里都生长着常青树，也有不少落叶阔叶林。除了在一些地区的残余外，今日东非的热带雨林已经非常少了。过去雨林可能在东非大量分布。大约 2 000 年前的农业开发使这里的雨林被清除了。

在东非，分布更广泛的植被类型是林地，由草类和灌木类植物等地表植被混杂而成。干燥性疏林植被是东非最大的植被类型之一，在地理分布上这种植被带与只有一个雨季和一个漫长旱季的气候区差不多一致，例如坦桑尼亚西南和东南的大部分地区。

另一种主要的植被类型是稀树干草原，这是长满高草、夹杂着乔木和灌木的植被区域。如果没有放牧的话，草一般可以生长到超过 30 英寸的高度。稀树干草原在东非主要是小乔木与草地的混合。这种混合的植被类型主要分布在乌干达大部分地区、肯尼亚西部的部分地区和坦桑尼亚西北部。这种草原是人类开发原始森林的清晰证据。

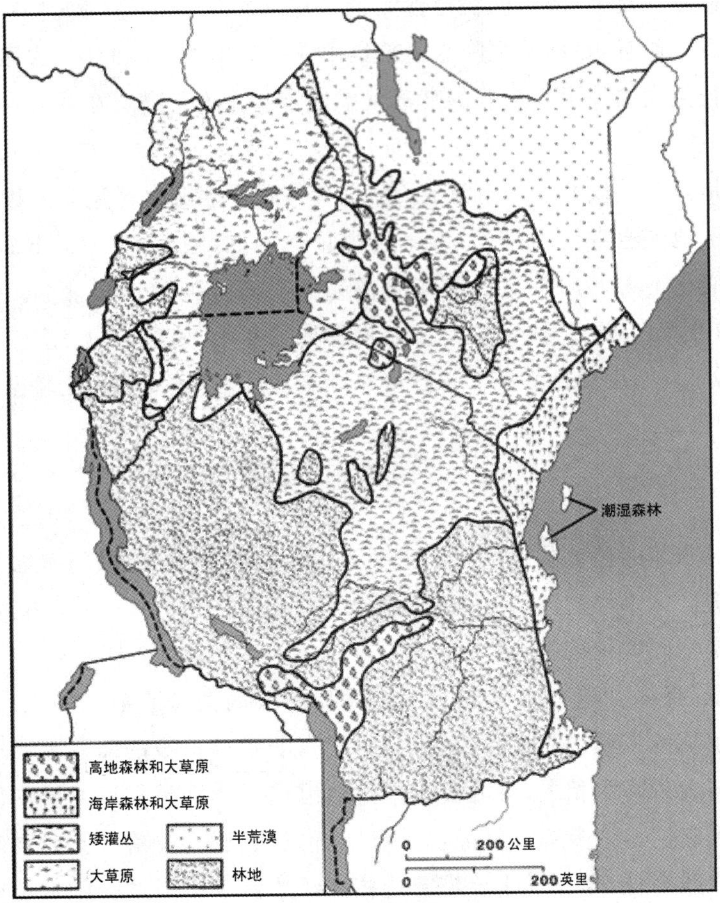

图 1—2 东非主要的植被类型

东非相当大的一部分地区覆盖着被称为丛林和灌木丛类型的植被。这些地区被小型灌木状树和较少的灌木丛覆盖。广阔的灌木丛占据了半干旱的地区，以多刺的树木为主要植被。这种植被分布在肯尼亚北部地区、乌干达东北部的一小块地区。它们构成的宽阔地带分隔了肯尼亚沿海与内陆高原。斯瓦希里语的名称“恩伊卡”[①]为这一地带粗糙、干旱的环境做了很好的注解。灌木丛林也

① 原文为“Nyika”，意思是“荒地”。译者注。

分布在坦桑尼亚中北部地区。

除了少数特殊情况外，半干旱的植被类型主要分布在肯尼亚北部地区。在这些地区，由于气候干旱，地表没有植被；只有降雨时才会生长出小簇小簇的草，或分布更广的灌木与小灌木。这种半干旱的植被类型从图尔卡纳湖以西一直向东延伸，形成一个向南的弧形。

与沿海某些地区不同，另一些地区分布着长期潮湿或被水淹没的沼泽植被带，那里往往还生长着红树林。虽然范围不大，但这些湿地已经成为从沿海出口的木材的重要来源地。

像气候与植被一样，东非的土壤情况也是复杂多样的，很难从整体上对这么大的地区做出准确的描述。不过通常而言，东非的土壤是贫瘠的，水土流失一直是重要的原因。热带地区频繁的暴雨所产生的影响突出表现为对土壤的冲刷过程；大量雨水冲过土壤，冲刷并溶解了土壤中的矿物质与植物养分。东非土壤富含不会被冲刷掉的氧化铁，因此常常是红色的。另一方面，东非最好的土壤往往是火山活动形成的。

同样重要的是含有矿物质的土壤，但不像非洲其他地区那样富含贵重金属。在东非，苏打的沉积物主要分布在肯尼亚的马加迪湖。这里仅有少量的金矿和铜矿被加工，而硅藻、石英和石灰岩被更广泛地开采。在乌干达开采的矿物主要有铜矿和钴矿。在坦桑尼亚，钻石成为近来最重要的出口矿物。金、银、铜、锡也在开采。在坦桑尼亚南部还勘探出一个超过 3 亿吨的煤矿，但由于糟糕的交通状况，这些煤几乎不可能被开采出来。这三个国家里，在选定区块的石油勘探也在进行中。不过，还无法对石油进行大规模开采。

即使无法在东非找到丰富且集中分布的自然资源，也能在这里发现多种多样的自然美景。从雪峰到青葱的草原，从荒芜的沙漠到与内陆高原相连的惊险悬崖，东非确实为以那里为故乡的人提供了富有吸引力的、激动人心的景观。对于那些在东非居住了几千年的、数不清世代的人而言，这里是极具挑战的、迷人的家。从公元前 1000 年讲班图语的农民到 20 世纪的欧洲旅行者，外来人群也都对东非产生了浓厚的兴趣。

第二章 1000年以前的东非居民

本书只能对东非最早期的历史做一个概括性的梳理。本章所涉及的是一个长时段;在这1 000年时间里的历史知识都是概述性的,这对历史学家也提出了挑战。这一时期东非人类历史包括石器时代和早期铁器时代,其主要信息都来自考古学;有关早期铁器时代的历史,语言学也为历史学家提供了重要的视角。

东非早期铁器时代始于比基督纪元(Christian era)稍早时期。那时,今天许多东非居民的祖先已来到这一地区,并带来了生产食物与炼铁的知识,一些族群懂得炼铁的时间要稍晚于生产食物。在未来几个世纪里,新到达东非的人群包括讲班图语(Bantus)和讲尼罗特语(Nilotic)的族群,他们相互交流融合,并与石器时代末期的东非原住民融合。在这1 000年里,东非历史的特征就是这种塑造了社会结构的族群互动。

考古研究表明,东非地区广泛分布有石器时代的狩猎与采集人群,是人类进化的一个十分重要的地区。在过去半个世纪,考古学家的挖掘工作逐渐使东非早期人类化石遗存的情况完整呈现出来。这有助于深入理解有关人类脑容量扩大、双足活动模式以及用手制造工具的过程。

有关早期人类的一个非常重要的信息来源是坦桑尼亚北部的奥杜瓦伊峡谷(Olduvai Gorge)遗址。由于已故的利基博士(Dr. L. S. B. Leakey)及其家人在这里进行的富有开创性的艰苦工作,峡谷两侧崖壁上的五个沉积层才得以识别,并回溯出一幅200万年前的地理图景。那时,这里是一个分布有湖泊的水量充沛的地区,附近平原有大量动物出没,早期人类就生活于其间。重要的人类化石及一些最古老的石器工具在这里被发现;卵石工具分布在最底部、最古老的地层——“一号床”(Bed 1)。奥杜瓦伊地区曾有火山爆发,因此考古遗存的时间可以利用钾氩测年技术确定。在奥杜瓦伊发现的卵石工具的时间可以上溯到约200万年前。

在奥杜瓦伊"一号床"中发现的卵石工具,通常被称作"奥尔德文"(Oldowan)型石器,大多数学者认为它代表了原始人类使用的最早的工具类型。这些小石头被看作工具有三个主要原因:这些石头显示出被剥落的规则形状,表明它们曾被有意地改造过;它们与许多碎裂的小动物骨头一起被发现,很显然,这些卵石工具是用来榨取骨髓的;最后一点原因是,在奥杜瓦伊地区湖中的沉积物里,石头比较少,所以这一地区发现的任何大量集中的石头都是被作为工具使用的。最近,在肯尼亚图尔卡纳湖以东的库比·弗拉(Koobi Fora)遗址发现了被称作"卡拉里"(Karari)的卵石工具系列,它们可以上溯到250万年以前,比奥杜瓦伊还要古老。

在东非,奥杜瓦伊与库比·弗拉是最重要的遗址,两处都发现有奥尔德文型工具;而150万年前在东非被广泛使用的、更大的、更复杂的手斧工具阿舍利工具(Acheulean tools),在东非各个考古遗址中均被发现。从这些手掌大小的工具开始,为了方便起见,我们将石器时代划分为三个连续的时段,即早期石器、中期石器和晚期石器时代,这样的划分是基于原始人类的生活方式及其使用工具的变革。正如我们所设想的,这是一个从简单到复杂的过程。

一、早期石器时代

考古学家在东非对众多手斧遗址进行了调查,他们有机会了解原始人是如何制造、使用这些工具以维持生存的。当然,手斧并非早期石器时代唯一被使用的工具。奥尔德文型工具在这一时期仍被继续使用,早期石器时代结束时刮削器、切割器、刀以及投石都已被使用。原始人也可能使用一些木制工具,但这些工具很久以前就腐蚀了。就像在中期石器与晚期石器时代一样,在早期石器时代人们更多的是从周围环境中获取食物,而非自己生产。那些制作阿舍利工具的人通过采集野生果蔬、狩猎(可能也捕鱼)或吃动物尸体维持生存。石器被用来剥皮、切割动物尸体、砸碎骨头或研磨植物。

无疑，人在早期石器时代生活在相对较小的狩猎团体中，住在水域（如湖泊、溪流）附近，随着季节的变化进行迁徙，一般都住在开阔的地带。这一时期的狩猎采集者几乎不生活在森林或植被茂密的地方。

二、中期石器时代

在东非，进入中期石器时代意味着早期人类使用的工具及生活方式都发生了变化。这一变化在东非及邻近的大多数地区发生于至少10万年前，更早的则可能发生于20万年前。工具越来越专业化，通常变得更小、更薄，这反映了原始人对环境越来越强的征服。这些工具被用来除去植物根部、砍伐树木，还有许多用兽皮拧捆起来的小型石器。这一时期的石器反映了巨大的地方差异。

在中期石器时代，火被有系统地利用。也许，在早期石器时代就有人开始用火了。在石器时代，对火的控制有可能显著改善人类的生活方式。人类可以用火取暖、加工食物，还可以用火除去食物中的毒或胶质物，还能制作出更有效的狩猎武器。使用火还能让人生活在山洞和石穴内。火的使用产生了革命性的影响，仅次于制造工具。

尽管有区域差异，不过在东非的中期石器时代还是可以区分出两种主要的文化传统，以工具类型及使用工具的不同环境为区分标准，这也清楚地证明了贯穿于东非历史中的多样性特征。桑戈文化（Sangoan）及其后继的卢本巴文化（Lupemban）往往出现在水草丰美的地区，如邻近坦噶尼喀湖与维多利亚湖的地区。桑戈型工具（包括斧、凿、锛）特别适用于伐木及相关活动。

福尔史密斯文化（Fauresmith）和斯蒂尔贝文化（Stillbay）出现在更开阔、较少植被的地区，工具的类型也受到影响。这些地方的工具是由石片而非石核或原始的石头加工而成，比桑戈—卢本巴型工具更小、更薄。砍削石核所形成的石片可以被精细地加工为刮削器、砍削器或矛头。与桑戈文化区的人群相比，使用这类工具的人很可能更多的是进行狩猎而非采集植物性食物。

尽管考古学证据还远不够清晰，但那一时期的东非确实共存着几种人类群体。在中期石器时代，主要的人类已进化为智人；若非更早，那么在一万年以前，现代人——即智人——已经成为在东非地区生活的唯一人类群体了。

三、晚期石器时代

在东非，晚期石器时代开始于约 10 000 年前。因为它距现在更近，所以我们对这个时代的了解更多些。的确，在东非一些地方晚期石器时代典型的狩猎—采集生活方式一直延续到公元前后。考古学家发掘出更多的有关晚期石器时代的骨骸，那一时期还保留下来大量的岩画艺术，其中描绘了狩猎—采集者的生活方式。

石器制作过程不断发展，晚期石器时代出现了重要的技术进步，形成了更复杂的制作技术。重要进步之一便是复合型工具的发展。此前，原始人类利用由木头或石头制作的工具，但没有将两种材料结合在一起。尽管在中期石器时代就利用装手柄和涂胶的技术将木和石连接在一起，但到了晚期石器时代这些技术才更加普遍地发展起来。与之前相比，在晚期石器时代嵌有石刀、石矛尖的复合型工具更小、更薄了。无疑，在复合型工具中最重要的创新就是弓箭。它极大地增强了人类的狩猎能力，提高了人类生存与生育的能力。

在晚期石器时代，不同环境中的不同文化传统得到延续。到目前为止发现的这一时期分布最为广泛的是“威尔顿工业”(Wilton)。威尔顿型工具使用者生活在开阔、树木不太繁茂的地区。他们栖居于河或湖附近的山洞、石穴内。从其使用的工具可以看出，他们普遍依赖狩猎与捕鱼。动物骨头的遗存表明，在这一时期人们可以捕杀更大的动物，如河马、犀牛，这或许是因为人们使用了有毒的箭头。

在植被较密的地方，原始人类更多的是从事采集而非狩猎活动。从桑戈—卢本巴文化进化出的这种工具系统及相应的生活方式统称为“齐托洛工业”(Tschitolian)，分布在东非西部的潮湿地区。这里的人所使用的工具比在威尔顿遗址中发现的更加笨重。他们使用钻孔的圆形石头给尖棍增重，用磨石加工野生果蔬，用圆刃斧剥树皮。

我们注意到，这类智人(即现代人)当时已经广泛分布在东非地区了。考古学家认为，利用这些时间距我们更近的、居住在东非地区的人群来确定人群类型存在很大的困难。不过，一些骨骼特征如头盖骨、牙齿等，提供了线索。在东非很大一片地区发现了科伊桑人(Khoisan)[①]的骨骼化石。这一似乎曾广泛分布的人种,在今天的非洲只剩下一些残余了,他们几乎全都离开了我们感兴趣的区域。这群属于科伊桑语系的人现在生活在非洲西南部地区。

在晚期石器时代,像尼罗河谷一样,东非也出现了一种水生文明。它出现在8 000—10 000年前,那时东非的气候更加潮湿,分布有更大、更多的河湖。在水生文明中,人们的生活方式及食物来源(特别是鱼)都与这些水域有关。水生文明的遗址分布在从图尔卡纳湖向西直到爱德华湖一线的地区。

那时,住在河湖沿岸的人使用由石器加工而成的骨矛、骨叉来捕鱼或其他水生物。他们还制作篮子与陶器,但这些技术要晚于骨叉的使用。河湖供应了充足的食物,因此相对于前人而言,那时的人得以建立更大、更稳定的定居点。骨骼化石表明,这些人表现出了尼格罗人种(Negroid)的特征。在此后7 000年里环境变得更干旱,这些定居点逐渐消失。

在晚期石器时代后期已出现了作物种植和铁器使用。在整个东非,这场技术革命并未在所有地区同时发生,在大多数地区这场革命发生于公元前1 000年至公元500年。大多数学者认为,技术创新通常都发生在非洲其他地区,并随着人口迁徙进入东非,人口迁徙则使技术更先进的人群进入非洲的东部以及中部、南部地区。

四、东非的人口与语言

从晚期石器时代后期到今天的数个世纪之间,居住在东非的人群主要可以分为三种类型:尼格罗人、布须曼人(或科伊桑人)、高加索人(Caucasoid)。除了20世纪最近移民到东非的人以外,今天这一地区的大多数人是尼格罗人。

学者们都认为,尼格罗人和布须曼人起源于撒哈拉以南非洲,而高加索人则来自外部。不过,在种族划分问题上存在着广泛的争论与分歧。而现代的偏见与教条更增加了混淆与误解,比如"含米特神话"(Hamitic Myth)认为尼格罗人是落后的,而高加索含米特人是文明的承载者。另一个例子是,索马里人(Somali)与希马人(Hima)经常被视为高加索人,即使他们的肤色、外观都很明显地是尼格罗人。

① 过去被称为"布须曼人"(Bush)。

因而，这些含糊不明的说法给东非人的人种、种族分类造成了困难。

对东非人的分类通常是基于今天可识别的部落、族群；这种分类在某些时候是有用的，但如果回溯多个世纪，使用这种分类法就存在着严重的弊端。某种社会形态如部落的成员通常有统一的文化和语言。不过，正如我们看到的，这类族群并无一个延续数世纪仍存在不变的、固定的单位。他们的社会流动性很强，其族群与文化形式无论在哪个时期，都是迁徙和与其他群体互动的结果。例如，我们不能说苏库马人（Sukuma）部落中的基库尤人（Kikuyu）在 1 000 年前或更早就有了和他们今天相同的文化形式。

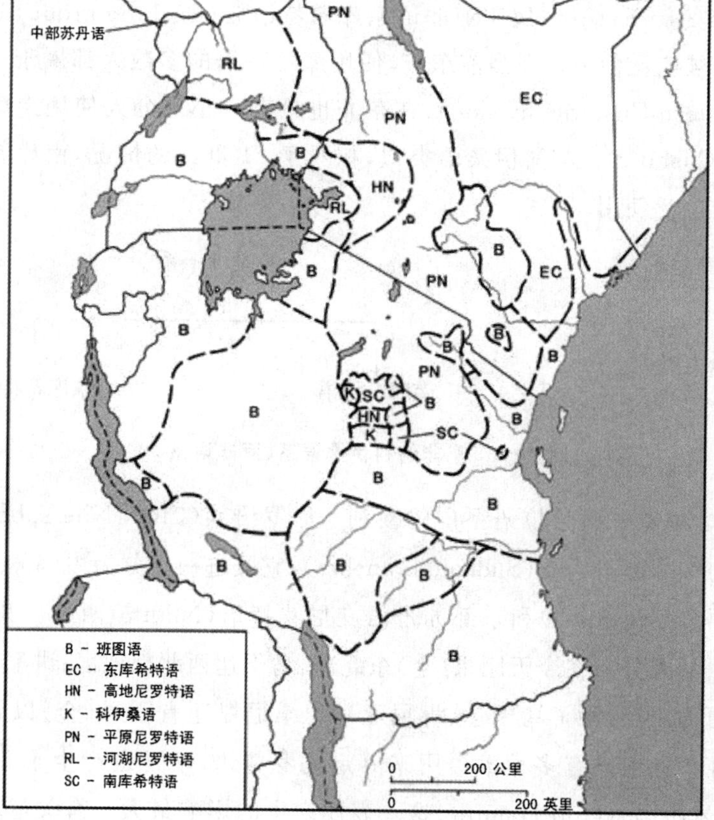

图 2—1　现代东非的语言分布

通过语言对东非人进行分类更为准确、客观。借用现代语言和语言学的研究重建东非人父辈或祖先的语言，这为历史学家提供了十分有用的信息。

现在最广泛使用的分类方法是由约瑟夫·格林伯格(Joseph Greenberg)提出的。他将非洲语言划分为四个主要的语系：科伊桑语系、亚非语系(Afro-Asiatic)、尼罗—撒哈拉语系(Nilo-Saharan)和尼日尔—科尔多凡语系(Niger-Kordofanian)。在当今东非，每一种语系都有其使用者。目前，科伊桑语系、亚非语系的使用者数量最少。只有坦桑尼亚中北部地区规模很小的桑达韦人(Sandawe)和哈扎人(Hadza)使用属于科伊桑语系的语言。

不过学者普遍认为，科伊桑语系曾经——极有可能是在晚期石器时代——在东非地区被广泛使用。在东非，使用亚非语系的人数量要更多些。在非洲之角(Horn of Africa)地区，属于亚非语系库希特语族(Cushitic group)两个分支的那些语言被广泛使用。在当前东非，使用库希特语的多数人都属于东库希特语分支(Eastern Cushitic division)；在东非也只有一小部分人使用南库希特语(Southern Cushitic)。与科伊桑语类似，相对于21世纪的情况，南库希特语也曾在东非被广泛使用。

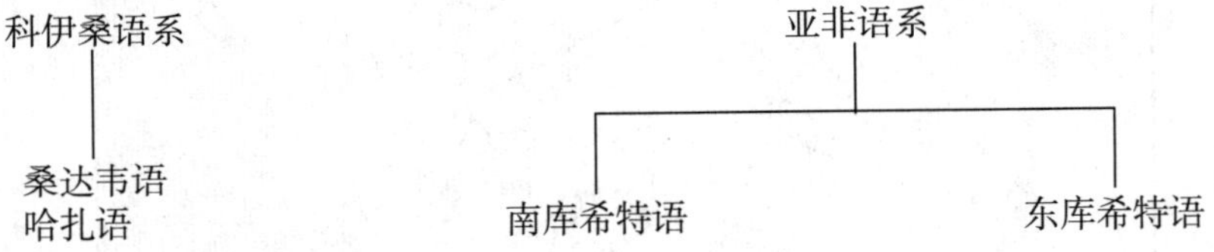

图2—2　东非的科伊桑语系、亚非语系

在东非，尼罗—撒哈拉语系中的沙利—尼罗语族(Chari-Nile subfamily)表现为中部与东部苏丹语支(Sudanic branches)，它又进一步分为中部苏丹语支莫罗·马第语(Moru Madi)和东部苏丹语支尼罗特语(Nilotic)两种。其中，讲莫罗·马第语的人分布在今天刚果(金)东北部、乌干达西北部地区；讲尼罗特语的人则分布更为广泛，除了乌干达、肯尼亚和坦桑尼亚还有刚果(金)以及苏丹[①]、埃塞俄比亚。此前已有多种术语用来界定尼罗特语，于是也产生了不少混淆；“尼罗—含米特语”(Nilo Hamitic)这一表述产生的影响最大。有关尼罗特语这

① 即今南苏丹共和国。译者注。

一争论,最好使用三分法:西部的河湖尼罗特语(River-Lake)、南部的高地尼罗特语(Highland)和东部的平原尼罗特语(Plains)。

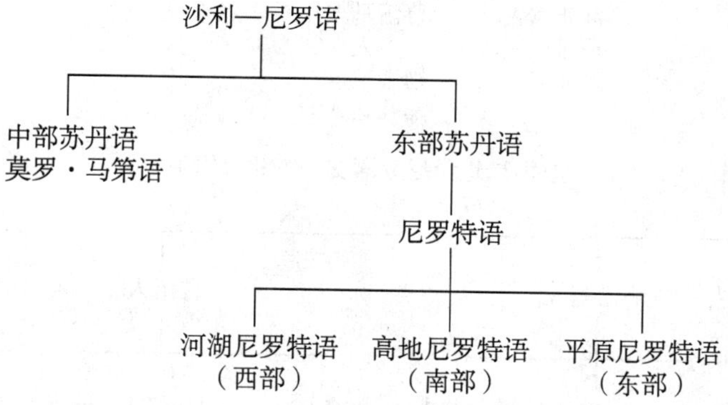

图 2—3 东非的沙利—尼罗语族

到目前为止,在东非使用最广泛的语言是属于尼日尔—科尔多凡语系尼日尔—刚果语族(Niger-Congo subfamily)中的班图语支(Bantu group)。各种班图语言在词汇、语法上显示出了惊人的相似性,这一点对历史学家具有重要启示。一般而言,在今天相似度最高的班图语言,其在地理分布上也最为接近。在语言学家克里斯托弗·俄瑞特(Christopher Ehret)和德里克·内斯(Derek Nurse)领导下,对东非讲班图语的主要人群进行了一个简单的分类(见图 2—4)。

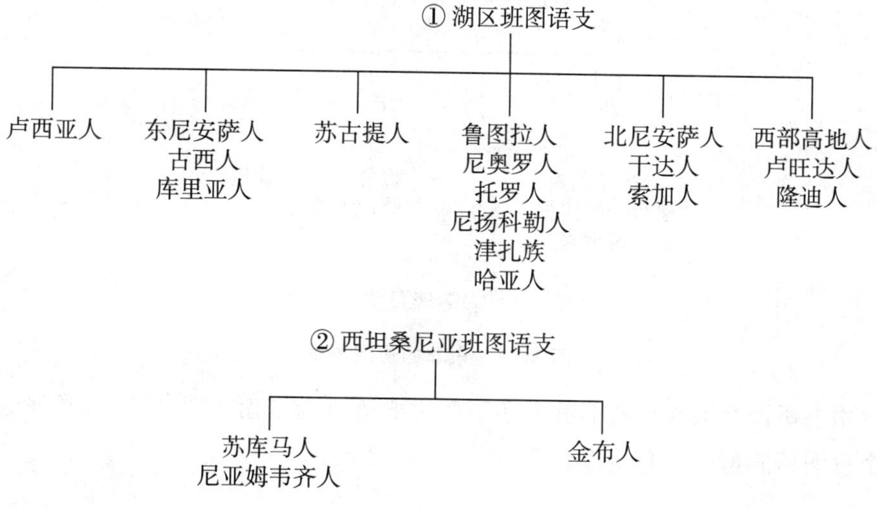

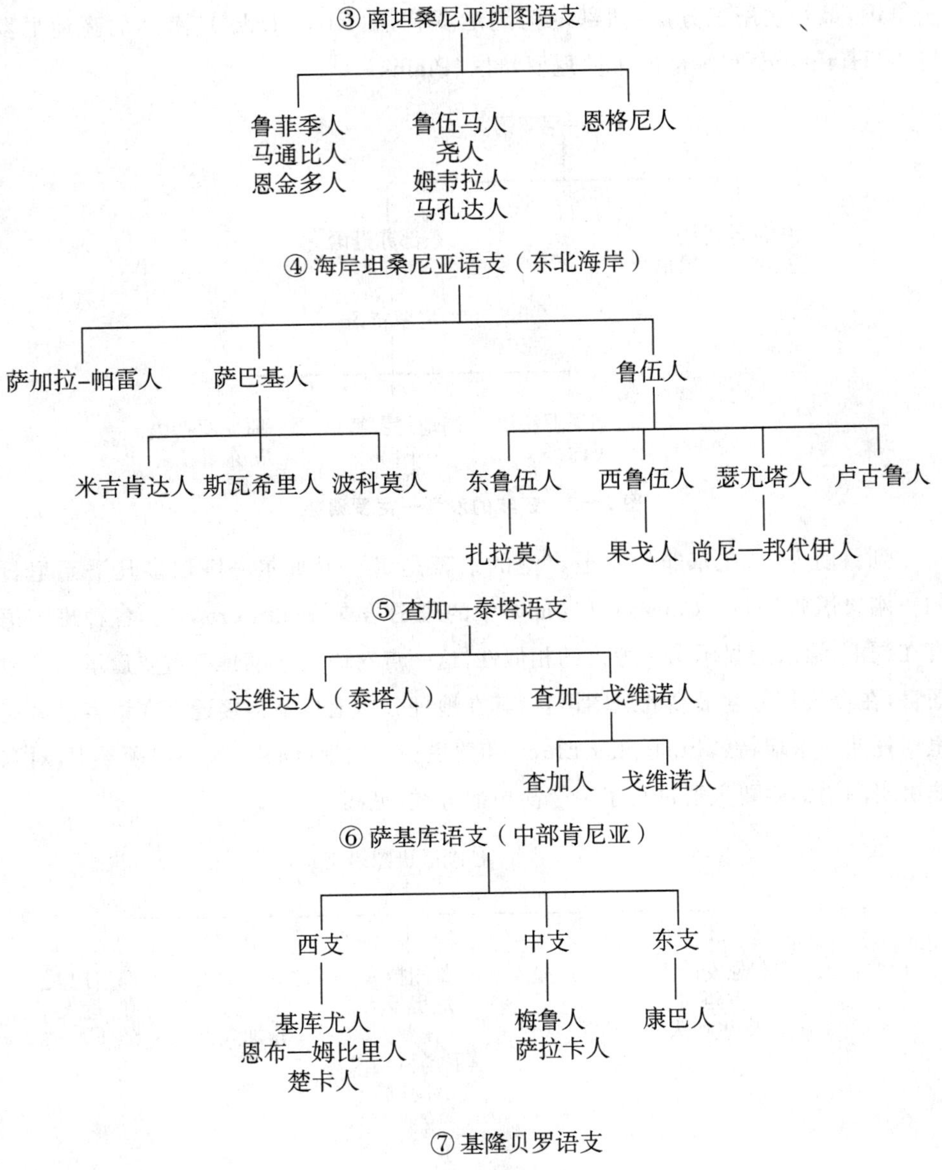

图 2—4　东非的班图语支

本书所涉及的现代族群都列在了各主要语言的下面。图 2—5 描绘了现代各个班图语族群的分布情况。

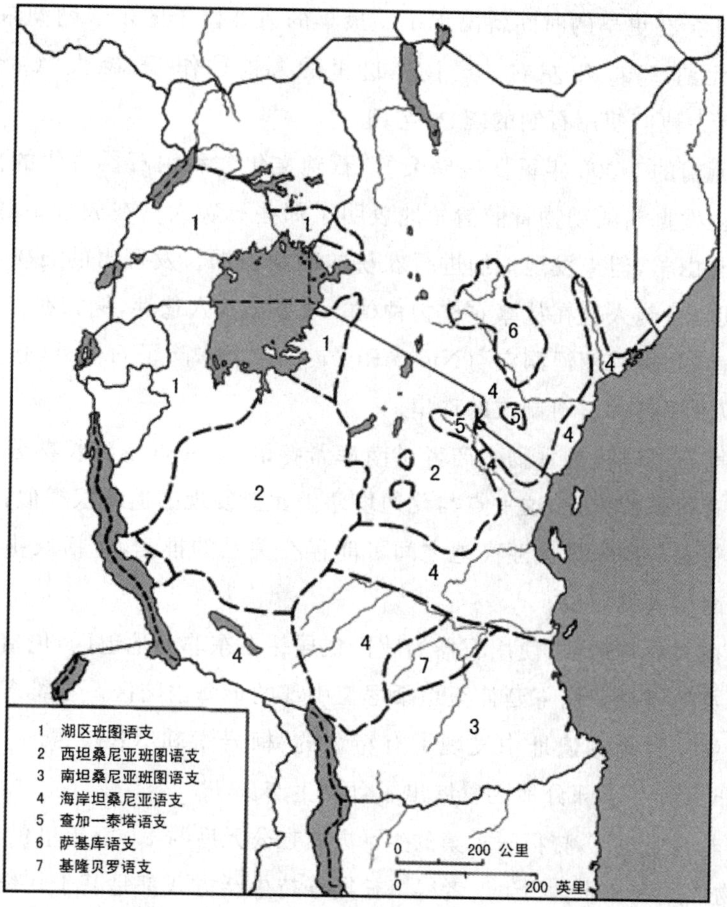

图 2—5 东非的班图语言

五、食物生产与制铁

考古证据表明，对人类生活方式产生极大变革作用的食物生产与制铁，都是从东非以外地区引进的。这里所说的“食物生产”包括畜牧业与种植业。今天东非的主要农作物与家畜都是由外部传入的。不过，肯尼亚北部地区可能是牛的发源地之一。此外，在东非也没有证据表明在进入铁器时代以前曾经历过青铜或铜的时代。在东非大部分地区，食物生产与制铁差不多同时出现在 2 000—2 500年以前。不过，考古学家在肯尼亚、坦桑尼亚大裂谷高地上的发现表明，生产食物的社会在更早的时间就出现了。最早的遗址位于图尔卡纳湖东北岸，可追溯到公元前2500年左右。居住在这里的人被称作“石碗人”(stone bowl people)，因为他们使用石制的碗、杵与臼。

在公元前的1 000年里发展繁荣的“石碗文化”，利用石器时代的技术进行食物生产。发掘出的动物骨骸清楚地表明了那些石碗人已在放牧牛群，可能也饲养绵羊与山羊，但未发现他们进行农耕的确凿证据。发掘出的石碗与其他研磨工具表明，石碗人也在从事农作物种植。发掘出墓穴遗存，例如在肯尼亚图尔卡纳湖东南的“恩乔罗河洞穴”(Njoro River Cave)中，除了石器外，还发掘出陶器、篮子以及用各种材料制成的珠串。

在晚期石器时代的食物生产者讲南库希特语，这一点得到长期公认。死人墓葬上堆有石冢或土丘，这一点与北边埃塞俄比亚发现的遗址很类似；这也引起了有关石碗人与埃塞俄比亚高地之间可能存在关系的推测，包括农耕是从埃塞俄比亚向南传入的假说。

除了在大裂谷地区，使用石器的牧民也居住在东非其他地区，包括维多利亚湖盆地以及从肯尼亚南部延伸至坦桑尼亚中部的近海内陆区。在维多利亚湖沿岸的那些生产食物的遗址中发现了有特色的“柯岩索勒”(Kyansore)陶器。不过，在东非只有一小部分地区发展出了食物生产。

在东非其他地区，狩猎—采集的生活方式在公元后的1 000年里仍持续存在。也许，食物生产者和非食物生产者得以长期维持生活方式都是基于气候与生态因素。对于狩猎—采集者而言，充足的野生动植物可以让他们舒适地生存下去。

在从非洲其他地区向东非传播食物生产技术的过程中，也遇到了重要的生态壁垒。其中一个最重要的壁垒就是在刚果民主共和国境内广泛分布着的热带雨林。例如，西非的农作物就无法适应雨林这种潮湿的环境，也无法适应毗邻雨林与大湖地区的多水环境，在那种环境下石器工具也无法有效进行耕作。此外，由于受到萃萃蝇导致的昏睡病的困扰，在东非大部分地区牛群或其他家畜几乎无法存活。

在食物生产的变革中，来自东非以外地区的、带来新技术的人就发挥了十分重要的作用。这也被一个事实所证明，即在过去2 000年里东非种植的大多数农作物都是外来品种。高粱与小米的种植就是最好的例子。它们最先在东非以外地区种植，大约在公元前的2 000年里从埃塞俄比亚高地传入东非。像香蕉、稻米、薯蓣和椰子等作物适合作为潮湿地区居民的主要食品；这些作物都是在约2 000年前从东南亚经印度洋传入东非的。距今更近（过去四五百年里）的一些作物，如玉米、木薯，则是从美洲经由非洲西海岸传入的。在东非放牧的牛、绵羊与山羊，可能是来自北非和西非地区，其中绵羊、山羊最初都来自西南亚地区。

食物生产的技术从多个渠道进入东非，这一地区的人必须选择适合当地条件的外来动植物品种。在此过程中，一些新品种更好地适应了当地环境。香蕉就是一个绝佳的例子。今天，在东非发展并种植的香蕉品种超过了世界任何地区。

与食物生产技术一样，制铁技术也是在非洲其他地区更早开始的。在东北非，公元前的第一个千年中就开始通过熔炼铁矿石来制作工具和武器了。约公元前600年，制铁技术沿着尼罗河向南传播到了今天苏丹境内的麦罗埃（Meroe）。西非差不多同时也出现了制铁业。

制铁与食物生产对东非产生了革命性的影响，东非各地人口都得到极大的增长，人们也逐渐生活在更大、更稳定的群体中。食物生产的发展无需铁器，正如石碗人所做的。不过，铁器可以使耕作更有效率。若没有铁器，耕作者便无法有效应付潮湿、植被茂密的地区环境。在这些地区，铁器的使用加之以来自东南亚的作物（如香蕉）为主食，使得繁衍并养活密度更大的人口成为了可能。

六、早期铁器时代与班图人迁徙

在东非历史上，早期铁器时代（Early Iron Age）开始于至少约公元1000年的时候，有些权威更喜欢用别的术语来描述这个时代。我们对这一时期的了解主要依赖于考古发现的那些与制铁相关的陶器，尽管发现了一些针头、戒指、箭头、矛头等铁制物品，但能追溯到这一时期的还是不多。这在很大程度上是因为东非大部分地区的潮湿气候与酸性土壤，铁器很快就被腐蚀了。不过，利用放射性碳年代测定技术，可以通过与陶器相关的有机物质来确定时间。

在东非大部分地区，那些早期使用铁的社群表现出了惊人的相似性。于是，考古学家将他们归为一个文化群并命名为"齐夫姆巴兹"（Chifumbaze），这一称呼最早被菲利普森（D. W. Phillipson）使用。考古发现及放射性碳技术都表明，制铁技术曾迅速传播。从公元前500年首次表明存在有"齐夫姆巴兹"以后，这一文化在公元3世纪左右就已迅速传播到东南部非洲。在东非及东南部非洲地区，齐夫姆巴兹文化遗存与此前的遗址、史前器物间形成了鲜明的对比。在齐夫姆巴兹文化群不仅出现了制铁，而且首次出现了畜牧、农耕及与之相联系的定居生活。在广大地区或多或少地都传入了许多新的文化元素，这一事实也表明，这些重大创新是大量人群进入东非地区产生的结果。

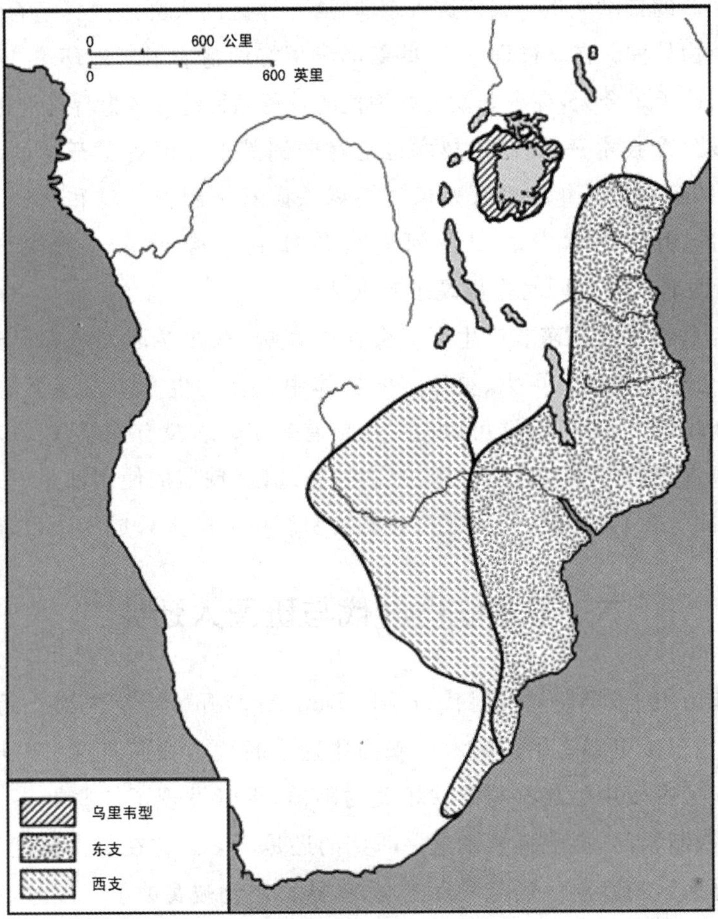

图 2—6　早期铁器时代的分布

此外，以陶器的不同类型及地理分布情况为基础，或许可以划分出齐夫姆巴兹文化群的不同区域性分支。

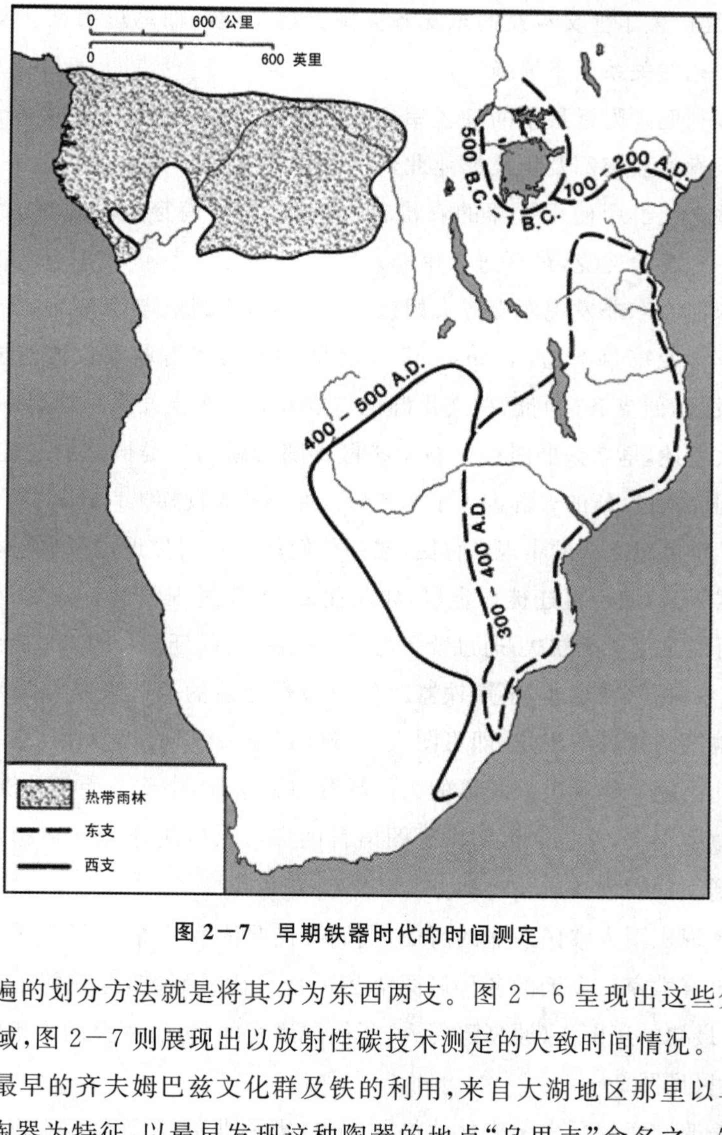

图 2—7　早期铁器时代的时间测定

最普遍的划分方法就是将其分为东西两支。图 2—6 呈现出这些分支的大概分布区域，图 2—7 则展现出以放射性碳技术测定的大致时间情况。

已知最早的齐夫姆巴兹文化群及铁的利用，来自大湖地区那里以乌里韦型(Urewe)陶器为特征，以最早发现这种陶器的地点"乌里韦"命名之。制造这些陶器的人可能生活在维多利亚湖西岸与西南岸附近。在这里，制铁的时间可以上溯至约公元前 500 年。发掘工作不仅展示出这一地区有着最早的制铁证据，而且还发现当时已制作出高碳、像钢一样的金属，这比欧洲早了好几个世纪。乌里韦人还养殖牲畜，种植高粱和小米。通过陶器类型学及放射性碳技术对制铁遗存的研究可以发现，乌里韦文化先向北传播，随后向维多利亚湖以东、以南地区传播，最终产生了上文提及的东支齐夫姆巴兹文化。而乌里韦文化与西支齐夫姆巴兹文化的关系尚不清晰。

从维多利亚湖附近最早的乌里韦定居点开始，齐夫姆巴兹文化群于公元2世纪向今天肯尼亚南部及坦桑尼亚北部的沿海内陆区扩散。大约这一时期，在齐夫姆巴兹文化群中使用铁器的农耕者快速扩散，向南穿过马拉维、赞比亚东部、津巴布韦、莫桑比克，最后进入南非。

尽管未能在东非发现西支齐夫姆巴兹文化群，不过它与在刚果、赞比亚、津巴布韦西部以及德兰士瓦(Transvaal)遗存的陶器类型有联系。通过放射性碳技术可以发现，西支齐夫姆巴兹文化群在扩散方面与东支几乎一样早、一样快。

如上文所述，早期铁器时代的技术扩散伴随着新的人类群体的迁徙，这点几乎没有疑问。不过，新的人群进入东非的形式并不是大规模人口迁徙；而更可能表现为持续几个世纪之久的小规模移民，或许他们从最初居住地出发后迁徙了一段距离便定居下来，随后再迁徙再定居，如此往复，在此过程中又有分支分流出去。这一进程可能重复了无数次；通过繁殖与吸收原住民，新迁徙者的人口持续增长。

多数学者相信在东非，早期铁器时代里进行迁徙的那些人是今天生活在东非大部分地区的居民的祖先，即班图人。"班图"是一个语言学术语，它并不含有种族或文化内涵。尽管讲班图语的人广泛分布在东部、中部与南部非洲，但各种方言的相似度很大，这也许说明讲班图语言的那些人曾迅速地并在相对晚近的时候扩散到了他们现在居住的地方。

若想重现班图人移民东非的历史，我们不仅要依赖考古学，还要依靠语言学的帮助。语言学家对今天的各种班图语言进行了比较研究，这就能告诉我们大量的、有关最初的班图人(原型班图人)所使用语言的信息，并显示出班图语的发源地在哪里(见图2—8)。

目前普遍同意约瑟夫·格林伯格的观点，即西非的喀麦隆南部地区是班图语的起源地，从那里开始，班图人向南、向东进行了一系列的迁徙活动，并进入东非。但他们是如何向南迁徙的，这一点还不够清楚；不过，在俄瑞特、内斯、范西纳(Vansina)和菲利普森的引领下，学者们试图利用已有的语言学、考古学证据还原班图人迁徙的过程。

语言学确认的班图人起源地位于苏丹地区(Sudanic region)，"苏丹"是指一条位于北方沙漠与南方热带雨林之间的、横贯非洲的宽阔草原带。在这一地区，农业生产最晚开始于公元前3000年。在这里，不仅种植庄稼，还饲养山羊和其他牲畜。后来各种班图语言中有关“山羊”这个词显然是源于班图语本身，但“牛”和“绵羊”借用了其他语言词汇。苏丹型的陶器也表明，它们是来自班图人先民所在的地区。居住在苏丹故地的班图人使用石器或其他非铁器的工具，在对原型班图语词的重建中就可以说明这一点。

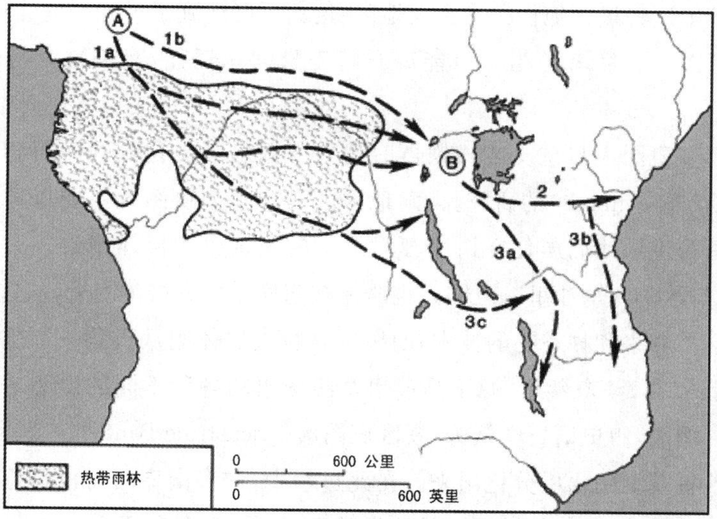

图2—8 班图人迁徙线路

注释：在公元前3000—前2000年，班图人从西非故地(A)向南、向东(1a)进入雨林及其边缘地带。班图人中的几支最终从雨林东部边缘迁出，并在公元前500年左右到达大湖地区。在这里，他们与另一些班图人汇合，后者沿着雨林的北部边缘地区(1b)迁徙到这里，他们可能学会了制铁与养牛的技术。最初的移民定居在了维多利亚湖西岸，并在公元前的最后五百年里建立了早期铁器时代的乌里韦文化(B)。它是早期铁器时代的东支起源。进一步的人口迁徙则将制铁与农业技术，以及班图语言向东(2)、向南(3a，3b，3c)快速传播开来。公元4世纪，东支班图人已在东部、中部与南部非洲定居。

班图人先民早在公元前3000年就开始了他们向南、向东的迁徙。在向南迁徙的过程中，他们曾遭遇刚果盆地热带雨林这个可怕的障碍，那是一片广阔、植被浓密的潮湿地带。班图人先民似乎拥有在如此潮湿环境下进行耕作的知识。原型班图语的重建表明，班图人先民已经有了关于适应潮湿地区农作物(例如薯蓣)的知识，这是一种能在潮湿雨林及其边缘地带存活的作物。他们还拥有捕鱼和造船的知识。不过在他们的语言中并未涉及谷物及除山羊以外的牲畜。

进入东非的班图人在数世纪的迁徙中向南、向东穿过雨林带，在公元前第一个千年（或许最早是在公元前1000年）到达了雨林的南部和东部。他们并非一个完整单一的群体。一些人西迁，另一些人则向北迁至大湖地区。在公元前的第一个千年里，从各种班图人群体中分化出东部的马沙里基（Mashariki）班图人，在接下来的章节中还将提到他们。在大湖地区，他们可能遇到了另外一些懂得制铁、养牛技术的班图人。后者的祖先可能离开喀麦隆向东迁徙，有关这个问题还存在争议。

马沙里基班图人与东支或曰铁器时代齐夫姆巴兹文化群的陶器相联系。根据舍恩布伦（Schoenbrun）的研究，大湖地区的马沙里基班图人主要以种植块茎类植物和捕鱼为生。他们居住在讲中苏丹语言的粮食生产群体附近。后者种植谷物，饲养牛与绵羊。马沙里基班图人也居住在南库希特人群体附近，从这些人身上班图人学会了养牛和种谷物的技术，而南库希特人群体则从班图人那里学会了制铁。在接下来的1 000年里，源于马沙里基班图语的各种不同的班图语言将遍布整个东非。例如，历史语言学认为，湖区班图语（Lacustrine Bantu）在公元前500年左右从马沙里基班图语中分化出来。在此过程中，许多南库希特语和苏丹语的使用者融入了班图人，他们使用源自马沙里基班图语中的各种语言。

七、早期尼罗特人迁徙

在班图人进入东非的差不多同一时期（或晚一点），讲尼罗特语的、会制作铁器的食物生产者也从北边进入东非地区。像“班图”一样，“尼罗特”也是一个语言学词汇。不过，如上文所述，讲尼罗特语的人属于另一个不同的语系。有关这些人早期历史的大部分知识来自比较语言学家特别是克里斯托弗·俄瑞特的研究。

尼罗特人的早期居住地被认为是在埃塞俄比亚高地西部与西南部地势相对较低、较干旱的地区。这是一片从今肯尼亚与埃塞俄比亚西部附近地区到尼罗河谷的广阔地带；尼罗特人至少在公元前第一个千年的开始就出现在这里。到了公元前后，尼罗特人分化为三支群体，他们讲着相似却又有区别的语言，分别居住在不同的地区：河湖尼罗特人（River-Lake Nilotes）在西部、北部，平原尼罗特人

(Plains Nilotes)在中部，高地尼罗特人(Highlands Nilotes)在东部。

在公元1000年以前，只有高地尼罗特人深入到了东非地区。在公元后的第一个千年里，多数河湖尼罗特人和平原尼罗特人还居住在东非的边缘地带。河湖尼罗特人居住在尼罗河谷地与今苏丹的南部地区。[①] 平原尼罗特人则可能占据着图尔卡纳湖以北、以西的地区。讲现代高地方言的族群的祖先在这一千年里开始向南迁徙至大裂谷的高地上。

高地尼罗特人小规模地向南持续迁徙时，带去了东库希特语言的影响。俄瑞特的研究表明，在古代的高地尼罗特人与属于东库希特语分支的奥罗莫人(Oromo)[②]、索马里人的先民之间有着非常紧密的联系。这种联系可能发生在公元前的第一个千年。高地尼罗特人表现出许多他们之间共同的文化特征，包括将割礼作为男女成年仪式、禁止吃鱼以及循环的年龄群级(age sets and grades)体系。[③] 对一些表示强烈情感的语词的借用也表明了这两群人之间的密切联系。

高地尼罗特人的先民向南扩散到了肯尼亚高地以及今天肯尼亚与乌干达的边境地区。他们似乎已经开始养牛与山羊，并且种植一些谷物，如高粱、小米。他们也懂得制铁的知识。在公元500年以后，这些高地尼罗特人分化为几个群体，其中的两个族群卡伦津人(Kalenjin)和塔托加人(Tatoga)[④]一直延续至今。到公元1000年的时候，这些高地尼罗特人大部分都集中在今天肯尼亚的西部地区。

八、人口互动与融合

除了班图人、尼罗特人进入东非外，这段历史及此后历史中一个非常重要的主题便是讲着不同语言、有着不同生活方式的人群之间的互动与融合。当班图人、尼罗特人进入东非时，这里已有人居住。讲科伊桑语、使用石器工具并从事狩猎采集的人群在这里广泛分布。在裂谷地区，讲南库希特语、从事食物生产的群体蓬勃

① 2011年7月后已独立为南苏丹共和国。译者注。

② 又称“盖拉人”(Galla)。

③ 在人类学中，“年龄群”(age sets)表示一类社会群体，这类群体由年龄相似的人组成，他们拥有共同的身份，在很长一段时间里保持着密切的联系，而且共同经历许多与年龄相关的仪式。而“年龄级”(age grades)则是一个相对的概念，它表示每个个体要独立经历人生的一些重要阶段及相应的仪式。译者注。

④ 又称“达多哥人”(Dadog)。

发展;若没有进一步向南迁徙的话,那么在乌干达北部居住着讲中苏丹语言的人。

尽管这样的描述过于简单、概括,但很清楚的一点是,在公元后的第一个千年班图人和尼罗特人融合了早先居住在东非地区的原住民。这是一个循序渐进的过程,甚至在公元后的第二个千年这一过程都没完成;但大致上可以说,这两支新移民群体由于有更先进的技术而最终支配了东非地区。不过,并非所有的原住民都被融合了。其中一部分被驱赶到并不适宜食物生产者大量繁殖人口的地方,如肯尼亚高海拔的森林地区以及坦桑尼亚的干旱平原区。直到 19 世纪末,这些人都依靠狩猎与采集为生。

随着班图人、尼罗特人在公元后的第一个千年进入东非,在下一个千年中他们的后裔将在东非历史舞台上扮演重要的角色。他们将继续适应东非的环境和原住民以及适应彼此。在此后 1 000 年里,东非的这些人群还将继续迁徙并进行变革,进一步发展其独特的社会、经济与政治体系。

阅读建议

Ehret, Christopher, *The Classical Age of Eastern and Southern Africa*. Charlottesville, 1998.

Ehret, Christopher, *Southern Nilotic History*. Evanston, 1971.

Ehret, Christopher and Posnasky, Merrick, eds., *Archaeological and Linguistic Reconstruction of African History*. Berkeley, 1982.

Heine, Bernd and Nurse, Derek, *African Languages: An Introduction*. Cambridge, 2000.

Ki—Zerbo, J. ed., *General History of Africa, Vol. 1*. Berkeley, 1981.

Phillipson, David W., *African Archaeology*. Third Edition. Cambridge, 2005.

Schmidt, Peter, *Iron Technology in East Africa: Symbolism, Science, and Archaeology*. Bloomington, 1997.

Schoenbrun, David Lee, *A Green Place, A Good Place*. Nairobi, 1998.

Spear, Thomas, *Kenya's Past*. London, 1981.

Vansina, Jan, *Paths in the Rainforest*. Madison, 1990.

第三章　1800 年以前的东非沿海地区

以不同的历史经验将东非沿海和内陆作为相互独立的个体来看待，这对历史学家是有帮助的。这既不是因为相对狭窄的沿海地带与内陆间没有接触，也不是因为沿海居民与内陆居民有什么不同。之所以将沿海地区看成一个独立的单元，是由于沿海比内陆地区受印度洋的影响要大得多。东非海岸区是印度洋商业与文化世界的一部分，甚至有时在政治方面也更多受到印度洋的影响。

印度洋对内陆的影响力就要小一些，大概是因为沿海和内陆的联系非常不容易。从沿海走向内陆时就会发现，狭窄的沿海地区已被以灌木和半荒漠植被为特点的旱地“恩伊卡”地貌取代。这一地区不是能够供养大量农业人口的地方，而是一个阻碍沿海与更遥远内陆地区交流的因素，尽管这不是唯一的。此外，对内陆而言，几乎没有一条流向沿海的河流可以作为天然的交通通道。相反的是，沿海地区与印度洋周边地区的联系更容易，其影响力也更容易到达那里。不过，若认为东非沿海与内陆间没有联系，这也是错误的；因为两地之间确实存在着贸易上的往来。这种贸易的规模也不会很大。这与更远一些的南部地区情况不同；在东非，几乎没有沿海商人或任何沿海文化的影响力在 18 世纪晚期之前存在于内陆的证据。

一、沿海平原

肯尼亚和坦桑尼亚沿海平原虽然狭窄，不过大多数地方有相对肥沃的砂质土壤，还有可利用的淡水资源。因此，这里非常适合定居农业。这里还有充足可靠的降水保证湿润环境下的作物(如椰子、稻米)的生长。

在这个地区，海岸线本身就是生活中的一个重要影响因素，并促成了通过印度洋的与其他地区的联系。成排的珊瑚礁保护着海岸不受海浪侵蚀。此外，近海浅滩大量栖息的小鱼成为长期以来沿海居民饮食的重要组成。海岸结构也非常适合使用小型船只。它们能在涨潮时驶入港口，也能在远离海岸的地区抛锚停泊。退潮时，船只向海岸低洼部分微微倾斜，便于用手卸货。因而，海岸的任何一个部分都被珊瑚礁保护着，免受红树沼泽的影响，并可以作为优良的海港。

海岸上最重要的港口为船只提供了更好的保护。一些深水湾是由现已被海水淹没的旧河口形成的。蒙巴萨和达累斯萨拉姆就是这种港口的典型。这样的一些深水湾中会有岛屿或与岛屿有着联系，蒙巴萨、拉穆群岛（Lamu group）和基尔瓦（Kilwa）就是这样。而另一些与大陆距离不远有海水保护的岛屿成为早期重要城镇之所在。

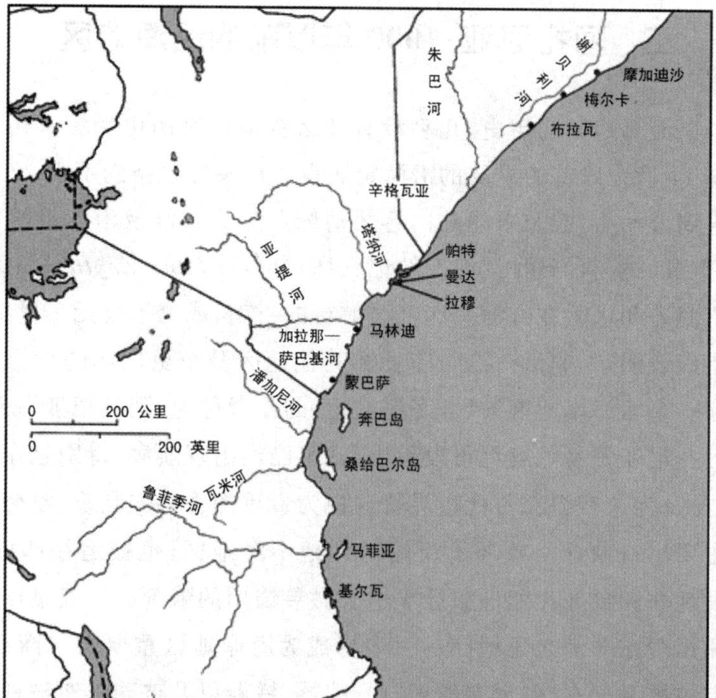

图 3—1　东非沿海

一些更大的近海岛屿如桑给巴尔、奔巴、马菲亚（Mafia）也是沿海地区的一部分。那里的土壤、气候都与沿海地区非常相似。但是这些岛屿通常会有更多的雨水。它们和另一些沿海小岛吸引着移居者，并从早期开始滋养了城镇的建设。但几乎所有的这些城镇都建立在西部或近陆的一侧,因为东部暴露在风暴的袭击之下。

当前的索马里沿海地区,无论从历史还是文化的角度看,都是东非沿海地区的一部分,这里的自然环境与刚才描述的海岸区环境很不一样。在这里,没有像南方海岸那样丰沛的雨水,在索马里沿海特别是在北部经常存在着向海岸无限延伸的干旱沙丘。

在这种类型的环境下,只有游牧的生活方式是可能的。任何规模的农业只能出现在谢贝利河(Shebelle)和朱巴河(Juba)的河谷地区。此外,与南方海岸区不同的是,索马里海岸区几乎没有任何优良港口。

二、阿扎尼亚:1000 年以前的沿海地区

关于早期沿海地区的历史,几乎没有什么资料可供历史学家利用。考古学家很难发现 11 世纪以前的重要的沿海定居点。口头传说帮助不大,文字资料亦很简略。直到公元后,涉及东非的内容才清晰起来。在涉及沿海地区的有用信息当中,最重要的资料当属《红海巡航记》(*Periplus of the Erythrean Sea*)。这是一本希腊商人和水手在红海和印度洋航行的指南,成书于公元 1 世纪。

这本指南表明,东非沿海已与印度洋其他地区乃至更广阔的世界通过商业联系在一起。东非海岸地区被《红海巡航记》的作者称为"阿扎尼亚"(Aazania)。通过他对阿扎尼亚贸易的解释可以看出,这里已经出现航海,特别是在索马里沿海地区,贸易是为了获得在古代世界普遍视为贵重的香料如乳香、没药。在南方海岸地区主要出口象牙。象牙不仅输送到地中海地区,也被运往印度与中国。当地工匠发现非洲象牙比亚洲象牙更适合做装饰用的雕刻品。奴隶作为出口商品的记录只出现在非洲之角地区。后来将成为海岸地区重要出口商品的黄金,却几乎没有被提及。在《红海巡航记》中,武器、铁器以及玻璃器皿被视为阿扎尼亚地区的主要进口商品。

这一时期与印度洋东部海岸的商业联系很可能随着对季风知识的不断了解而得到促进。季风有近半年的时间从北边吹向东非地区,另外半年则刮西南风。由于季风的助力,来自阿拉伯、波斯湾、西北印度的航船尤其容易到达阿扎尼亚。

这些商业联系无疑增强了印度洋其他地区对阿扎尼亚的文化与政治影响

力。确实,《红海巡航记》中提到,阿扎尼亚受到西南阿拉伯的希木叶尔(Himyar)统治者的支配。阿拉伯人会定期到访东非沿海地区,其中一些人由于在阿扎尼亚通婚和定居而懂得了当地语言。不过,把这看作大规模移民潮的表现一定是不妥当的;恰恰相反,这仅代表着移民的涓涓细流。

不过严格说来,《红海巡航记》提供给我们的信息极为有限;它不仅没有论及商业,有些地方的叙述甚至是不清楚的、混乱的。在书中,阿扎尼亚最重要的城镇被认为是拉普塔(Rhapta),但其位置却未能清晰界定。它可能位于鲁菲季河(Rufiji River)的河口附近。在书中几乎没有提及东非沿海的居民,他们仅被描述为高个子、海盗。缺乏细节描述引发了学者间关于阿扎尼亚居民是否为讲班图语的黑人的许多推测和争论。

尽管《红海巡航记》缺乏细节描述,但班图人肯定在公元之初就已在沿海一带定居了。在铁器时代初期,冶铁技术的快速扩散意味着班图人在1—5世纪就已成为沿海地区的居民,最重要的聚居地集中在从沿海一直延伸到塔纳河(Tana River)北部的地区。公元500年,讲班图语的农民无论是在沿海还是内陆地区都成为人口中的重要组成部分,他们是班图人中海岸坦桑尼亚人(Coastal-Tanzania)的东海岸分支的先民。

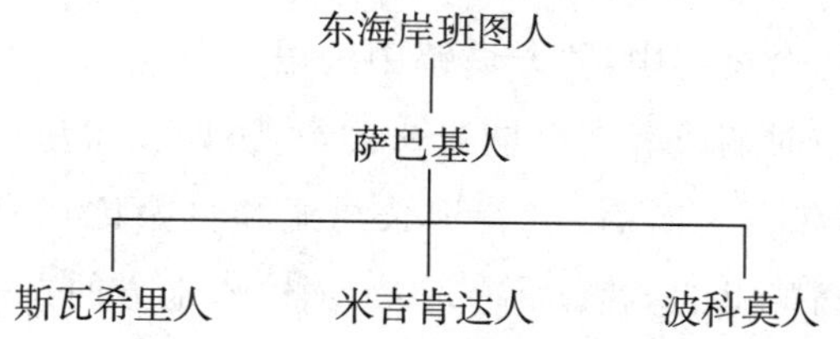

图 3—2 萨巴基语

6—10世纪,最初讲萨巴基语的人(proto-Sabaki)已从其他班图人中分化出来。萨巴基人的分支参见图3—2。这一时期,米吉肯达人(Mijikenda)和波科莫人(Pokomo)的先民很可能已经在今天索马里共和国境内的谢贝利河与朱巴河的河谷沿线定居。最初的斯瓦希里人(proto-Swahili)则居住在更远的南部海岸地区,分布在从塔纳河向北部即今天索马里和肯尼亚边界延伸的地区。

从《红海巡航记》的时代直到公元10世纪,除了可追溯到约5世纪的托勒密(Ptolemy)的地理学,几乎没有可信的关于东非沿海的文字资料。虽然东非沿海与印度洋沿岸地区的贸易联系依然持续，但无法确切地描述。

三、斯瓦希里时期：1000—1500 年

11—15 世纪，居住着讲斯瓦希里语的人的东非沿海贸易城镇发展起来。一些城镇（town）因参与印度洋贸易而发展为城邦（city-state）。摩加迪沙、基尔瓦（Kilwa）和蒙巴萨这三个地方由于商业的成功而变得十分知名。

在任何关于沿海城镇的讨论中，“斯瓦希里”（Swahili）本身的起源是很值得注意的。历史学家形成一个共识，即“斯瓦希里”代表着“设拉子”（Shirazi，波斯人和阿拉伯人）商人、移民与萨巴基人的融合体。它被认为是产生于 9 世纪以前索马里南部沿海被称为“辛格瓦亚”（Singwaya）或“顺格瓦亚”（Shungwaya）的地方。德里克·内斯与托马斯·斯皮尔（Thomas Spear）就斯瓦希里缘起及与之相关的沿海地区文化提出了一个令人印象深刻且新奇的替代性解释。他们对沿海地区历史的重建也是基于此。

9 世纪，讲斯瓦希里语的人已经占据并居住在沿海地区位于拉穆群岛的曼达（Manda）、帕特（Pate）和桑加（Shanga）等最早的定居点。公元 1000 年左右，他们建立了蒙巴萨。1100 年，他们在布拉瓦（Brava）、梅尔卡（Merka）和摩加迪沙定居下来。就在这个过程中，北方城镇中的语言分化出了今天北方斯瓦希里语这一方言。在这一时期或者在更早的 9 世纪，讲斯瓦希里语的人迁往更远的南方，并开始建立基尔瓦。随后，沿着坦桑尼亚和莫桑比克海岸以及在桑给巴尔、奔巴、马菲亚等岛屿上的城镇逐渐成型。而这些地方的方言演变发展成今天的南方斯瓦希里语。到 1200 年，斯瓦希里城镇已广泛分布在东非沿海地区，并各自发展出独特的方言与历史。不过，它们也以共同的语言、文化为纽带共同参与到印度洋世界，从而相互联系起来，并与其他萨巴基语族群区分开来。

参与印度洋世界不仅意味着与阿拉伯、波斯湾、印度、印度尼西亚和中国之间建立了商业联系，而且意味着伊斯兰的文化影响扩散到了东非沿海地区。

从阿拉伯作家和旅行者的描述中可以看出，13 世纪以前大部分城镇居民不是穆斯林。随着与穆斯林世界的商业联系越来越多，斯瓦希里城镇的居民普遍接受了伊斯兰教。

伊斯兰教似乎不大可能是由来自波斯湾与阿拉伯的设拉子移民以任何可信

的方式传播的。尽管每个斯瓦希里城镇都声称有设拉子起源的传统，而内斯和斯皮尔则认为，鲜有证据证明1100年前波斯或阿拉伯的语言对斯瓦希里语产生过影响，因此所谓设拉子起源的传统并不可信。在他们看来，斯瓦希里的历史是以沿海城镇民众的重大活动为特征的。这些活动在很大程度上是经济力量因素的结果。所谓的设拉子移民因而只是沿着海岸地区的"移民、相互作用和融合的不断循环过程的原始典型而已"。"设拉子"这个名称反映出的不仅是伊斯兰移民在沿海地区的影响力，更反映出斯瓦希里家族试图为他们自身找到一个有威望的起源。这在1100年沿海城镇中的社会阶层出现分化后变得尤为突出，富有的商人阶层试图通过找到一个有威望的出身以巩固自身地位。就设拉子而言，是因为许多同他们做生意的阿拉伯人都来自设拉子。

12、13世纪，使用珊瑚建造房屋、开始出现清真寺、来自伊斯兰和中国的瓷器、进口的玻璃念珠大量增多等，都显示出斯瓦希里城镇财富的增多及规模的扩张。这些证据来自沿海一些考古遗址的发掘。约在1150年后的一段时期，突出表现为摩加迪沙的崛起和发展成为沿海地区最重要、最繁荣的城镇。溯及13世纪的阿拉伯账目以及不同于沿海地区的独特传统，后来都以编年史的体例记述下来，其中显示出摩加迪沙的富有。这个城镇通过控制索法拉(Sofala，在今天的莫桑比克沿海)的黄金贸易获取财富。

随着约一个世纪以后基尔瓦成为海岸地区主要的贸易城镇，相似的资源也涌向那里。在基尔瓦，被称为设拉子王朝(Shirazi Dynasty)的开端以印有阿里·本·艾尔哈桑(Ali bin al-Hasan)名字的钱币的出现为特征。根据包含了沿海历史的最古老、最重要的编年史之一《基尔瓦编年史》(*Kilwa Chronicle*)的记载，艾尔哈桑被认为是基尔瓦最初的设拉子统治者。他"购得"而非征服了基尔瓦岛。此后一段时期，基尔瓦开始崛起为重要城镇。从13世纪中叶起，基尔瓦的贸易扩大了。进口商品的不断增长印证了这一点，如在基尔瓦发掘出了中国的瓷器、印度的玻璃念珠。

14世纪，基尔瓦超越摩加迪沙而成为东非沿海最繁荣的城镇。13世纪末，对黄金贸易的控制可能与基尔瓦的王朝更迭相联系。这一时期，基尔瓦发展出了由统治家族掌握权力的集权政治体制。新的统治者来自马赫达里(Mahdali)家族。《基尔瓦编年史》认为艾尔哈桑·本·塔鲁特(al-Hasan bin Talut)是这个王朝的首位统治者。他凭借武力夺取了基尔瓦统治权,并清除了前朝势力。在艾尔哈桑的孙子的统治时期,来自马菲亚岛的设拉子王朝试图重新控制基尔瓦的努力最终失败。此后不久,基尔瓦的重要性超越了摩加迪沙。约从1330年起,基尔瓦能够直接开展对阿拉伯、波斯湾的贸易,而无需通过摩加迪沙。在14世纪的第一个十年中,基尔瓦的国王控制了源于今津巴布韦的黄金贸易。黄金经莫桑比克海岸的索法拉出口,基尔瓦扮演了一个中间商的角色而非生产者。不过,这也为基尔瓦提供了可观的财富。

这带给基尔瓦的繁荣从在这个岛上的考古发掘中可以明显看出来。14世纪初,作为不断增长的财富的显著表现,珊瑚和石制房屋的增加十分明显。一种新建筑风格在这一时期也出现了,如大清真寺、大宫殿等一些更大规模的建筑。这些建筑同时还用于商业,如著名的胡苏尼·库布瓦(Husuni Kubwa)。这一宏伟建筑距基尔瓦城约1英里,占地两英亩,内有100多个房间。

尽管在14世纪末这种繁荣似乎开始衰退了,但无疑的是基尔瓦在约1350—1450年达到了财富和权力的顶峰。除了索法拉地区及其黄金贸易,基尔瓦还控制着岛屿临近的海岸地区。这是由于基尔瓦本身不够大,不能提供充足的土地供养其居民,而大陆部分就被用来耕种。与基尔瓦相关的财富情况或海外贸易的重要性,无论如何都不应被过分强调。富有商人的石头房子在数量上超过了大多数人居住的土木房子。14世纪,基尔瓦大多数瓷器是由本地制造而非进口。虽然富裕商人控制了大陆的种植园,不过大多数农民还是有维持自己生存的小型产业。

在繁荣期,基尔瓦也足够强大,它的影响力偶尔扩展至马菲亚甚至更北方的大岛桑给巴尔。不过总的来看,基尔瓦的商业繁荣并未在东非沿海地区孕育出任何形式的、普遍的政治霸权。

15世纪后半叶是基尔瓦的衰落期。一系列争夺王权的斗争产生了负面影响。斗争和几乎经常性的阴谋导致基尔瓦不得不搁置了对南方的控制,而这又进一步削弱了它与这些岛屿的贸易。16世纪葡萄牙人到来时,索法拉实际上已经从基尔瓦独立出来。

尽管基尔瓦是东非沿海最繁盛最强大的城邦,其他城邦在14世纪后特别是15世纪也享受了不同程度的繁荣。那时,由于伊斯兰教的传播,这些城邦都穆斯林化了。除了偶尔有服从基尔瓦控制的城邦，其他都是独立的。这样，"城邦"这个词就成为一个很有用的描述性标签。在桑给巴尔以北最重要的城市是蒙巴萨、马林迪(Malindi)、拉穆和帕特。

15 世纪后半叶，蒙巴萨是这些北方城市中最重要的。和其他沿海城镇一样，蒙巴萨有着由设拉子王朝开创其伊斯兰统治时期的传统。但是与基尔瓦相比，蒙巴萨在这段时期的历史却鲜为人知。晚至 14 世纪中叶，蒙巴萨还是没有基尔瓦或摩加迪沙那么繁荣。不过在 15 世纪末，蒙巴萨似乎垄断了一些大宗贸易，象牙成为其出口贸易中最重要的部分。

尽管早期出现过寡头政治，不过大多数城邦——无论南北——都在 15 世纪时发展出了君主政体。一个财富不断增长的商人阶层发展成熟，并能够垄断政治权力；通常一个家族作为城邦统治者或素丹处于支配地位。在大多数情况下，这样的统治者得到长老会议的协助和建议。统治者通常任命某些官员如卡迪(qadi，法官)帮助他处理政务。大多数统治者都对贸易兴趣浓厚，而且似乎绝大部分收入来自贸易和商业税收。

从 14 世纪起，来自索法拉地区的黄金成为东非沿海最重要的出口商品，其次是象牙。乳香和没药仍是索马里沿海地区重要的出口商品。木材和铁在印度洋其他地区同样受到欢迎。与过去的估计相反，目前有证据显示，在 1500 年以前奴隶不是东非重要的出口商品。的确，除了摩加迪沙以北地区外，几乎没有数据说明东非在向外贩运人口。除原料外，这些城镇还生产棉布、织物、陶器和念珠等贩卖到海外或其他沿海城镇以及内陆地区。这些商品连同瓷器也从海外进口，再用于沿海与内陆之间的贸易。

沿海城邦似乎同居住在海岸带的非洲居民发展了有效的劳作关系，但在东非更远的内陆地区其影响微不足道。同班图人的友好关系在一些编年史中体现出来，其中最有名的是记载索马里南部沿海的《桑给书》(*Book of the Zanj*)。有显著的事例说明经营贸易困难不大，而且在 16 世纪前大陆上的大多数城市缺乏防御工事。除了赞比西河(Zambezi River)河谷，其他内陆地区并没有有效的穆斯林渗透。贸易在进行，但贸易者无需从沿海深入内陆。事实上，沿海城镇与印度洋世界的联系远比与非洲内陆腹地的联系要密切。

四、葡萄牙统治的来临:1500—1600 年

16 世纪初葡萄牙人的到来,造成了东非沿海城邦政治、经济生活的巨大变化。虽然至 16 世纪结束时葡萄牙人都未能在莫桑比克以北的地方建立长久的统治,但他们在印度洋上的支配地位对贸易造成了灾难性的影响。葡萄牙舰队时不时对一些沿海城镇发起野蛮的和毁灭性的进攻,以迫使它们附属于葡萄牙的体系。而这些城邦尽最大的努力维持 1500 年以前的独立和贸易。

东非沿海并非葡萄牙船队的目标,他们只是在去印度和东印度群岛时路过那里。后两个地区才有更吸引人的贸易机会。东非对葡萄牙人而言将是重要的、向东方行驶的中继站,唯有索法拉地区的黄金足以吸引他们建立永久性据点。

第一个访问东非沿海的葡萄牙船长是瓦斯科・达・伽马(Vasco da Gama)。他于 1498 年到达这里。盛行风带着他经过了基尔瓦,他在蒙巴萨停留。蒙巴萨的统治者听说了达・伽马在莫桑比克时的暴力和凶残,所以对葡萄牙人并不友好。达・伽马继续北航至马林迪,他和他的船员在那里受到了热情的招待。从马林迪的统治者那里,达・伽马得到了一个能带领他们去印度的领航员。

这标志着马林迪和葡萄牙人之间一个长期联盟的开始。马林迪的统治者意识到蒙巴萨的强大,意识到蒙巴萨这个主要竞争者比自己更有优势,因而寻求和葡萄牙的联盟以作为改善自身地位的一种手段。对葡萄牙人而言,马林迪此后将成为它在敌对海岸带上的友好前哨,成为围攻蒙巴萨时为葡萄牙船队提供补给和军事援助的据点。

在 16 世纪的最初十年,许多葡萄牙船长都袭击了东非沿海城邦。这些暴力行动的目的是尽可能地攫取这些城邦的财富,并迫使其统治者通过支付贡物的方式承认葡萄牙的霸主地位。他们还经常扣押沿海的穆斯林贸易船舶。他们既不回避海盗行为,也不羞于展示暴力。葡萄牙人以宗教理由和控制印度洋西岸的战略需要来证明其行动的合法性。葡萄牙人的行动造成了城邦大量财产与人员的损失,也瓦解了城邦间的贸易。城邦就这样被严重削弱了,上一世纪曾有的繁荣也减少了。

葡萄牙人尽管人数较少，但在武器和策略上占有很大的优势。大炮和火枪使他们获得了相对于斯瓦希里城邦的优势。这些最早入侵东非的欧洲人也成功地使用了“分而治之”(divide and conquer)这一历史悠久的帝国主义政策。沿海城邦从未能有效团结起来反抗，葡萄牙人攻击并击败了他们。葡萄牙人有时与某些城邦结盟，有时则挑起城邦之间的派系争斗，让他们为各自的利益而相互对立。

在葡萄牙的进攻中，基尔瓦或许遭受了比其他城邦更大的伤害。达·伽马于 1502 年率领一支更大的舰队重返东非海岸，并迫使基尔瓦接受了葡萄牙的领主地位，还设法从基尔瓦统治者那里得到了向葡进贡黄金的承诺。三年后，葡萄牙第一任印度总督弗朗西斯科·德·阿尔梅达(Francisco de Almeida)又进攻了这个城邦。他在莫桑比克采取措施，最终结束了基尔瓦对黄金贸易的参与。利用基尔瓦的党派和权力之争，葡萄牙人还赶走了基尔瓦原来的统治者，安排了一个对他们友好的人登上王位。虽然阿尔梅达留下了一支葡萄牙驻军，但基尔瓦在十年内还是被忽视了，因为在 16 世纪 20 年代它不再能扮演东非沿海贸易城邦的领袖角色。黄金贸易的丧失加之葡萄牙入侵带来的人为破坏和人口损失，使得基尔瓦的地位变得相对而言不那么重要了。

蒙巴萨是另一个在葡萄牙人多次攻击中遭受重创的城邦。在 1505 年控制了基尔瓦之后，阿尔梅达进攻了这个北方的城邦。尽管蒙巴萨人进行了英勇抵抗，葡萄牙舰队还是破坏和洗劫了蒙巴萨大部分地区。然而和基尔瓦不同的是，蒙巴萨很快就恢复过来，并且继续在沿海事务中发挥重要作用。尽管遭受了葡萄牙人的野蛮征服，蒙巴萨还是通过周期性的反抗运动展示了它对外国统治者的厌恶以及维护自身对沿海控制权的努力。

在 16 世纪的大部分时间里，葡萄牙人都满足于攫取贸易控制权并榨取贡赋，同时发动零星的军事行动惩罚顽抗的城邦。然而葡萄牙人从未完全控制西印度洋的贸易，他们的行动只是改变了该区域的贸易模式并降低了贸易水平，结果是逐渐削弱了东非沿海城邦的繁荣。

这导致了东非城邦对葡萄牙人的持续敌对，它们都想从葡萄牙人的控制中解放出来。这清楚地表现在它们对土耳其冒险家埃米尔·阿里贝伊(Amir Ali Bey)的支持中。1585 年，阿里贝伊驾驶一艘单船到达东非沿海，声称代表土耳其素丹,并呼吁沿海城邦加入他这个穆斯林伙伴的队伍,共同反抗葡萄牙人。他在整个东非沿海地区特别是蒙巴萨受到了欢迎。阿里贝伊于次年满载战利品和赠品离开了印度洋。果阿(Goa)的葡萄牙当局听说这个消息后,便派遣了一支强大的舰队去惩罚那些同情和支持土耳其海盗的沿海城邦。尽管帕特、拉穆、蒙巴萨等城邦遭受了严厉的惩罚,但当阿里贝伊于1588年带领一支庞大的远征队回到东非时,这些城邦还是再次支持他。不过,葡萄牙人的力量还是很强,战胜了阿里贝伊及其城邦盟友。

1589年,葡萄牙从果阿派遣了一支强大的舰队到东非,在蒙巴萨遭遇了阿里贝伊。蒙巴萨给予土耳其人强有力的支持。当时蒙巴萨面对的威胁不只是葡萄牙人,好战的津巴人(Zimba)从中部非洲一路杀到了沿海地区,也出现在城邦对面的大陆上。1587年,津巴人曾洗劫了基尔瓦,他们的暴行及残忍的食人习俗在东非城邦中引起了普遍的恐惧。葡萄牙人从海上进攻,并与津巴人合作,后者则从大陆跨海夺取蒙巴萨。包括阿里贝伊在内的许多人都从津巴人那里逃脱,却被葡萄牙人囚禁。葡萄牙人返回果阿前对蒙巴萨的惩罚以及俘获阿里贝伊,激起拉穆、帕特的强烈复仇情绪。

对津巴人而言,夺取蒙巴萨似乎是他们最后的胜利了。他们沿着海岸北上,可能是打算进攻马林迪。可在到达马林迪之前,他们就在一场与塞格朱人(Segeju)的战斗中被消灭了。塞格朱人是一支讲班图语的族群,他们是从北部更偏远的地方新近迁来这片沿海腹地的。

五、葡萄牙统治的衰落:1600—1700年

蒙巴萨和其他城邦的反抗加之蒙巴萨与马林迪在两年后的进一步冲突,葡萄牙官员确信有必要改变在东非沿海地区的政策了。经过一个世纪,葡萄牙在东非沿海还是未能建立一个稳固的据点,现在他们决定以蒙巴萨作为东非的长期据点。1593年,他们让马林迪的统治者掌控蒙巴萨,并开始建造被称为"耶稣堡"(Fort Jesus)的堡垒,从那里可以俯瞰蒙巴萨港的入口。

于是在17世纪初,葡萄牙在蒙巴萨建立了一个军事驻地,并将这里作为在东非沿海地区的大本营。不过,这一政策的转变并未强化葡萄牙的控制,因为在整个17世纪葡萄牙在印度洋的地位不断衰弱,而英国、荷兰则发起了越来越强

劲的商业竞争。17 世纪后半叶，葡萄牙不仅丧失了大部分的贸易，而且失去了许多战略意义、经济价值都很重要的地区（如东印度群岛）。伴随着沿海城邦针对葡萄牙人的反抗活动，葡萄牙在印度洋的支配地位也被削弱了。

尽管事实上耶稣堡是葡萄牙在东非的主要根据地，蒙巴萨还是像从前一样，在反抗外国统治的过程中扮演了领导角色。这些反抗活动中最好的例子就是 17 世纪 30 年代尤素福·本·哈桑（Yusuf bin Hasan）统治蒙巴萨时期发起的反抗。尤素福的父亲被葡萄牙人杀害，他还是个孩子的时候就被送到果阿，由一个葡萄牙家庭抚养。他接受了洗礼、改了葡萄牙名字（多姆·杰罗尼莫·欣古里亚，Dom Jeronimo Chingulia）后，于 1630 年回到蒙巴萨。耶稣堡的葡萄牙长官对尤素福非常不好，几乎不允许这个年轻的统治者行使任何权力。尤素福逐渐开始认同自己的穆斯林身份。他发起了对葡萄牙人的突袭，并在 1631 年 8 月夺取了蒙巴萨的控制权。随后他立即改尊伊斯兰教，并恢复了自己的穆斯林名字。一支葡萄牙舰队从果阿出发，对付这场叛乱。尽管对耶稣堡进行了长时间包围，还是未能击溃尤素福。此后不久，尤素福就离开了蒙巴萨，不过他继续在西印度洋上反复袭击葡萄牙人。对葡萄牙人而言，尽管未能俘获尤素福，后来他们还是夺回了对耶稣堡和蒙巴萨的控制权。

在 1650 年后的数十年间，葡萄牙在印度洋的地位不断下降，它对东非沿海地区的控制越来越难以为继了。而此时的沿海城邦在反抗葡萄牙人的行动中得到了越来越多的来自阿曼（Oman，阿拉伯东南部）的支持。随着 17 世纪 20 年代雅鲁比王朝（Yarubi）在阿曼的建立，它成为了一个有影响力的海上力量。阿曼人先是把葡萄牙人赶出波斯湾，1650 年以后又在东非打击他们。帕特在怂恿阿曼人对东非沿海产生兴趣方面发挥了重要作用，并把阿曼人推上了领导位置，以期在反抗葡萄牙人的过程中获得帮助。对葡萄牙人的共同仇恨、一致的宗教信仰仅是阿曼人对东非感兴趣的部分原因，贸易和潜在的经济利益或许是更为重要的。17 世纪 90 年代，在阿曼阿拉伯人的帮助下蒙巴萨这个东非沿海葡萄牙帝国的最后一个堡垒被攻克了。葡萄牙人及其在沿海居民中的支持者在长期包围中进行了顽强的抵抗，但最终于 1689 年底失去了对耶稣堡的控制。

耶稣堡的沦陷实际上宣告了葡萄牙控制东非时代的结束。尽管 1728—1729 年葡萄牙人曾短暂地重占耶稣堡，然而葡萄牙的权力辐射整个东非沿海城邦的时代已经过去了。人们吃惊地发现,葡萄牙人虽在东非有长达 200 年的存在,却几乎没有遗留下什么持续的影响。葡萄牙商人、官员、神职人员居住在沿海包括蒙巴萨的许多地方,除了少数习俗以及在斯瓦希里语中很少的一些葡萄牙语词的存在之外,葡萄牙人的遗产几乎为零。特别值得注意的是,随着葡萄牙人被逐出莫桑比克以北的地区,基督教也未延续。

除了标志葡萄牙影响力在东非沿海结束的事件外,17 世纪在东非大陆的北部沿海地区还发生了其他许多重要事件。大多数今天居住在肯尼亚沿海的讲班图语的族群都是在 16—17 世纪迁徙——多数都是从北方——至此的。其中最重要的是米吉肯达人(字面意为“九个城邦”),他们也在那个时候定居在毗邻蒙巴萨的内陆地区。他们讲萨巴基语,前几个世纪居住在索马里沿岸的朱巴河、谢贝利河地区。讲东库希特语的游牧民族奥罗莫人(盖拉人)在约 16 世纪中叶迁徙到朱巴河、谢贝利河下游地区以后,触发了此后 100 年间一系列的民族迁徙活动。而米吉肯达人就是那时从这个地区(他们称之为“辛格瓦亚”)向南迁徙到达距他们今天居住地非常近的地方。米吉肯达人在山顶“卡亚斯”(Kayas)或村落中种植小米和高粱。他们没有酋长,决策和争论都是在富有的男性长老之间进行。

波科莫人是另一支讲萨巴基语的族群,他们也是因奥罗莫人而迁徙。米吉肯达人到达他们的新家园时,波科莫人差不多同时南迁至塔纳河谷地区。在那里,波科莫人适应了河谷环境的农耕生产生活,在河流旁种植稻米、香蕉和椰子,在离河较远的冲积平原上种植小米和高粱。波科莫人没有酋长;部落联盟发挥着地方政治组织的作用;长老会议做出决定。长老会议则是由组成联盟的多个部落中选出的最富有的男性所组成。

16—17 世纪,东非大陆的历史以族群间的争斗与迁徙为主要特征,这是一段变化的、不稳定的时期。这样的氛围也对沿海城邦产生了影响。居住在斯瓦希里北部城镇中的居民也迁到了南方,去更大、建设得更好、更富裕的城邦如蒙巴萨寻求庇护。组成现代蒙巴萨的斯瓦希里人口中的 12 个部落的大部分都在 17 世纪就被吸引到了那里。

六、东非沿海的阿曼时期：1700—1800 年

当阿曼在 1700 年以后取代葡萄牙人作为一支外部力量统治东非沿海的时候，阿曼的雅鲁比王朝统治者除了进行非常松散的控制外，并不能在这里发挥其他作用。到了 18 世纪初，阿曼在东非沿海的某些地方建立了军事要塞，如奔巴、基尔瓦和蒙巴萨。“里瓦里”(Liwalis)或行政长官也被阿曼统治者派至重要的沿海城邦。阿曼人试图控制东非沿海地区，但国内的许多问题包括邻国入侵、王位继承分歧等都使之无法实现，最终导致了雅鲁比王朝的覆灭。阿曼被国内问题困扰，其统治者没有足够的精力动用财力和人力去建立、加强其在东非沿海地区的统治。

阿曼统治者未能在东非沿海建立有效统治的另一个原因是，沿海城邦对任何形式的领主都怀有敌意。尽管在反抗葡萄牙统治的斗争中他们接受了阿曼的援助，但沿海的斯瓦希里民众并不希望把阿曼人当作自己的领主，尽管与欧洲人相比阿曼人和东非斯瓦希里民众间还有宗教联系。18 世纪 20 年代，这种立场已非常清楚。当时一些城邦实际上与葡萄牙人结盟以摆脱阿曼人的统治，结果葡萄牙人在 1728—1729 年重新控制耶稣堡。不过，葡萄牙人缺乏资源来维持其统治，所以占领耶稣堡只是暂时的。斯瓦希里城邦因此在很大程度上不得不独自巩固其独立地位。

尽管阿曼从未能有效控制东非沿海，但阿曼在那里的影响力却很重要，尤其是在贸易领域。那时，许多东非城邦都恢复了繁荣。18—19 世纪，阿拉伯对东非沿海的影响特别体现在那里的建筑样式向伊斯兰风格的转变上。而且，数量显著的阿拉伯舶来词进入斯瓦希里语。这一时期还出现了来自阿曼的移民浪潮，其中一些移民，如在蒙巴萨的马兹鲁伊家族(Mazrui)，就是被遣往当地为阿曼统治者服务的。他们在东非沿海永久居住下来。

沿海地区最重要的城市仍是蒙巴萨。直到 18 世纪末，它都是沿海城邦中最繁荣的一个。这主要是因为它与大陆地区的米吉肯达人建立了亲密关系，也保持了与北方城邦的联系。在 18 世纪中叶以后，蒙巴萨相对而言没有什么权力继承纠纷和其他内部政治问题的困扰，这有助于它在东非北部沿海地区维持一个安全庇护所的地位。

蒙巴萨的经济发展和政治稳定在很大程度上要归功于马兹鲁伊家族。这些阿曼阿拉伯人作为总督到达东非起初是为阿曼统治者服务的,但到18世纪50年代他们就建立了在蒙巴萨的世袭统治地位。这可谓一个大成就,特别是考虑到当时的斯瓦希里部落被划分为两个敌对派别这一情况。"色拉塔泰法"(Thelatha Taifa,三个部落)和"提萨泰法"(Tisa Taifa,九个部落)公然反目,时不时还发生战争。一系列杰出的马兹鲁伊家族的"里瓦里"能结束这些公开的敌对活动并带来了稳定。

在马兹鲁伊家族统治下,蒙巴萨在18世纪后半叶无论在财富上还是实力上都达到了一个相当的高度。与米吉肯达人更加密切的关系使得蒙巴萨成为前者的贸易渠道,这也为蒙巴萨带来了利润。这些贸易包括牲畜、象牙和野生橡胶。每个米吉肯达人群体都与一个特定的蒙巴萨社区有联系。从坦噶北直到帕特的沿海大部分地区要么隶属于、要么依附于蒙巴萨。到1800年,蒙巴萨成为东非沿海的重要力量。阿曼人虽然宣称对蒙巴萨拥有主权,却不能实际控制它。

在18世纪的大部分时间里,东非沿海地区没有受到外力的控制。这种情形无疑让与葡萄牙斗争了200余年的沿海城邦感到欣慰。不过,未来它们又重新被外力控制。确实,19世纪东非以外的列强重新试图控制沿海地区,而且它们比以往任何一个时代都做得成功。

阅读建议

Alpers, Edward A. and Ehret, Christopher, "Eastern Africa", Gray, Richard ed. ,*Cambridge History of Africa*,*IV*. Cambridge,1977.

Chittick,Neville,"The East Coast,Madagascar,and the Indian Ocean", Oliver,Roland ed. ,*Cambridge History of Africa*,*III*. Cambridge,1977.

Freeman-Grenville,G. S. P. ,*The East African Coast*:*Select Documcnt*. Oxford,1962.

Kirkman, J. S. , *Men and Monumcnts on the East African Coast*. London,1964.

Nurse,Derrick and Spear,Thomas,*The Swahili*. Philadelphia,1985.

Ogot,B. A. ed. ,*Zamani*. Nairobi,1974.

Spear,Thomas,*Kcnya's Past*. London,1981.

Strandes J. ,*The Portuguese Period in East Africa*. Nairobi,1961.

第四章 东非内陆:1000—1650 年

在公元 1000 年之后的 650 年间,不同语言、文化的族群都在东非这片土地上占有一席之地,他们通过定居、迁徙和融合适应着东非的环境。这种相互作用的产物便是几个不同语言、文化群体——有时也称其为部落——的形成。此外,在这一时段的初期东非以外的人进入东非定居,与其他群体混合。在东非一些地区尤其是乌干达、坦桑尼亚的部分地区,以酋长、国王等制度化的领导为特征的集权式政治体制得到了发展。

一、乌干达

与东非其他国家一样,乌干达的自然环境对其历史产生了巨大的影响,特别是降水和植被类型深刻影响着人们的定居形态与生活方式。总的来说,尼罗河与基奥加湖以北的地区相对干旱,只有一个雨季。东北地区则极度干旱,最多只能维持畜牧业的发展。南部地区降水充沛,在大部分地区都有两个雨季。这一时期,南部地区在人口数量与集中程度上都要高于北部地区。

这一时期,乌干达南部几乎都是班图人。该地区的人所讲的语言源自湖区班图语,这是马沙里基班图语的主要分支之一。多数班图人既从事种植业也养牛,但在乌干达中西部地区被称为“希马人”(Hima)的群体则只养牛。在维多利亚湖附近,种植业比养牛更加重要。到 1650 年,乌干达北部讲尼罗特语、苏丹语的人群多从事以畜牧、种植为基础的经济。对今天乌干达大部分地区而言有两个最重要的事件:一个是在中西部地区集权制王国的演进,另一个是讲洛语的河湖尼罗特人进入乌干达北部与东部地区。这两个事件的发展过程都是渐进的,持续了很多年,不过到 1650 年,它们都对乌干达的政治、社会与经济模式产生了深远影响。

1. 湖间王国的兴起:布尼奥罗—基塔拉

15 世纪,在乌干达中西部地区出现了由国王统治的集权制国家。其中最早的王国与帝国就是布尼奥罗—基塔拉(Bunyoro-Kitara)。这个国家的起源已无法证实。过去,布尼奥罗—基塔拉与其他湖间王国的起源都受所谓的“含米特神话”影响,宣称这些集权制国家是更高级的高加索含米特人入侵的结果。他们作为从事畜牧业的贵族征服了讲班图语的农民。不过,学者们现在已不再接受这种简单化的、带有种族主义性质的解释。

无疑,乌干达西部是一个饲养牛群者与耕种者之间发生互动的地区。在这一地区出现王国,很可能是由于诸多因素,其中最重要的因素是,那里的人组织并控制了盐、金属(如铁与铜)、牛群、兽皮以及食品的贸易。形成集权制国家的另一个重要动力很可能是组织起来防卫入侵者以及划分牧场、解决纠纷的需要。公元1000年以后,在人口日益增长的环境下对使用土地的控制,可能是将财富与影响力集中在特定个人、家族及氏族手中的更为关键的因素之一。宗教与精神性的力量同样也为这样一些群体积累财富与扩张影响力提供了有利条件。这一进程又为地方性的强有力统治者的出现创造了条件。所有这些经济、宗教、政治及军事因素结合起来,共同推动了像布尼奥罗—基塔拉这类王国的崛起。

据口头传说,布尼奥罗—基塔拉王国最早的统治者属于坦布兹王朝(Tembuzi)。与他们相关的信息在很大程度上都是神话与传说。这一时期的坦布兹王朝通常被认为是由神进行统治,不过与这个王朝相关的故事无疑也包含了一些真实成分;当这些故事变成当地人文化的一部分时,它们也能告诉我们许多有关这个社会的情况以及王国民众是如何认识他们的缘起、解释他们的风俗习惯的。此外,这些传说也很好地说明,在这一地区的班图人群体中存在着大型的政治组织。在几个有关布尼奥罗—基塔拉口头传说的汇编里,被承认的坦布兹王朝统治者有9—20个。

此后的王朝是奇伟齐王朝(Chwezi),这显然并非神话。口头传说提供了一些尽管不怎么可信、却很有趣的信息,将这两个王朝联系了起来。根据传说,坦布兹的最后一个“穆卡玛”(mukama, 国王)伊萨扎(Isaza)娶了阴间王的女儿。后来她回到阴间并生下一个叫“伊斯姆布瓦”(Isimbwa)的儿子。此后不久,伊萨扎也去了阴间并不再回来;其守门人布库库(Bukuku)则成为王国的统治者。

布库库的统治无力且短暂。他不被广泛接受,王国也分裂了。权力被各酋长分割,他们拒绝承认布库库的统治。许多年前,预言者告诉布库库,要提防他女儿依娜姆韦鲁(Nyinamwiru)生下的任何孩子。布库库没有杀掉依娜姆韦鲁，但将她置于严密的守卫之下，还挖掉她的一只眼睛、割掉她的一只耳朵和一个乳房，以此减少她对追求者的吸引力。尽管做了这些防范，不过经常进行狩猎旅行的伊斯姆布瓦在一次狩猎中结识了依娜姆韦鲁，于是从阴间来到了阳世。而依娜姆韦鲁最终生下了一个儿子。这个孩子就是恩达胡拉(Ndahura)——奇伟齐王朝的第一位国王。虽然布库库试图要杀死他，但他还是奇迹般地活了下来。恩达胡拉最终杀死了他的外公，夺得王位，并将帝国统一了起来。坦布兹王朝与奇伟齐王朝之间就这样由传说联系了起来；这种神话性联系可能是奇伟齐王朝为了使其统治合法化而建立的。

尽管奇伟齐王朝的起源并不清晰，但从口头传说中可以发现，奇伟齐牧民饲养长角牛，他们带着牲畜一起来到了乌干达西部地区，在那里他们统治当地农业人口、成为上层贵族。奇伟齐也有可能是随着经济、人口变化而形成的强有力的地方统治者。这些布尼奥罗—基塔拉的新统治者进行了一系列的行政改革。他们似乎建立了一套按等级组织起来的、有系统的行政结构。在这套机构的顶点是穆卡玛及王室官员，由穆卡玛任命的酋长统治帝国的其他地区。为了保卫牛群，奇伟齐统治者可能修建了坚固的土方防御工事，其中最著名的一个是考古学家在卡通加河(Katonga River)附近的比果(Bigo)发掘出来的。围绕在土墙四周的壕沟的长度超过了六英里，这就更清晰地证实了位于乌干达这一地区的、在口头传说中的那个强盛的王国。它们可能建于1350—1500年的某段时间，这也是多数学者所认为的奇伟齐王朝的大概统治时间。

据布尼奥罗—基塔拉的口头传说，奇伟齐王朝进行了一些重要创新：设立了许多王权的标记(如鼓、服饰、凳子)，推动了一些新技术的发展，如制作树皮布、种植咖啡。奇伟齐王室居住、生活在芦苇铺就的宫殿里。

在王朝鼎盛时期，奇伟齐统治者能控制的领土包括乌干达中西部及西南部大部分地区。奇伟齐王朝的统治中心位于卡富河(Kafu)与卡通加河之间以及托罗(Toro)与布干达(Buganda)西部地区。尽管奇伟齐王朝拥有这么多领土，但其统治结构还是松散的联盟，而非高度集权的体制。

奇伟齐王朝统治的时间不长。只出现了两个奇伟齐国王，即恩达胡拉与瓦马拉(Wamara)。恩达胡拉在移居西部之前将王位让给了瓦马拉。① 瓦马拉则在卡通加河南岸建立了首都。但是,在他统治期间出现了许多危机,包括奇伟齐王朝的内部纠纷、外来者的侵入、希马人与洛人(Lwoo)移民的渗透、对奇伟齐统治的反叛、疫病导致的牛群数量锐减。据口头传说,灾难性的预兆最终使瓦马拉及奇伟齐王室信服,于是他们离开了这个国家。留下的只有王权的标记,奇伟齐王朝从此人间蒸发,国家也崩溃了。

比托(Bito)取代了奇伟齐,成为布尼奥罗—基塔拉的统治王朝。他们是来自更远的北部尼罗河谷地区的河湖尼罗特人的一支洛人移民。比托成为布尼奥罗—基塔拉的统治者大约是在15世纪初期。尽管口头传说表明比托王朝是通过和平手段、甚至是通过联姻的方式取代奇伟齐王朝的,不过许多学者都相信,讲洛语的比托统治者使用武力征服了奇伟齐,杀死了许多原来统治集团的人并赶走了剩下的。

比托王朝在第一任国王伊辛格马·姆布加·鲁基迪(Isingoma Mpuga Rukidi)领导下逐渐适应了布尼奥罗的大部分文化。他们改用班图语。鲁基迪还继承了奇伟齐王朝的大部分王权标记与统治风格,不过他和他的继任者也进行了一些革新。

在此后数世纪中,有26个穆卡玛的比托王朝统治布尼奥罗—基塔拉。比托统治者在扩大布尼奥罗—基塔拉疆域方面也发挥了积极的作用,比托王朝随后在托罗与布索加(Busoga)部分地区也建立起来。而希马人牧民及奇伟齐幸存者在安科莱(Nkore)、卡拉格韦(Karagwe)及更南部的卢旺达、布隆迪也建立起他们的王朝。随着奇伟齐王朝的覆灭,希马人得以进入这一地区并发挥其政治影响力。

2. 安科莱王国的缘起

在奇伟齐王朝消失并被比托王朝取代之前,乌干达西南大部分地区处于安科莱(Nkore,Ankole)王国的控制下,安科莱王国也是布尼奥罗—基塔拉帝国的一个组成部分。

---

① 恩达胡拉在入侵布科巴的伊汉吉罗时遭遇日食,军队惊恐万状,他因此被敌方俘虏。获释后,他不愿以一个蒙受耻辱的国王的身份返回国都,便移居西部,并让位给儿子瓦马拉。参见[塞内加尔]D. T. 尼昂主编:《非洲通史:十二世纪至十六世纪的非洲》,中国对外翻译出版公司1992年版,第412—413页。译者注。

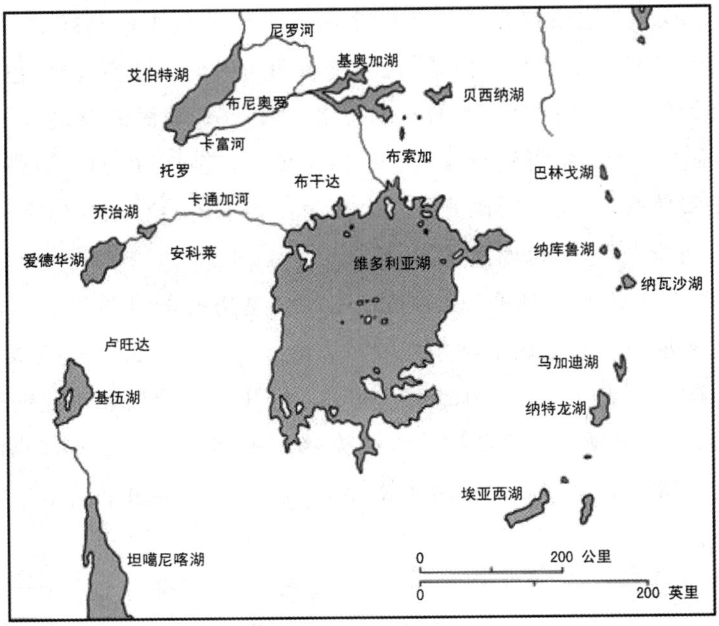

图 4—1　乌干达中西部

然而，随着奇伟齐统治的结束和对这一地区控制的丧失，形成了一个权力的真空状态，随后辛达氏族（Hinda clan）在首领鲁辛达（Ruhinda）领导下进入一个新时期。安科莱的口头传说称，鲁辛达是奇伟齐统治者的后裔，据说他是瓦马拉的一个儿子。另一种说法则称他是希马人的领袖，曾被瓦马拉任命为布尼奥罗—基塔拉的牧民酋长。在这一传说中，奇伟齐在面对讲洛语的比托人时撤退了，鲁辛达很可能向南、向西迁徙，并在新地方建立了他的领导权并控制了那片区域；也许，口头传说只是想要在巴辛达王朝（Bahinda）与著名的奇伟齐王朝之间建立联系。无论起源如何，鲁辛达很显然都是一群向西南方向迁徙的牧牛人的领袖；鲁辛达利用洛人入侵所引发的动荡局势，使自己成为安科莱王国的第一位“穆加贝”（mugabe，国王）。

鲁辛达在一个很小的、叫作“伊辛吉罗”（Isingiro）的地方建立了他的王国，直到去世他的统治都未能稳固下来。据安科莱的传说，继承他王位的儿子恩库比（Nkube）还遭遇了叛乱。鲁辛达不仅开创了安科莱王国，也建立了多个哈亚国家（Haya states），其中最著名的就是更南边的、位于今天坦桑尼亚境内的卡拉格韦。

随着安科莱王国的发展，其境内出现了两种不同的群体。从事畜牧的希马人是统治阶层。他们在开阔的平原上饲养数量众多的长角牛，这也使安科莱成为一个富有魅力的牛之国度。伊鲁人(Iru)则主要从事农耕。在政治领域，某种程度上也在社会领域，他们并不是能够享受特权的阶层。

3. 布干达的缘起

在布尼奥罗—基塔拉的南部与东部，随着奇伟齐王朝的衰落另一个新的王国崛起了。这就是布干达王国。与布尼奥罗—基塔拉和安科莱相比，布干达处在一个十分不同的生态环境；布干达是一个湿润的地区，相对于养牛而言，那里更适合从事精耕细作的农业，如种植香蕉。

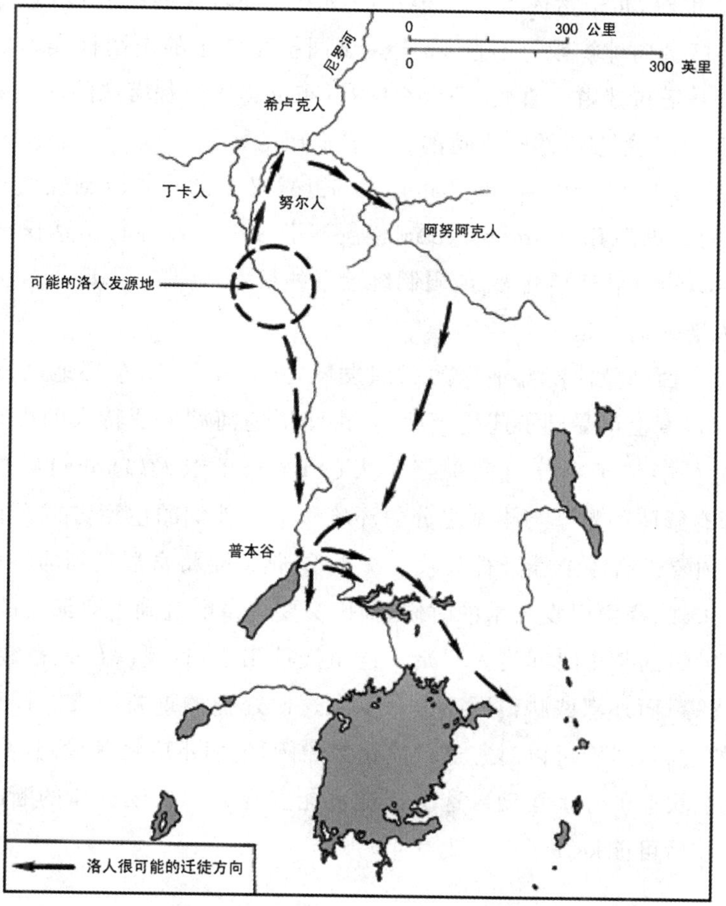

图 4—2　在东非的洛人迁徙

根据布干达的传说，这个王国在很长一段时间里都在逐渐发展着。来自不同方向的移民占据了这一地区并组成了这个国家的人口。一些来自东北的由金杜(Kintu)带领的氏族尽管并非最先到达的移民，但在布干达的传说中被认为是这个王国的建立者。另一些人在基梅拉(Kimera)的领导下来到这里。根据布尼奥罗—基塔拉的传说，基梅拉是伊辛格马·姆布加·鲁基迪的兄弟。这就引发了一个问题，即布干达王朝是否在基梅拉时期(在多数的国王世系列表中基梅拉被认为是布干达的第四任统治者)之后变成以比托人为起源。历史学家对此争论不休。虽然有布尼奥罗—基塔拉的传说作为支持，但并无确切的、有力的证据证明布干达是一个由比托人统治的国家。

14—15世纪，布干达还是一个很小的国家。随着时间的发展，它开始从一个小的核心区域向外扩张。不过，布干达试图扩张疆土的企图被实力更强大的布尼奥罗—基塔拉挫败。直到17世纪中叶，布尼奥罗—基塔拉的军事实力还远强于布干达，完全能够制约布干达的领土扩张野心。

在早期，布干达“卡巴卡”(kabaka，国王)的权力也并非压倒性的。他们比“平等者中的首席”(first among equals)强不了多少。各种布干达氏族的首领“巴塔卡”(bataka)很有影响力，能限制统治者的权力。

4. 洛人迁入乌干达

乌干达中西部及西南部地区的王国发展之际，其北部、东部地区直到1650年前在很大程度上都受到了迁徙至此的、讲洛语的河湖尼罗特人的影响。洛语群体的故地可能位于今苏丹南部努尔人(Nuer)、丁卡人(Dinka)居住区的南边[①]。那种有鲜明的湿季与干季之分的环境塑造了他们的生活方式。在此环境下，洛人必须要进行季节性迁徙放牧。在干季，他们要将畜群赶到河谷地带去饮水；当湿季来临、降雨引发洪水的时候，他们又要将畜群赶到远离河流的山坡上。

在14世纪的某个时期洛人开始从这里迁徙出去，这反映出人畜数量过多、环境无力支撑；而外部威胁很可能也是引发这次迁徙的重要因素。迁徙是一个非常复杂的过程，尽管可以对它进行简化性的阐释，但不应将其设想为一种向南方的径直的、快速的迁徙运动。这次迁徙可能表现为小规模群体的断断续续的迁移活动，前后可能持续了50—100年。

---

① 今天的南苏丹共和国境内。译者注。

在洛人传说里，有两种代表性的观点说明了这次迁徙是如何发生的。一种观点认为，移民首先向北迁徙至加扎勒河(Bahr el Ghazal)与尼罗河的汇合处，在那里移民领导层发生了分歧，其中一部分人留在那儿，大多数人则继续向东、向南迁徙，最终到达了尼罗河边靠近艾伯特湖的普本谷(Pubungu)[①]。另一种观点则认为，移民最初先南下至乌干达北部地区，在那里发生了分裂，其中一支返回北方加扎勒河与尼罗河的汇合处，在那里发生了另一次分裂，一部分讲洛语的人留下了，另一部分则向东或向西迁徙。无论接受哪一种观点，毫无疑问的是，一批讲洛语的人于14—15世纪到达了乌干达北部地区。在加扎勒河与尼罗河汇合处的那些人曾建立了希卢克王国(Shilluk)，而向东南方向迁徙的另一支讲洛语的阿努阿克人(Anuak)也定居下来。

讲洛语的移民似乎毫不费力地就适应了新的环境。确实，在洛人历史上，灵活性是其鲜明的特点。洛人借用了他们接触过的许多人群的文化、观念和语言，而这些人反过来也被洛人影响。在乌干达北部与东部历史上的一个惊人的事实是，此前许多讲班图语、苏丹语或平原尼罗特语的人群都开始使用洛语和采用洛人的文化与观念。

讲洛语的人通常都饲养牛群，也学习使用密集型农业技术。在从苏丹开始迁徙以前，作为洛人社会一个组成部分的酋长在某些地区(如希卢克)发展出了高度集权的王国。

5. 东非内部的洛人移民

到达普本谷的洛人群体对东非历史产生了巨大的影响。其中一支渡过尼罗河进入讲苏丹语的人的居住区。这些讲苏丹语的人似乎并没有酋长或任何程度的政治集权。迁入这里的洛人及其后代则建立了酋长制度。渐渐地，早期的阿鲁尔人(Alur)移民放弃了原来的语言，开始使用洛语。在乌干达西北部地区，这算是一个革命性的变化。

正如上文所描述的，另一支洛人向南跨过尼罗河进入布尼奥罗—基塔拉境内。他们赶走了奇伟齐王朝的统治者，建立了比托王朝，并在20世纪后半叶前一直统治这个国家。

① 今帕夸奇(Pakwach)。

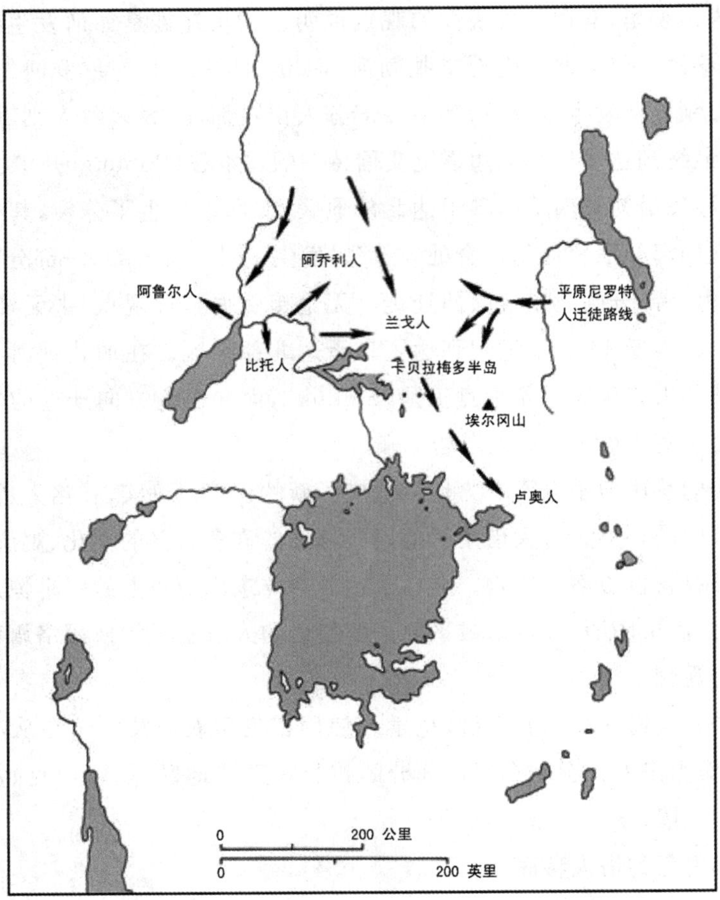

图 4—3　在东非内部的洛人迁徙

还有一支洛人在普本谷待的时间较长，随后逐渐向北、向东迁徙，进入阿乔利(Acholi)、兰戈(Langi)以及帕德赫拉(Padhola)地区。这一支洛人的后裔甚至迁徙到今天肯尼亚西部地区。向北方、东北方迁徙的这支洛人被称作“帕提科人”(Patiko)。生活在这一地区的、讲平原尼罗特语以及苏丹语的农耕者则被称作“伊瑟拉人”(Iseera)。发生在他们之间的非常复杂的互动过程持续了数十年，17 世纪末从中发展出一个叫作“阿乔利人”(Acholi)的族群。在持续不断的北方移民的推动下以及受益于吸收与适应能力，讲洛语的人开始控制这一地区。他们的语言成为该地区全部人使用的语言。17 世纪后，一些由洛人统治的小规模的集权制国家出现了。

在兰戈地区经历了多少有些相似的发展过程。从讲洛语的人与平原尼罗特农耕者之间的复杂互动进程中孕育出一个新社会。这是通过相互融合而非简单的控制实现的。讲洛语的人从北方进入这一地区。洛语取得了胜利,不过兰戈人保留了原有的、存在于讲平原尼罗特语的阿特克人(Ateker)中的氏族结构。氏族领导人常常被用洛语称为"酋长",但他们很显然没有在阿鲁尔与阿乔利地区的酋长那样大的权力。

一些讲洛语的人穿过阿乔利与兰戈地区继续向东、向南迁徙,其中一部分曾穿过布尼奥罗—基塔拉又回到北部地区,然后进入阿乔利与兰戈地区,并继续向东、向南迁徙,与一些来自北方的移民汇合并构成了乌干达东部的帕德赫拉人以及肯尼亚西部的卢奥人(Luo)。因此,到 17 世纪的时候,讲洛语的人从几个不同方向迁入乌干达东部地区。他们在突入基奥加湖的卡贝拉梅多半岛(Kaberamaido Peninsula)停留了一段时间后继续向东迁徙。到 1650 年,这一迁徙仍在继续,帕德赫拉人仍未进入他们现在的居住地;讲洛语的人在今肯尼亚尼安萨省(Nyanza Province)的主要迁徙活动也未完成。这些细节将在肯尼亚部分详述。

二、肯尼亚

下文将要讨论的时期里,在肯尼亚不同语言和文化的族群都进行了一系列持续的迁徙活动。高地尼罗特人、平原尼罗特人及河湖尼罗特人都在其居住地域内进行了自我身份建构;同时,班图人继续朝沿海地区、东部高地、维多利亚湖东北沿岸以及埃尔冈山的坡地迁徙。那些地区都是肯尼亚最适合定居务农的地区,那里充沛的降水、肥沃的土壤能够有效解决定居者的生存问题。而一直以来,肯尼亚北部地区的特征是极度干燥的环境,东北部地区的环境近乎沙漠了。肯尼亚北部仅有偏中、南方的裂谷地区可能适合游牧的生活方式。

在肯尼亚并没有出现像乌干达那样的中央集权王国。因此,描述那些讲各种语言的群体的迁徙将有助于了解肯尼亚的情况。

1. 高地尼罗特人

高地尼罗特人的故地位于埃塞俄比亚西南地区。在移居东非前,他们的文化(年龄群、作为成年仪式的割礼等)、语言被认为受到了讲东库希特语族群的影响。高地尼罗特人在进入肯尼亚西部地区后接触并融合了许多讲南库希特语的族群，后者此前已在这里的高地上从事食物生产活动了。

在公元后的第一个千年里，高地尼罗特人分化为许多不同的群体，他们的区别主要体现在语言和文化上。他们占据的大部分土地都位于今肯尼亚境内，不过其中的一个群体塔托加人（达多哥人）的祖先居住在坦桑尼亚北部地区。这些高地尼罗特人扩散到纳特龙湖以外的地区，并与该地区的南库希特语族群、班图人、可能还有科伊桑人互动、相互依存。自从约1600年开始，塔托加人的控制区域不断缩小，这主要是因为先进的班图人到达了坦桑尼亚中北部地区。

另一支高地尼罗特人则占据了肯尼亚西北部，扩散到从埃尔冈山到肯尼亚山的广大地区。他们既饲养牲畜（牛、羊和山羊），也种植高粱和小米。

这一时期高地尼罗特人中最重要的一支是卡伦津人。他们占据着肯尼亚的西部高地，这里在很大程度上可以免受外部压力。1000—1500年，他们分化出许多不同的群体（见图4—4）。

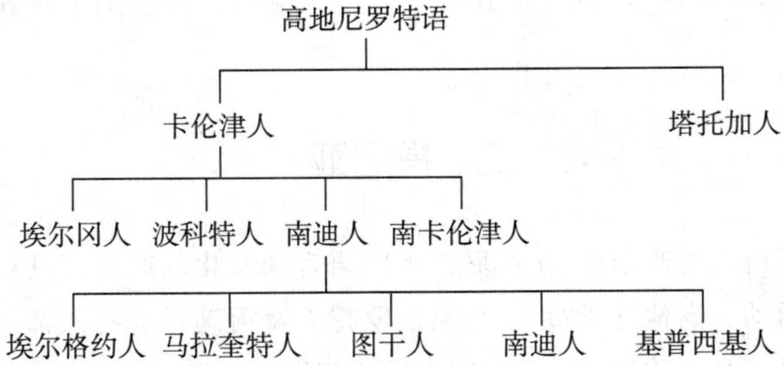

图4—4 现代高地尼罗特语

1650年之前，卡伦津人中只有南卡伦津人（South Kalenjin）一支进行了重大的对外扩张活动。在1500年前的某个时期，南卡伦津人将他们的语言与文化扩散到南方，并远至今坦桑尼亚的果戈（Gogo）地区。这一扩散的势头在1600年左右结束；在此后两个世纪里，平原尼罗特人中的马赛人（Maasai）将进入这一地区并将其语言强加给了南卡伦津人的后代。

1650年之前，其他卡伦津族群在逐渐扩散的同时相互间的距离也越来越远了。埃尔冈人（Elgon）从裂谷高地向西迁徙，最终到达埃尔冈山周边地区。约1500年，从其他卡伦津人中分离出来的波科特人（Pokot）已迁徙至北方，并在那里与讲卡拉莫贾—泰索语言(Karamojong-Teso)的平原尼罗特人发生了接触。这些平原尼罗特人正在取代早期来到这一地区的高地尼罗特人。在接触中,波科特人开始吸纳卡拉莫贾—泰索人的一些特质,这也使他们与其他卡伦津人区分开来。

16 世纪初,南迪人(Nandian)仍主要集中分布在从大裂谷西坡到埃尔冈山以东的地区。他们随后向东迁徙至埃尔冈山与彻兰干益山(Cheranganyi Hills)之间的地区。在这里,埃尔格约人(Elgeyo)、马拉奎特人(Marakwet)、图干人(Tugen)的祖先都分化出来,并向东迁徙;而南迪人、基普西基人(Kipsigis)的祖先则向西南迁徙。

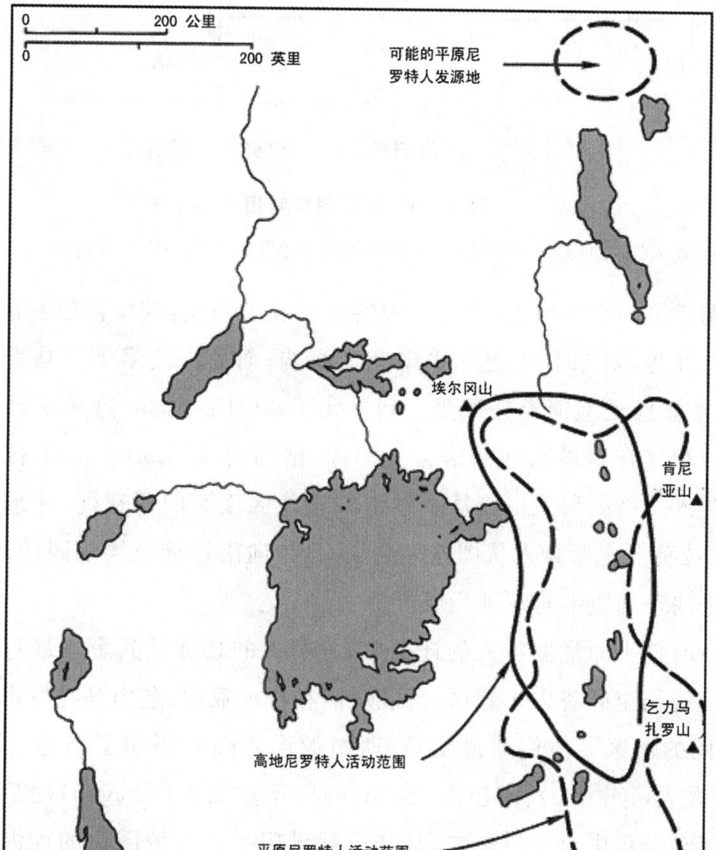

图 4—5　1800 年前的高地尼罗特人与平原尼罗特人

2. 平原尼罗特人

正如上文叙述高地尼罗特人的历史时所提到的，在公元后第二个千年(1000年以后)里，新兴的、强有力的平原尼罗特人进入东非地区。与既从事畜牧又进行农耕的高地尼罗特人不同，平原尼罗特人主要由从事牧业的牧民组成，于是，他们占据了裂谷地区的开阔草原。此外，畜群需要新鲜的牧草与水源，因此他们需要频繁迁徙，经常与其他族群相接触；而高地尼罗特人、班图人不得不面对这些平原尼罗特人带来的问题。

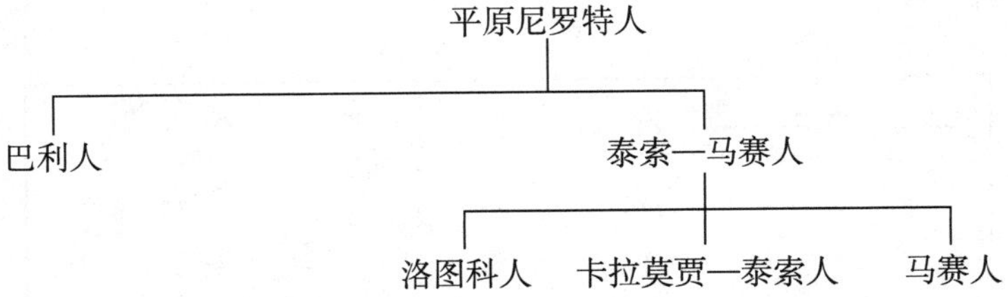

图 4—6　平原尼罗特语

注释："巴利人"在原版中写为"Bart"，疑为拼写错误，应为"Bari"。译者注。

在公元后第一个千年里，平原尼罗特人分成了两支：其中讲巴利语(Bari)的那一支进入苏丹，对东非历史几乎未产生影响；而另一支泰索—马赛人(Teso-Massai)在东非历史上则十分重要。到公元1000年的时候，这一支已分化为三个讲着相似却又有明显区别的语言的群体：洛图科人(Lotuko)、卡拉莫贾—泰索人及马赛人。洛图科人可能从图尔卡纳湖地区逐渐向西迁徙，并最终定居在苏丹[①]。卡拉莫贾—泰索人从图尔卡纳湖向西、向南迁徙至埃尔冈山地区，马赛人则从这里向东南方的肯尼亚山迁徙。

在这一时期平原尼罗特人的迁徙中，马赛人的迁徙及其影响最重要。他们最先向东南迁徙至裂谷以东地区，可能定居在肯尼亚山、乞力马扎罗山与泰塔山(Taita)之间的地区。他们通过贸易、通婚的形式强烈影响了当地讲班图语的人，如基库尤人(Kikuyu)、康巴人(Kamba)以及查加人(Chagga)的祖先。马赛人在这一互动进程中也深受影响，马赛语就借用了许多班图语的词汇。马赛人在这一进程中也接触到了高地尼罗特人，并从高地尼罗特人那里引入了割礼，还

① 今天的南苏丹共和国。译者注。

采用了高地尼罗特人的椭圆形盾牌及其他武器。

卡拉莫贾—泰索人迁徙至从埃尔冈山以北、以东坡地到乌干达北部之间的地区。他们取代了早期居住在这里的高地尼罗特人，并开始与波科特人发生了远距离联系（贸易、通婚、袭击牛群等）。不过，卡拉莫贾—泰索人扩张的主要时期是在1650年以后。

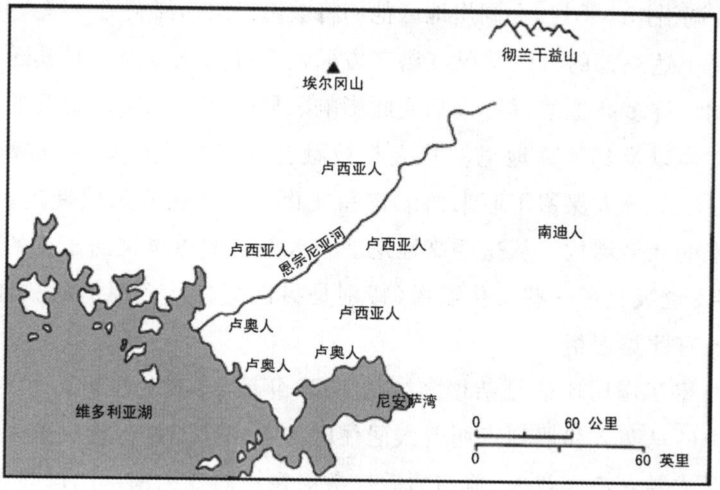

图4—7　肯尼亚西部

3. 肯尼亚西部的班图人与河湖尼罗特人：卢西亚人与卢奥人

在今天，居住在维多利亚湖东岸与东北岸的主要族群是卢西亚人（Luhya）与卢奥人；在下文将要讨论的时期里，他们开始演进为具有独特语言、文化的实体。这两个族群的演变过程都十分复杂，涉及从乌干达进入这一地区的移民，他们的语言深刻影响了高地与湖岸地区；这一过程还涉及讲南库希特语的人、班图人、平原尼罗特人、高地尼罗特人以及河湖尼罗特人之间的互动。

肯尼亚西部地区讲班图语的卢西亚人的演进，体现了不同族体间互动、融合的复杂过程。用吉迪恩·沃尔（Gideon Were）的话说，卢西亚人是一个“混血的群体”。在公元后的第二个千年，卢西亚人开始占据维多利亚湖以北、以东的高地。在其北边还居住着高地尼罗特人；在公元后第一个千年的早期，班图人已定居在今天卢西亚人居住地的南边。在肯尼亚西部高地，在与高地尼罗特人或许还有南库希特人的接触过程中，班图人深受其影响。经过数世纪的互动与文化适应，班图人也开始采用割礼作为成年仪式。像高地尼罗特人、南库希特人一样，班图人的社群也以无酋长的小型氏族或宗族单位组织起来。

大约在17世纪初，出现了来自乌干达东部与布干达地区的大规模班图氏族移民。这一迁徙的原因尚不清楚，或许是氏族、王朝纷争，或许是乌干达东部人口的稠密与疾病。这次迁徙持续至18世纪中叶。那时，大多数南部卢西亚人的祖先似乎都已到达了这一地区。他们不仅定居在今天南部卢西亚人的居住区，而且居住在维多利亚湖沿岸。不过，在湖岸地区他们将被讲洛语的河湖尼罗特人排挤掉。

来自乌干达东部的班图移民在语言方面甚至在文化方面都对其迁入地产生了巨大影响。许多高地尼罗特人都受此影响。居住在埃尔冈山附近的卡伦津人中的几个群体以及其他高地尼罗特人都被融合，并被“班图化”(bantuized)了，尽管还有一小部分人保留了原来的语言和文化。一些氏族虽然使用班图语，但保留了原来的社会结构。从这些高地尼罗特人及一些更早定居于此的班图人那里，班图移民也吸收了一些文化习俗(特别是男性割礼)，而他们的故地布索加、布干达则没有此类习俗。

文化的相互作用比这复杂得多。从1525年到17世纪中叶这段时期，平原尼罗特人中的马赛人移居到卢西亚人居住区的西南部。这些移民单个的或以整个氏族的形式融入卢西亚人，他们的后代散居在卢西亚人南部的居住区。因此，卢西亚人的出现是不同来源的族群与文化复杂互动的结果。

在本章所述时期的最近数世纪中，卢西亚人的邻居，尼安萨省的卢奥人代表了来自苏丹南部地区的、[1]讲洛语的群体进行迁徙的最终阶段。一般而言，新来的尼罗特人发现班图人已占据了维多利亚湖湖岸地区，但他们却有能力把卢西亚人与古西人(Gusii)的先民驱赶至地势更高的地方或使之与卢奥人融合。

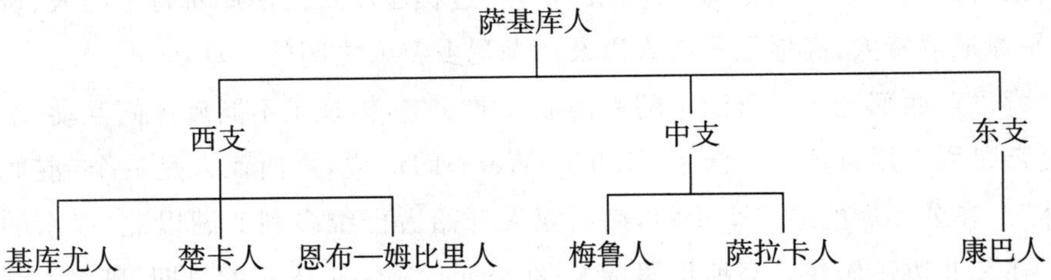

图4—8 萨基库语

① 今天的南苏丹共和国。译者注。

据卢奥人的传说，从16世纪开始有四次明显的进入维多利亚湖东岸地区的移民浪潮。这些迁徙的洛语族群来自不同方向。一些是直接从苏丹南部[①]迁徙而来的，另一些则是曾到达普本谷的洛语族群的分支，还有一些是从乌干达的帕德赫拉人中分化出来并向东迁徙的。最初进入肯尼亚西部地区的迁徙活动相对比较和平。尽管洛语族群中大多都是牧民，但他们似乎已转变为主要从事农耕的群体。发生这一重要转变的原因尚不确定，或许是地方性的牛类疾病，或许是与务农的班图人互动的影响。

第二、第三次的移民浪潮使卢奥人真正征服了尼安萨。在16世纪后半叶及17世纪前25年里到达这里的洛语族群与当地班图人发生了激烈的冲突。结果，班图人被赶出了湖岸地区，之后卢奥人开始了与卢西亚人的密切互动。卢奥人的最后一次移民到1650年尚未结束。卢奥人迁入后，其他非卢奥人与位于肯尼亚尼安萨湾(Nyanza Gulf)南部的卢奥人之间发生联系，最终使他们转而采用卢奥人的语言和习俗。

4. 萨基库人

在肯尼亚东南部与中部高地的讲班图语的人属于东非班图人中的"萨基库人"(Thagicu)。通过语言学的比较可以发现，萨基库人作为一个独特的族群可追溯至公元后第二个千年的初期。最初的萨基库人分化为四个族群，其中三个都定居在肯尼亚山附近地区。图4—8说明了萨基库人的主要分支情况。

萨基库人似乎迁徙到了南库希特人居住的地区，在与库希特人交往的过程中他们将库希特人融入班图语族群。尤其是西部与中部的萨基库人，吸收了许多库希特人的习俗，如割礼与年龄群级制度。1500年以来，与东库希特语族群奥罗莫人的接触主要局限在萨基库人居住的北部地区。这让人联想到游牧的马赛人对肯尼亚山东部地区讲班图语族群的影响。除了与其他语言、文化群体的接触外，肯尼亚东部地区的气候与地形在塑造民众生活方式上也产生了巨大影响。这一地区比西部高地普遍干旱，这也导致班图人形成了小型的、自给自足的社群，并常常四处迁徙。

西部与中部的萨基库人发展出一个被统称为"肯尼亚山"(Mount Kenya)的群体。这一群体包括今天的梅鲁人(Meru)、恩布人(Embu)、楚卡人(Chuka)、

① 今天的南苏丹共和国。译者注。

萨拉卡人(Tharaka)和基库尤人。通过对这些族群传统的考察可以发现,在肯尼亚山地区有一个多层次的移民体系。

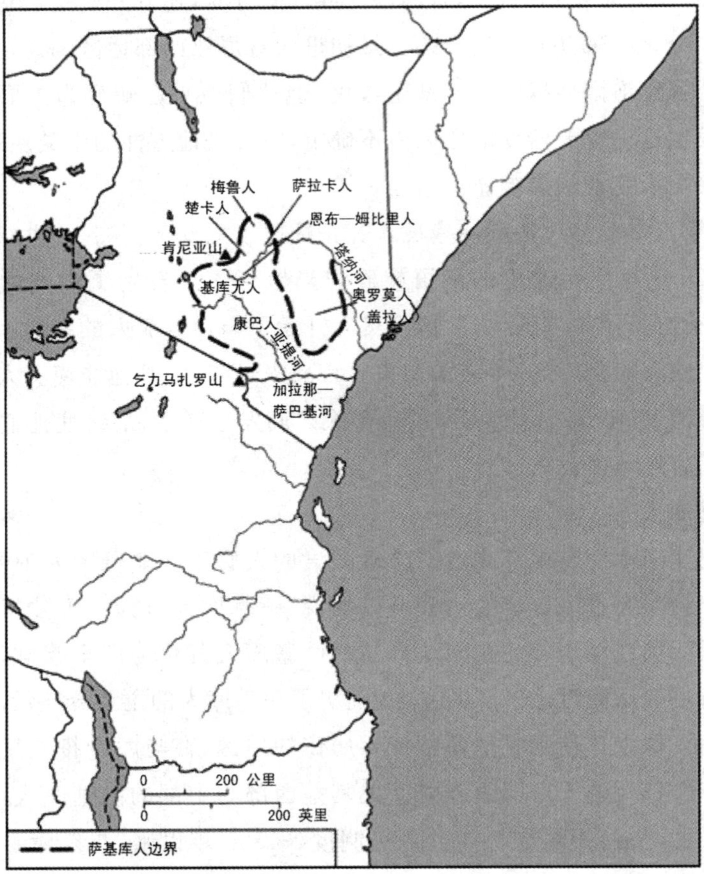

图 4—9　萨基库语族群的现代分布

在这一地区最早的移民是班图语族群,他们于公元后第一个千年里在铁器时代早期就迁入这里。据"肯尼亚山群体"的传说得知,他们来自肯尼亚山北部地区,12 世纪时定居在肯尼亚山以南、以东的广大地区,并与南库希特人为邻。

"肯尼亚山群体"迁徙、定居的第二阶段开始于约 15 世纪中叶。最开始是向南部迁徙,但由于偏西部地区更湿润且更适宜耕作以及人口压力、奥罗莫人的威胁、群体内部争吵等因素的影响,这一迁徙呈现出复杂的过程。恩布人、姆比里人(Mbeere)向肯尼亚山(肯尼亚最高峰)以东迁徙,楚卡人、萨拉卡人向北部迁徙，基库尤人向南部与东部迁徙。

迁入肯尼亚山高地的另一支重要群体是梅鲁人的先民。据其传说，他们曾在肯尼亚海岸地区生活过一段时间，17 世纪末离开那里，穿过干旱地带到达当时萨拉卡人与姆比里人居住的地区，从那里继续向北部与西部地区渗透。

当时“肯尼亚山群体”的东邻康巴人（Kamba）也表现出了人口互动与迁徙的复杂状况。萨基库语族群与来自海岸地区的班图语族群发生互动，并出现一种社会形式：他们都使用萨基库语言，而在文化上却与海岸班图人相近。例如，与“肯尼亚山群体”不同的是，康巴人先民在其政治与社会组织中几乎没有受到年龄群制度的影响。据康巴人的传说，其先祖是从乞力马扎罗山地区迁徙而来的。15 世纪末至 17 世纪初，康巴人居住在乞力马扎罗山地区。那时的康巴人就是一个移民群体，他们在乞力马扎罗山旁边的干旱平原与相邻高地之间频繁移动。

在 16 世纪的最后十年，康巴人开始从乞力马扎罗山附近的平原迁出。一开始这一迁徙十分缓慢，但很快便成为一场大范围的迁徙运动。迁徙的部分原因是马赛人的入侵，人口过剩及对更好的牧地的渴望也是原因之一。康巴人首先向北部迁徙到达今天乌坎巴（Ukamba）地区的南部，但并未在那里扎根。17 世纪中叶，他们穿过相对干旱的平原向西北迁徙，最终到达姆布尼山区（Mbooni Hills）。那里与他们此前居住的平原不同，有水源丰富的高地森林，而且更加安全。在那里康巴人开始建立新的定居点。

三、坦桑尼亚大陆

与乌干达、肯尼亚形成鲜明对比的是，坦桑尼亚在 11—15 世纪的历史几乎完全是班图人的历史。除了塔托加人、卡伦津人从北方进入坦桑尼亚的迁徙活动及一些定居在坦桑尼亚大陆的南库希特人与科伊桑人外，班图人组成了坦桑尼亚人口中的绝大多数，1650 年，坦桑尼亚大陆的绝大部分地区都被班图人占据。班图人分布最为集中的地区主要在维多利亚湖西岸与南岸的、灌溉良好的地区以及乞力马扎罗山附近的高地。在这些地区特别是后者有肥沃的火山土壤。到 1650 年，在这两个地区都形成了相对较大的、固定的定居人口，政治集权也获得了巨大发展，形成了许多酋长国或中央集权的国家。在坦桑尼亚中西部的广大地区降水量相对更少、更不稳定，人口也就不那么集中。因此，在这一地区发展出了一种以小型酋长国为特征的政治组织。

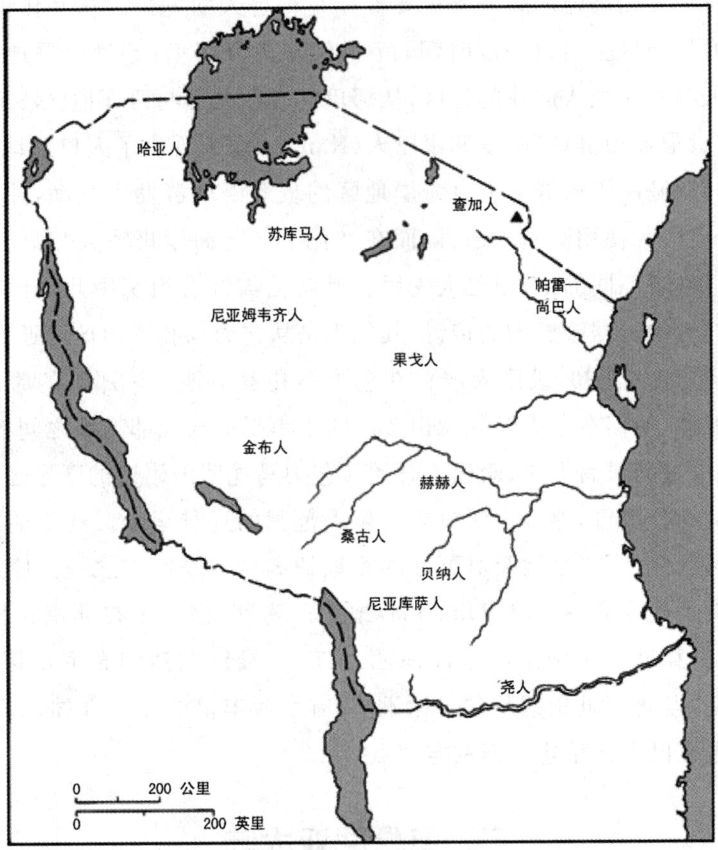

图 4—10 坦桑尼亚大陆

1. 西部湖区:哈亚人的国家

在维多利亚湖以西,哈亚人(Haya)国家的历史通常与更北边的乌干达境内的王国尤其是安科莱王国相联系。鲁辛达领导下的辛达统治者在15世纪建立了安科莱王国,控制了这一地区。鲁辛达及其牧民追随者还建立了七个辛达人的新附属王朝,鲁辛达的儿子统治着这些王朝,包括乌凯雷韦(Ukerewe)、布斯扎(Busiza)、基萨卡(Gisaka)、科雅姆特瓦拉(Kyamtwarea)和布斯巴(Busiba)。

鲁辛达去世时,他缔造的“帝国”也不复存在,并分裂为一些小的、独立的王国,统治者都是辛达人。辛达人以其军事力量被当地人接纳;他们还利用似乎是从北方带来的重要的王权象征与标记以及公正的名声来维持统治。

像安科莱一样，在这些王国里存在着两个不同的阶级——希马牧民与伊鲁农民。威望、权力与牛群所有权相联系，这使得希马人成为统治阶层。不过，就像在安科莱一样，两个阶层是相互依赖的，而国家、经济的有效运作也有赖于他们的合作。

2. 坦桑尼亚中西部：恩特米酋长国

这一时期坦桑尼亚中西部地区民众的语言属于“西坦桑尼亚班图语支”(Western Tanzania Bantu group)。公元1000年以后，讲这类语言的人至少分化为三个群体，包括金布人(Kimbu)与尼亚姆韦齐—苏库马人(Nyamwezi-Sukuma)的先民。尼亚姆韦齐—苏库马人的故地可能位于今天的苏库马兰地区(Sukumaland)。1650年时，这些群体仍在扩散与分化。

与东非其他地区一样，气候和其他生态因素在人们的生活方式与政治发展中扮演了重要的角色。坦桑尼亚中西部地区由宽广的高原组成，以干草原和林地为主，降水不多且不稳定。此外，这里河流少。这种类型的地区并不适合人们大规模长期聚居；这里的班图人倾向于建立并维持小规模、独立的村庄，通常是一些自给自足的社区，但随着时间流逝联合形成了更大的政治体。这些政治体的首领是酋长，这些酋长国就是“恩特米”(Ntemi)。

恩特米酋长逐渐控制了政治、社会与宗教权力。他们以集体决策的形式领导，解决处理与民众福祉相关的纠纷与宗教仪式。酋长被视为连接民众与祖先的纽带。个人福祉与国家的繁荣联系密切。在许多恩特米酋长国中，酋长成为世袭性职位，由某一个家族把持。不过，这样的酋长也并非独裁者，而是要接受许多官员与顾问的建议和帮助。

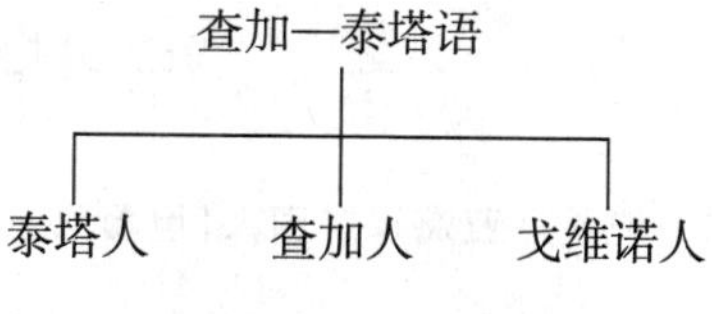

图4—11　查加—泰塔语

恩特米酋长国一般都不大。出现这一局面有许多原因，也许最重要的因素是一个持续的分裂过程：一个领导及其追随者常常分离出去并建立新的恩特米国家。这种情况因人口增加及资源短缺而经常发生。因此，随着移民、定居及不同群体间的接触，恩特米酋长体系传播到坦桑尼亚广大地区。14世纪末，维多利亚湖以南的苏库马人、尼亚姆韦齐人都已接受了这一体系。在此后数世纪，恩特米酋长制度向南部与东部地区传播。到19世纪，已有超过200个这样的酋长国。

11—17世纪，在坦桑尼亚中南部靠近马拉维湖北边的地区生活着赫赫人(Hehe)、贝纳人(Bena)及桑古人(Sangu)的先民，在其西南则居住着尼亚库萨人(Nyakusa)的先民。在这片广大的地区多数群体似乎都是以较小、较不稳定的酋长国形式组织起来的。

3. 坦桑尼亚东部

居住在坦桑尼亚东部地区的班图人使用的语言属于坦桑尼亚海岸查加—泰塔语支(Tanzania-Coastland Chaga-Taita groups)。1100年，最初的查加—泰塔人已分化为几个不同的群体。其中，查加人的先民可能定居在乞力马扎罗山的东南坡，而戈维诺人(Gweno)似乎已作为一个独立的群体出现在了帕雷高地(Pare)北部。

坦桑尼亚海岸班图语的使用者居住在坦桑尼亚北部和东北部地区(见图4—12)。通过语言学的比较可以发现，这一群体的故地最有可能位于坦桑尼亚与肯尼亚边境的沿海地区。

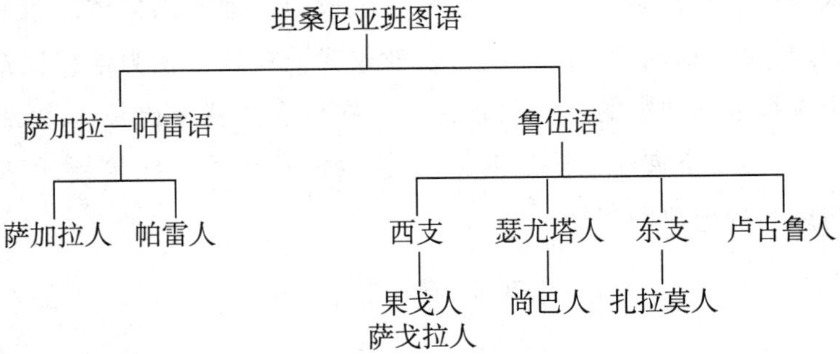

图4—12　坦桑尼亚海岸班图人(坦桑尼亚群体)

这些讲班图语的人迁入南库希特人居住的地区。班图人最终融合了南库希特人，不过这一过程到1650年时尚未完成。俄瑞特认为，班图人能做到这点的一个原因是，他们发展了以香蕉为基础的高地密集型农业，这又有助于其人口的增长。

乌散巴拉(Usambara)与帕雷高地是一片土壤肥沃、水源充足的地区，非常适合耕作。1650 年,有着肥沃火山土的这片地区及乞力马扎罗山南坡的人口密度不断增大。由于人口增加及其他因素的影响,18—19 世纪,政治的集权化导致了酋长国与王国的形成。

在坦桑尼亚东南角的群体讲着传自鲁菲季—鲁伍马人(Rufiji-Ruvuma)与基隆贝罗人(Kilombero)的语言,所谓的"鲁菲季—鲁伍马人"因其位于鲁菲季河与鲁伍马河之间的低地而得名。与更北边的人不同,他们似乎与南库希特人接触很少,牛在其经济中也不扮演重要角色,在 1650 年前多数族群都未形成由酋长统治的政治实体。

约在 1000—1650 年,东非内陆经历了各类历史发展。在某种程度上许多地区的发展都是相似的,都涉及移民、群体间的相互交流及最终导致的一个群体对另一个群体的融合。17 世纪中叶,尼罗特人、库希特人、班图人之间的互动塑造出东非复杂的语言与文化型式。

这一时期的东非政治史在政治发展与政治结构上表现出了显著的差异。在乌干达与坦桑尼亚西部出现了在国王统治下的高度组织的中央集权国家。在坦桑尼亚西部与中部地区,政治活动的核心是恩特米酋长的发展。在肯尼亚大部分地区既没有出现王国,也没有出现由拥有司法、政治影响力的世袭酋长所统治的社会。

造成这种差异的原因并不确定,但不同地区的环境与人们的定居方式可能产生了巨大的影响。例如,总的来说,肯尼亚就不如乌干达西部地区开阔。在肯尼亚,高原被高山、峡谷分割,那里很少有无需克服自然障碍就能控制的开阔地。此外,在那几个世纪,肯尼亚境内更多的是不同文化、语言群体的迁徙与互动。而在乌干达西部,在 1500 年前就出现了东非地区最早的班图移民,大量人口也集中起来。相比之下,在肯尼亚与坦桑尼亚东南部地区更多地表现出人口的流动性特征。

阅读建议

Dunbar, A. R. , *A History of Bunyoro-Kitara*. Nairobi, 1965.

Ehret, C. , "Between the Coast and the Great Lades", Niane, D. T. ed. , *General History of Africa*, *IV*. Berkeley, 1984.

Ehret, C. , *Southern Nilotic History*. Evanston, 1971.

Ehret, C. and Posnansky, Merrick eds. , *The Archaeological and Linguistic Reconstruction of African History*. Berkeley, 1982.

Karugire, S. R. , *A History of the Kingdom of Nkore in Western Uganda to 1869*. Oxford, 1971.

Kiwanuka, M. S. , *A History of Buganda From the Foundation of the Kingdom to 1900*. New York, 1972.

Ogot, B. A. , "The Great Lades Region", Niane, D. T. ed. , *General History of Africa*, *IV*. Berkeley, 1984.

Ogot, B. A. ed. , *Kenya Before 1900*. Nairobi, 1976.

Ogot, B. A. ed. , *Zamani*. Nairobi, 1974.

Roberts, A. ed. , *Tanzania Before 1900*. Nairobi, 1968.

Schoenbrun, David Lee, *A Green Place, A Good Place*. Nairobi, 1998.

Soear, Thomas, *Kenya's Past*. London, 1981.

第五章 1650—1850 年的东非内陆

从 17 世纪中期到 19 世纪中期的这段时间，是东非各族群间持续迁徙和相互作用的时期。在那些年里，东非地区内外都有大量的族群迁徙活动。这段时期结束时，东非的族群和语言群体绝大部分呈现出他们在当今的形式。此外，在乌干达西部以外的其他地区以及坦桑尼亚的东部、中部地区，中央集权的政治也获得发展。这种政治发展通常是经济结构变化引起剩余产品和贸易增长的结果。然而，若认为酋长和国家的发展是东非内陆所有民族都经历的一种现象，这可能是错误的。事实上，多样性是东非经济和政治形态的特征。

一、乌干达

1650—1850 年，在现代乌干达这片疆域内的一个重要特征就是北方和南方发展的多样化。在相当大的程度上，这是第四章中指出的不同生态区域的产物。北方的环境更恶劣，干旱频繁，人口通常也不太集中。阿乔利人和兰戈人的典型特征是以家庭为中心的社区生产模式，他们转变土地利用方式，耕种谷物并饲养牲畜。而卡拉莫贾人则从事畜牧业。细致的劳动力分工存在于以性别为基础、家庭间有较普遍的相互支援的社会中。除了用于当地交换外，几乎没有什么剩余产品。

直到 18 世纪，大部分的北方社会都以没有国王的小规模政治形态为特征。然而在此以后，大部分的阿乔利人和兰戈人社会中都发展出了中央集权的政治组织，特别是在兰戈人的社会中。这种体制的特征是：越来越多地强调领土的（相对以民族为基础）组织形成，世袭酋长或国王权力的增长以及出现与战争相关的机构。与此同时，始于 1650 年前的、乌干达北部许多重要且极为复杂的社会变革仍在持续。到 19 世纪中叶，洛语社群占据了支配地位。

在乌干达南方，讲班图语的民族占据优势。与乌干达北部相比，南方有较好的灌溉和更肥沃的土地，这使得当地人口更加稠密。这里的农业生产（包括谷物和香蕉)很有可能产生剩余产品。至少在19世纪末以前,这些剩余产品是为了消费而不是营利。贸易与生存相关联,例如希马人和伊鲁人因此而产生联系,但这与其说是竞争的不如说是互补的。19世纪中期,当基于财富和政治影响而产生的差别在南方王国出现时,它有可能被错误地看作正在发展的资本主义。南方的剩余产品仍然主要是家庭和社区劳动方式的产物,而非面向世界市场。从中获益的是南部王国中的君主和酋长,他们称这些产品是贡品。

于是,1650年后南方的中央集权国家继续存在;然而,这些王国却经历了戏剧性的变化。布干达已成为该地区最强大的国家,取代了布尼奥罗—基塔拉。随着布干达政治、经济和军事力量的扩张,它所控制的疆域也随之扩大了,而王国的政治体制也发生了变革。19世纪中期,布干达的权力集中已使得卡巴卡几乎变得无所不能。

1. 布尼奥罗—基塔拉

在比托统治者执政后的一段时间里,作为目前已知的国家,布尼奥罗在湖间地区仍然是最大、最强盛的。在一系列战争中,布尼奥罗统治者击退了布干达的扩张企图。比托人统治者向北方、西方和南方进行了成功的扩张战争,并进入安科莱。帝国的疆域得到扩张,并掠取了大量的牛。

18世纪初,布尼奥罗的势力收缩了,而布干达的力量开始增强。在18世纪有两件事可以作为这种权力转移的证明。约在18世纪初,"穆卡玛"基瓦一世(Chwa I)率大军入侵安科莱。他的目标是抢牛,因为布尼奥罗的牛群因传染病大量死亡。他在安科莱取胜,随后侵袭更南方的卢旺达王国,在那里他被杀死。群龙无首的军队在撤退过程中被安科莱的"穆加贝"击败。此后,在第17位比托统治者杜哈加一世(Duhaga I)统治期间爆发了与布干达的战争。与先前的冲突不同,在这场起因于争夺土地和贡赋区的战争中布干达占据了上风。布干达将其领土扩张至原属于布尼奥罗—基塔拉帝国或原来向穆卡玛缴纳贡物的地区。因而,18—19世纪布干达的领地显著扩大时布尼奥罗的面积却不断缩小。布尼奥罗不仅被布干达夺取土地,而且边境的其他地区(如托罗)也脱离布尼奥罗而成为独立国家。

布尼奥罗的衰落特别是相对于布干达的衰落,主要有几方面的原因。首先,布尼奥罗的政府体制不如布干达那样集中;帝国继续以松散的联邦进行管理。

行省长官可以养一支自己的军队，而这经常成为对穆卡玛的潜在威胁。同样显而易见的是，18—19 世纪布尼奥罗—基塔拉经历了太多的政治动荡，例如在杜哈加一世执政后越来越多的人都为争夺继位权而争斗。这种争斗势必会削弱王国的实力，使王国的发展停滞。此外，布干达有能力利用其人口优势，特别是 19 世纪在与布尼奥罗争夺对东非沿海贸易的控制方面，布干达也占了上风。

尽管布尼奥罗相对于布干达而言变弱了，但穆卡玛依然是政府的核心。他既是行政首脑，又是司法和宗教仪式的首领。在首都，穆卡玛由各种官员和顾问所围绕，他们组成了一个职权分明的官僚机构。其中包括掌管照看王室鼓及其他王权标记的官员（他们来自牧人头领、工匠）以及一大群非正式的顾问和侍从。

穆卡玛保持着一支不固定的军队。在战争时期，酋长被要求为穆卡玛提供兵源去打仗。这就意味着酋长将能够、并且经常可以为自己招募军队。不过在通常情况下，穆卡玛的权力是至高无上的。

国内的行政管理也在穆卡玛掌控下组织起来。他委任酋长为代表去统治王国境内的各个地区。酋长直接对穆卡玛负责，并就他们所控制的地区向穆卡玛承担义务。有为数不多的大酋长或是"巴康古"（bakungu），他们的统治区可以被称作"省份"（provinces）。下一级酋长是人数较多的"巴坦格罗"（batangole），他们统治较小的地区，权力也相对有限。酋长们在地方上管理着这个王国，他们解决纷争、收集贡赋、以穆卡玛的名义招募军队。从理论上讲，穆卡玛有能力控制他手下的酋长们，调职、使用宗教制裁、让酋长来朝廷中待较长的一段时间——这些都是可行的，不过这种控制力由于 18—19 世纪的王位继承战争以及与布干达的战争失败而遭到削弱。

2. 卡巴雷加与布尼奥罗的复兴

在 19 世纪最后 25 年里，布尼奥罗王国的衰退被果断的、具备杰出战略的领导人"穆卡玛"卡巴雷加（Kabarega）遏止了。卡巴雷加于 19 世纪 60 年代末登上王位之后推行了一系列政治改革，这些改革显著增强了王室的政治控制与中央集权。卡巴雷加任命新型的军事酋长协助他进行统治。他创建了常备军"阿巴鲁苏拉"（abarusura），又称"巴鲁苏拉"（ barusura）。这支雇佣军既用以维持国内治安，也用来抵御外部侵袭。卡巴雷加即位后也利用阿巴鲁苏拉去征服王国控制区以外的土地。此外，卡巴雷加还利用与尼罗河流域以及东非沿海不断增加的贸易机会来获得枪支以装备其军队，其权力也得以增强。卡巴雷加的军事力量成为该地区的一个重要元素。卡巴雷加重新恢复了对托罗的控制，19 世纪初托罗曾脱离了布尼奥罗。19 世纪 70 年代，他还以足够强大的力量阻止了埃及在乌干达北部地区建立统治的企图。

若没有欧洲人的干预，卡巴雷加很可能会重建一个强大的布尼奥罗帝国。然而在 19 世纪 80—90 年代他卷入布干达事务。与布干达的冲突导致布尼奥罗与英国为敌。这给卡巴雷加造成阻碍：不仅丢掉了图图（Toto）地区，布尼奥罗本土也遭到入侵。虽然卡巴雷加在长达七年的时间里以一套灵活巧妙的游击战术抵抗英军，但最终还是被击溃了。不仅他的王国丧失了许多土地，英国与布干达还让他遭受了许多屈辱。

3. 布干达：领土扩张

1650 年后布干达历史的主要特征之一是领土的大量增加。如上文所述，在很大程度上这与布尼奥罗的衰落同时发生，并且其扩张是以布尼奥罗的损失为代价实现的。尽管如此，这一扩张还是不同寻常的，它意义重大。16 世纪初布干达还仅仅是一个小封国，但 19 世纪中叶它无疑已成为东非最大、最强盛的王国。

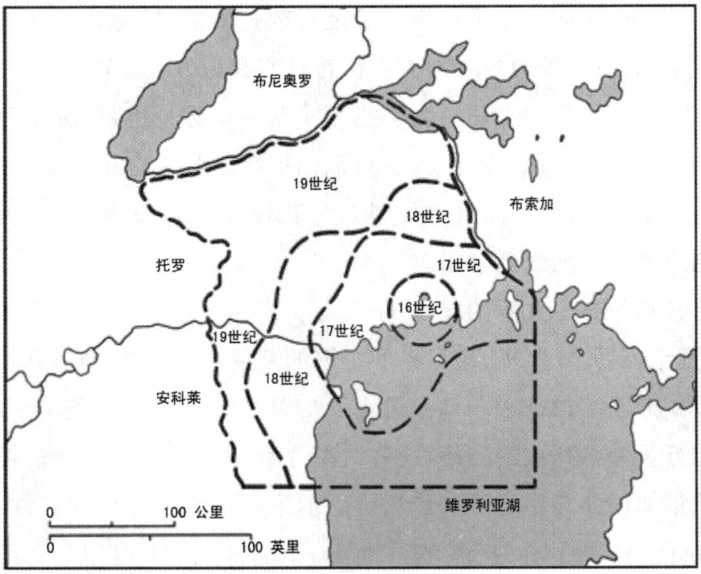

图 5－1　16—19 世纪布干达的扩张

布干达的扩张原因前文已论述过。凭借维多利亚湖沿岸良好的灌溉条件，布干达有着肥沃的土壤和巨大的农业潜力。大面积耕作特别是种植香蕉使其全年食物充盈，布干达人口也得到快速增长。同时，作为扩张的过程以及部分地作为其结果，布干达形成了一个以卡巴卡为中心的、高度中央集权的、有效率的政府。18—19 世纪，布干达能控制与东非沿海的贸易。这进一步增强了它的力量，特别是在 19 世纪通过贸易获得军火。

17 世纪特别是在好战的卡巴卡卡特里加（Kateregga）统治时期，布干达开始扩张并占领在前几十年的战争中丢给布尼奥罗的失地。随后，卡特里加率军进入布干达从未控制过的地区。最终，他使布干达的疆域面积翻番。他的继任者穆特比（Mutebi）巩固了这些战利品。

一个新的扩张期始于 18 世纪初卡巴卡马万达（Mawanda）统治时期。作为一位受欢迎的统治者，马万达发起了一次准备充分的领土扩张战争。他开始在西北地区用兵，在击败布尼奥罗后吞并了瓦马拉湖（Lake Wamala）周围的大部分地区。随后，他侵入尼罗河西岸的土地，并大肆蹂躏了其中大部分地区。以此为跳板，马万达派军跨过尼罗河，侵入布索加。在那里，布干达军队残酷劫掠当地人。最终，马万达成功地向东北方向扩展了其领地。

在两三位君主统治的间歇期之后，18 世纪末，布干达的扩张在卡巴卡章朱（Junju）统治时期再次开始。章朱对布尼奥罗和其他邻国发动了战争，并使布干达的疆界再次得以拓展。他向南攻克了布杜（Buddu），其军队还蹂躏了远至今坦桑尼亚境内卡拉格韦的广大地区。1800 年后，主要的扩张活动发生于卡曼亚（Kamanya）统治时期。卡曼亚曾击败布尼奥罗，并吞并了布干达以北的土地。

19 世纪 20—90 年代，布干达没有进行过任何重大的扩张活动，而是更愿意派军去侵袭、劫掠、建立附庸国或者在辽阔地区建立势力范围。布干达军队在从布尼奥罗到南方的尼亚姆韦齐再到肯尼亚西部这一范围广阔的地区内横行无忌。不过，此后的战争不是为了吞并。遭受布干达侵袭和剥削的一个主要地区是布索加，那里的众多弱小邦国和封国没有足够的实力抵挡布干达的军事力量。在这支强大军队基础上，布干达还在维多利亚湖里增建了一支非常有效的水军。水军由许许多多的小船、独木舟组成。卡巴卡为布干达已有的强大陆地力量又补充了一股水上力量。因而，布干达尽管在 19 世纪中叶放缓了扩张活动，但仍是乌干达境内最强大、最富有的国家。

4. 布干达中央集权和君主政体的强化

19世纪中叶，布干达历史的一个显著特征是由卡巴卡掌控的不断强化的集权。这是一个逐步发展的过程，并且是几个因素共同作用的结果。显而易见，其中一个最重要的因素是与布尼奥罗间的一系列战争及随后掠夺的土地。如上文所述，17世纪前卡巴卡比“平等者中的首席”强不了多少。对各地区进行管理的人通常是世袭的氏族首领“巴塔卡”。不过，战争胜利给了卡巴卡增强权力的机会。他们利用征服的战利品特别是将新征服的土地赐给忠实的追随者而强化权力。这样，卡巴卡就可以派忠诚于他的首领管理新征服的土地。

根据布干达的传说，卡巴卡穆特比是第一位这样做的统治者。不过，卡巴卡任命自己人作为首领的企图遭到了巴塔卡的反对。18世纪，马万达在很大程度上继承了这种做法，其继任者也延续了这一套。而最重要的“萨扎”(saza，郡)的首领成了“国王的人”，他们得到任命并对卡巴卡效忠。19世纪中叶，实际上几乎所有重要的布干达首领都是“国王的人”，而非世袭者。

在强化君主地位上起着重要作用的另一个因素是王族成员匮乏，这限制了继承权战争。尽管起初对王位的争夺相当普遍，但到19世纪初继承权问题大体上已经得到解决。卡巴卡通过对贸易的控制加强了其权力。19世纪中叶，卡巴卡的权力已经相当大了，而且他对各种事务的控制是影响深远的。

布干达政府是分等级组织起来的。卡巴卡任命对他忠诚的酋长去管理郡或郡以下的行政区。许多官员被挑选出来在朝廷中承担特定的任务。其中，最重要的职位是首相“卡提基罗”(katikiro)以及财务主管“奥穆瓦尼卡”(omuwanika)。政府还鼓励每个部落的显赫家庭都派遣几个儿子到朝廷当青年侍从。他们接受培训，然后被授以职位。此外还存在一个咨询委员会“卢基科”(Lukiko)，但在19世纪中叶它似乎没有在卡巴卡松纳(Suna)或穆特萨一世(Mutesa I)时期的强大影响力。

布干达社会内部已经显现出了异乎寻常的活力。高级职位的取得并不依靠出身或家世。任何人只要好好地为卡巴卡服务就能指望被提升。凭借王国不断增长的财富，统治者能够制订一套任免体制。这套体制面向所有社会阶层，强调成绩、强调通过竞争脱颖而出。这种竞争有助于形成富于进取、有长远眼光的精神，这在东非地区几乎是出类拔萃的。于是，布干达人可以很快地接受新观点和新技术，而这种开放性在19世纪后半叶具有特别重要的意义。尤其是当伊斯兰教、基督教传入而产生新的影响时，布干达的民众将会迅速接受它们。

5. 安科莱王国

在17世纪的大部分时间里，安科莱王国主要忙于抵御更强大的邻国特别是布尼奥罗，它的边界几乎没有什么变化。18世纪伊始，正如我们已经提到的，来自布尼奥罗的一股入侵力量曾迫使其穆加贝恩塔雷四世(Ntare IV)逃亡，但安科莱军队在布尼奥罗军队从卢旺达撤退的途中，赢得了一场重大胜利。击溃入侵者之后，恩塔雷强化了王国境内各部落与国王间的紧密关系，进而巩固了君主的地位。他重组并改革军队，使安科莱可以应对外部侵袭，甚至从邻国那里夺取一些领土。恩塔雷将王国的边界向北扩张至卡通加河。

18、19世纪，尽管王国内部的继承权争斗频繁出现，但安科莱的疆域却在逐步扩展。或许最强大的扩张期是在19世纪穆加贝穆塔姆布卡(Mutambuka)统治时期。他向西北扩张，并发动了对南北邻国的袭击。1875年左右，安科莱的力量达到顶峰。但随后的灾难如天花、牛瘟袭击了人和畜群。19世纪90年代殖民入侵时，安科莱已无力抵御英国人了。

像哈亚国家和南方的卢旺达一样，安科莱社会是由两个不同的群体组成——放牧者希马人和农耕者伊鲁人。对希马人而言，牛是最重要的，是他们的生活中心。对于牛的主人而言，牛还有重要的社会意义。牛主人更大的威望在于它给予了希马人独特的、处于统治地位的身份。

然而，这不应被过度强调。两个群体间有着重要的联系，需要鼓励合作也意味着在现实中一个群体不能没有另一群体的帮助。希马人提供牛奶、肉类、兽皮和肥料，而伊鲁人提供希马人所需的农产品和铁器。伊鲁人提供稳定的食物供应，而希马人提供战斗力量以保卫王国。

尽管希马人被认为是统治阶层，伊鲁人也没有被排除出政治进程。不是所有的巴康古都是希马人。巴康古处于穆加贝之下，掌管王国的各种行政部门。此外，一些特别优秀的耕作者被国王赐予牛，并因此成为希马人的一部分。因而，两个群体间虽然存在着重要的差异，但社会鸿沟并非不可逾越。

6. 托罗王国

托罗王国由比托王子卡伯约(Kaboyo)于19世纪创建。卡伯约认识到自己不可能继承布尼奥罗的王位便脱离布尼奥罗,并在布尼奥罗西南部建立了托罗王国。因为对布尼奥罗统治不满,这一地区的民众欢迎卡伯约创建一个与布尼奥罗政府体制相类似的独立国家。此外,新的穆卡玛有能力击溃其父派出的攻击他的军队。

卡伯约在世及其后的一段时间里,托罗维持了独立。卡伯约死后,随之而来的就是从19世纪50年代持续到70年代的王位继承战争。最终,恩亚卡一世(Nyaika I)成为统治者。但他的王国已遭到布尼奥罗的卡巴雷加的入侵和占领。卡巴雷加的军事力量足以控制托罗大部分地区。直到当时受雇于英属东非公司(Imperial British East Africa Company)的弗雷德里克·卢加德(Frederick Lugard)上尉在19世纪90年代介入,才恢复了托罗的独立,并公开将卡萨加马(Kasagama)推上托罗王位。

7. 洛语社群

回顾前文,1650年讲洛语的河湖尼罗特人已迁徙到了乌干达北部地区。在阿乔利与兰戈地区,族群间相互影响的复杂进程催生了讲洛语的族群。事实上,他们的起源是十分复杂的。

18世纪,由于在阿乔利地区组建了许多小王国,这一地区讲洛语的族群才逐渐占据了支配地位。这种阿乔利人的国家是建立在与卢沃特(rwot,国王)及其家庭联系密切的几个部落的基础之上的。许多卢沃特发展了复杂的王权。为了更好地管理王国,卢沃特任命了贾戈(jago,乡村首领)。这些贾戈为卢沃特征集税收和贡物。统治者的权威也由于他掌控的宗教惩戒而得以强化。19世纪中叶,乌干达北部形成了许多小的阿乔利人王国。

同样,18世纪初在今天的兰戈地区出现了讲洛语的兰戈人。然而,小的中央集权国家并未在这里产生。作为荣耀和财富的来源,战争成为兰戈人社会的重要特征。兰戈人在对其邻人的袭击和战斗中总是能够取胜。战争呼唤专门的机构。到19世纪,被称为"维通"(witong)的军事统帅出现了。在缺乏集权统治、无法组织形成单一政治实体的社会中,这些维通就在协调、组织军事行动方面发挥了重要作用。兰戈人士兵也经常作为雇佣军为邻国统治者去打仗,特别是在卡巴雷加的阿巴鲁苏拉中。

1650年前,以帕德赫拉为核心的洛语族群仍继续向乌干达东部迁徙,他们还没有在他们现在居住的土地上定居。1700年左右,他们在乌干达东部相对人烟稀少的地方扎根定居。不过,他们不得不抵御来自东部的马赛人的压力,这迫使他们向西躲进了浓密的森林里。许多既源于洛人又源于班图人的氏族、家族来到这一地区并加入这一原初的群体。在防御和清理森林方面的合作有助于一个新社群的形成。时光流逝,在一个与苏丹南部地区[①]环境差异巨大的地方,讲洛语的族群产生于各种不同起源的人群之中。

8. 卡拉莫贾—泰索人的迁徙活动

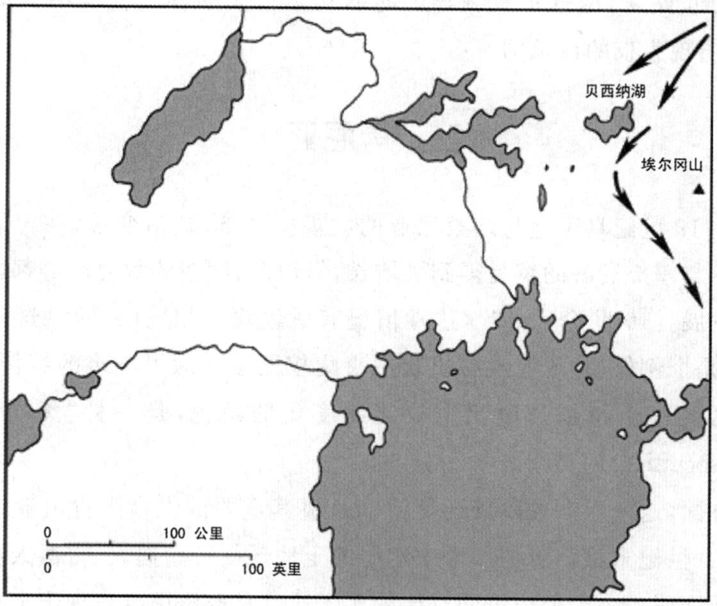

图5—2 泰索人的迁徙活动

1650年后,讲卡拉莫贾—泰索语的平原尼罗特人进行了重要的迁徙活动。在此之前,这些牧民似乎居住在埃尔冈山北部和东部的干旱地区。17、18世纪,他们开始向西迁徙到今天的乌干达境内。在迁徙过程中,一些民族被他们驱赶,另一些则被他们融合。卡拉莫贾人沿着一条偏北的路线迁徙,最终占据了现毗

① 今天的南苏丹共和国。译者注。

邻肯尼亚的乌干达地区。在那里,他们继续游牧生活。

另一方面,泰索人沿着偏南的路线迁徙至乌干达东部地区。19 世纪初他们迁徙到了纳帕克山(Mount Napak)和贝西纳湖(Lake Bisina)之间的地区。在 19 世纪后的一段时期,他们又迁回埃尔冈山的附近坡地。另一些人则迁徙到东南方更远的地方,进入今天肯尼亚境内。在此过程中,他们摧毁了几个卢西亚人群体,并迫使另外一些卢西亚人寻找新家园。在向西部埃尔冈山和向维多利亚湖迁徙的过程中,他们进入大量班图语农耕者生活的地区。与这些人的融合导致泰索人改行农业生活方式,不过它们自身的风俗、语言却保留了下来。农耕使人口增殖,而这又意味着产生了对政治、社会组织的变革需求,以适应大量人口的出现。19 世纪末,尽管军事领导人能够从泰索人的各个社群中调动支持力量,但尚未出现集权的酋长国。

二、肯尼亚

发生在 19 世纪乌干达与坦桑尼亚的大规模经济、政治变革,在肯尼亚却未发生。虽然与东部沿海的贸易得到了增长,但地形、潜在的敌对族群都阻碍了长途贸易的发展。19 世纪后半叶,这种情况有所改观。相应的,回顾这一世纪会发现,或许是个例外,肯尼亚没有出现中央集权国家。除了不多的特例外,肯尼亚内陆地区的一个特征是政治上缺乏制度化的角色,是一种“无国家社会”(stateless societies)的类型。

另一方面,这一时期的民族迁徙活动是极其重要的。今天肯尼亚许多族群的祖先在 19 世纪末都朝着他们未来定居的土地迁徙。南迪人、古西人和基库尤人都提供了证明。一个形成鲜明对比的例子通过马赛语民族表现出来。在这段时期的早期,他们经大裂谷席卷了南部地区,并使大部分地区处于他们的直接或间接影响下。然而到 19 世纪末,这些平原尼罗特人对影响如此广大的地区已是鞭长莫及。

马赛人即使在力量最强的时期也没有加入大规模的交换网络。这一时期,像在肯尼亚的大多数其他族群一样,马赛人的经济尚未创造出大量剩余产品。在肯尼亚居住的许多族群既从事畜牧也从事农耕;农业和牧业所占的比例大小通常取决于环境。大部分族群的特征是,在扩大化的家庭单位中以性别为基础进行劳动分工。几乎没有什么专业化生产,除非在铁匠特别集中的特殊氏族中。男人为了耕种而清理出土地,妇女负责种植、除草和收获,男孩子们放牛,年轻人保卫牲畜。在大多数情况下,没什么条件可以每年生产出大量谷物剩余产品,并且牛通常被家族或氏族保留下来作为未来可能发生的食物短缺的保障。在大多数肯尼亚社会中,临近的亲属提供了无报酬的合作劳动。

1. 高地尼罗特人

在前一章已经讲过了卡伦津人在裂谷高地的迁徙。1650 年,波科特人与南迪人间出现了分化,向南渗透进入高地的乌阿欣基术马赛人(Uasingishu Maasai)进一步使二者的分化加剧。这最终也使南迪人分化为一个个单独的实体——南迪人、埃尔格约人、图干人等。很有可能的是,马赛人的渗入和侵袭迫使卡伦津人减少了畜群,从而更多地转向农业。马赛人的迁徙还使得南迪人向北部和西部他们今天的居住地迁徙,并导致他们和与自己有紧密亲缘关系的基普西基人相分离。

18 世纪,南迪人作为一支单独的卡伦津人族群正在成形。在向北部和西部迁徙的过程中,他们还与其他卡伦津人族群融合。与其他卡伦津人一样,南迪人并无酋长。政治和司法决策由议事会做出。议事会由居住在当地的半自治单位"波罗里埃特"(pororiet)中的男性代表组成。杰出的和富有的人能在议事会中发挥重要作用,不过决策在本质上是民主的。在南迪人及其他卡伦津人中都存在着一个重要的统一元素,即每个男人在不同的年龄阶段都有其归属的年龄群。

与其他一些卡伦津族群不同的是,19 世纪南迪人的政治、社会机构经历了一场重大变革,其中最值得注意的是设置了一个新的中央集权的领导职位"奥科伊尤特"(orkoiyot)。一个定居在南迪人中的叫作"巴萨波托"(Barsabotwo)的乌阿欣基术马赛人创造了这个新制度。他建议并协调南迪人的军事配置,以对付讲卢西亚语的布库苏人(Bukusu)和乌阿欣基术马赛人。军事行动成功结束后巴萨波托的声望和影响力都大大提升。作为奥科伊尤特,巴萨波托成为所有南迪人的"波罗里埃特"在议事时的中央权威,事务涉及战争、农耕、割礼以及权力交接。巴萨波托死后,南迪人仍然意识到了奥科伊尤特的重要性,但这类行政官员的地位从来都不能同酋长、国王相提并论。

19 世纪也是南迪人力量增长的一个时期。当乌阿欣基术马赛人的军事力量衰落时，南迪人的力量增强了，奥科伊尤特进行指导、协调的权力也大大增强。19世纪下半叶，南迪人向北部、西部地区扩张，他们开始与卢希亚人、卢奥人接触并发生冲突。毫无疑问的是，在19世纪90年代，南迪人是肯尼亚西部地区最强大的民族。而且，他们在面对殖民征服时比其他肯尼亚族群进行了更持久、更激烈的抵抗。

2. 平原尼罗特人

从17世纪中叶到1800年左右的这段时期是以马赛人权力的增长与扩张为标志的。马赛人虽然数量不多，但这支主要从事放牧的族群顺着大裂谷席卷而来，占领了许多先前由卡伦津人控制的牧场。不仅卡伦津人受到这次迁徙的冲击，几乎所有的主要族群都被马赛人抢过牲畜，也有族群雇佣马赛人为佣兵驱逐其他族群，如万加(Wanga)。由于马赛人要带着牲畜定期迁徙，于是他们控制了一大片土地:从肯尼亚西北的乌阿辛·基苏高原(Uasin Gishu plateau)延伸到莱基皮亚高原(Laikipia plateau)，从大裂谷的中部延伸至坦桑尼亚中部。

马赛人并不是单一、团结的实体，在扩张过程中分化出好几个群体，彼此间的生活方式随着居住地的不同而产生差异。在这些群体中的一个重要差异是，完全从事游牧的是伊尔马赛人(IlMaasai)，既从事农业也放牧的是伊洛伊科普人(Iloikop)。伊尔马赛人仅仅依靠他们的牲畜为食，而鄙视蔬菜或猎取野生动物肉。伊洛伊科普人种植谷物，其中一些群体如坦桑尼亚的阿鲁沙人(Arusha)、肯尼亚的恩杰普斯人(Njemps)已发展出了精耕农业。

像卡伦津人一样，马赛人没有形成中央集权的政治体制。不过，其统一得到维持，通过年龄群体系进行领导。管理和决策制定都掌握在长老的手中，穆兰(murran)或战士年龄级(warrior age grades)则提供战斗人员。18世纪末，在伊尔马赛人中出现了一个核心的宗教、仪式性形象，即“奥莱波尼”(olaiboni)。19世纪，奥莱波尼除了拥有宗教权力，也拥有世俗性权力。

19世纪下半叶，马赛人的力量开始衰落。造成这种情况的主要原因是19世纪马赛人之间经常为争夺牧场和水源而爆发的“内战”。伊尔马赛人与伊洛伊科普人在几次冲突中相互为敌，这与19世纪70年代普尔科人(Purko)与莱基皮亚人(Laikipiak)之间的冲突类似。其中的某些冲突是极具毁灭性的，足以改变定居的类型和人口。此外，19世纪下半叶的一系列自然灾害袭击了马赛人，包括令牲畜死亡的牛瘟传染病以及夺去许多人生命的天花。19 世纪 90 年代,马赛人一个世纪或更早以前能够掌控的力量已经一去不返。

3. 肯尼亚西部:卢西亚人、卢奥人和古西人

1650 年后,在维多利亚湖东北部的高地上,卢奥人、卡伦津人、马赛人以及来自乌干达的占优势的班图语族群之间继续彼此间复杂的互动。作为这一互动进程的结果,19 世纪末卢西亚人的 18 个亚族都成形了。这一时期,乌干达的移民一直在迁入,并且与南部卢奥人持续发生着冲突、贸易和通婚。在这几个世纪里,卢西亚人地区最重要的变化是 18、19 世纪讲平原尼罗特语的泰索人的到来。泰索人对北部卢西亚人的定居形式产生了相当重要的影响。

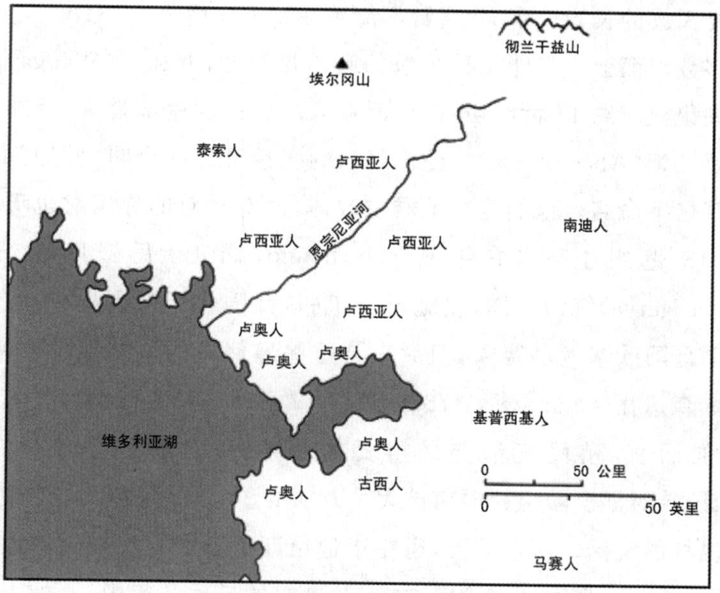

图 5—3　19 世纪的肯尼亚西部

17 世纪初,北部地区最大的卢西亚人族群布库苏人(Bukusu)及其他族群已定居在今天乌干达的基苏(Gishu)和托罗罗(Tororo)地区。在 18 世纪的前 80 年中,泰索人向东南迁徙到这些地区。他们占据了原来班图人的地方,而许多班图人则向北迁徙并成为基苏人的一部分。另一些班图人分散到了更远的南方。布库苏人退至南方接近现代肯尼亚和乌干达边界的地方。从 18 世纪末到 19 世纪初的前几十年,泰索人向更南方迁徙,进入肯尼亚西部地区。布库苏人被迫向东北迁徙到他们现在的居住地，另一些卢西亚人族群如布尼亚拉人(Bunyala)则向更远的南方迁徙。

除了一个例外，在卢西亚人中普遍没有形成中央集权的政治权威。正如前面章节所提到的那样，事实上，几乎没有——如果有也是很少——政治联系可将所有亚族整合为一个单一的政治实体。政治决策通常在亚族层面上做出，或更普遍的是，在由组成亚族的氏族层面上制定政治决策。这种决策通常由长老议事会决定。长老是主要亚氏族或宗族的代表。虽然没有制度化的酋长体系，但通常而言却有英明的、有影响的长老负责处理各种事务。这些人被称为奥姆瓦米(omwami)，协助处理纠纷，并在危机发生时出面领导解决。不过，他若脱离了代表主要氏族的长老议事会，通常不能单独发挥作用。

当大多数卢西亚人只能维持分散的政治控制时，万加人(Wanga)的王国却形成了中央集权。约17世纪初，在卢西亚人居住的西南部地区，万加人建立起阿巴施特萨王朝(Abashitetse)。他们最初的统治者是一个叫“万加”的人，此后王国就以其名字命名。他们建立了君主政体，面对敌对的邻国时也巩固了自身地位。在18世纪中叶“纳邦戈”(Nabongo，国王)瓦姆库亚·奈特亚(Wamukoya Netya)统治时期，实施对外扩张，并强化了中央集权。在战争中，国王雇用了乌阿欣基术马赛人，但后来与这些雇佣军的争端导致奈特亚死亡。其继任者奥森达瓦(Osundwa，1787—1814)又召回马赛人帮助对付其敌对的邻人。对万加而言，殖民统治前最重要的时期是19世纪下半叶的希温杜(Shiundu)统治时期。希温杜向南扩大了万加的影响，深深卷入与当地卢奥人的战争。希温杜的统治之所以重要，还在于他见证了首次出现在这一地区的斯瓦希里人、阿拉伯商人和欧洲探险家。在19世纪的最后几年中，万加王国从这种接触中获益。

1650年后的一段时期对尼安萨的卢奥人(正如它对卢西亚人)而言标志着“一个新民族的诞生”。在向肯尼亚西部迁徙的四个讲洛语的移民洪流中，几乎没有形成统一的实体。但当他们到达后，一些因素促进了统一的出现，这些因素包括：与马赛人、卢西亚人、南迪人和古西人的冲突；在乌干达东部、肯尼亚西部地区泰索人的到来切断了他们与帕德赫拉人的联系，并停止了向更远地区的迁徙；共同的宗教活动；卢奥人与非卢奥人间广泛的通婚；等等。这些因素使来自不同起源的一个新民族在19世纪末正式形成了。

在卢奥人社会中逐渐形成一个独具特色的政治机构，它既源自洛语民族的传统价值，又在当地环境下进行了创新。这种机构形式的基础已超越了氏族(clan)层面，有时则代表了亚族(sub-tribe)层面。19世纪中叶，卢奥人中有超过12个这样的亚族。每个亚族以"若斯"(ruoth)或酋长为首。若斯的选拔以亚族内各个氏族的财富和人力资源为基础。若斯尽管位于政治机构的顶端，但并非专制统治者。例如，发生争端时他只是一个仲裁者，而不是法官或立法者。

肯尼亚西部其他主要族群(如西南高地上讲班图语的古西人)的情况，多少有些不同。据口头传说，作为一支早已占据了他们今天居住地的独特群体，古西人直到1650年后才形成。根据古西人的传说，他们的祖先与肯尼亚西部其他班图语民族一起于16世纪上半叶定居在维多利亚湖东北岸边。17世纪上半叶，由于卢奥人迁徙至此，他们最终被赶了出去。他们和卢西亚人中语言、传统与他们最密切的洛戈里人(Logoli)——又称"马拉戈里人"(Maragoli)——一起迁徙，并在尼安萨湾东部的低地卡诺平原(Kano)定居。古西人祖先沿着湖边、河谷定居下来，更多的从事养牛、捕鱼而非农耕。他们在卡诺稍事停留一个多世纪(1640—1755年)。这期间，古西人社会扩大并发展出许多共同的氏族，随后又发展出亚族。由于卢奥人南迁至卡诺，古西人无法在这里待下去了。卢奥人劫掠古西人的牛群，导致这些大多数讲班图语的人不得不从平原向海拔更高的东南部地区迁徙。

认识到下面这一点非常重要：古西人没有直接迁徙到他们今天居住的高地地区，而且他们没有作为一支单一的群体迁徙。不过，古西人主要群体的迁徙可以被简要描述出来。他们首先停留在今天古西人居住地的部分地区，但由于卢奥人不断的压力被迫东迁。他们最终定居在今天的凯利克(Kericho)地区。在那里，他们先与马赛人发生接触，然后与基普西基人接触。在与这些人发生冲突后，古西人向西部、南部回迁。18世纪末，古西人的定居地似乎遍布凯利克地区的南部和东部。其中一些群体从这里迁到了今天的古西高地(Gusii highland)，而大多数南迁至米戈里河(Migori River)附近地区。在这里，他们与另一支马赛人发生冲突。19世纪初，这支马赛人在与古西人的米戈里战役中遭到了惨败。

由于战争，古西人中的两个主要族群向北部和西部行进。他们直接迁徙到古西高地的较高海拔区(马萨巴, Masaba),并占据了这一地区。占据着今天古西高地较低地区(查科, Chache)的亚族,是因为此前卢奥人进入尼安萨南部地区,迫使他们迁徙避难,直到1850年左右他们才迁入到古西高地的。

因而,直到19世纪上半叶古西人才占据了他们今天的居住地。由于这一地区凉爽的丘陵环境,古西人在逐步发展的过程中选择了农业而不是饲养大量的牛群。他们未形成中央集权政治体系。不过,到19世纪末在几个地区的亚族中已出现了成为中心的政治和社会组织。

4. 萨基库人:基库尤人和康巴人

基库尤人是讲萨基库语的"肯尼亚山群体"的一部分。这里我们将专注于他们今天定居的家乡。它涉及始于18世纪上半叶的向北方、西方和南方的迁徙活动。这些活动当然不会在真空中发生。迁徙让基库尤人接触到了各类族群,他们迁徙定居的土地经常被其他族群占据。基库尤人与包括马赛人在内的族群互动、融合。因而,现代基库尤人的语言和文化是这种互动的产物。

一些基库尤人缓慢地向北部迁徙,到达今天的涅里地区(Nyeri),另一些则向东北迁徙。大约19世纪中叶,一些人西迁至今天的宴德鲁阿地区(Nyandarua);另一些人则南下,向今天的基安布地区(Kiambu)行进。基库尤人向这些地区的扩散一直持续到了19世纪末。在迁徙过程中,基库尤人的生活方式发生了一个重要变化。基库尤人的祖先高度重视狩猎和牧牛。现在,随着迁徙到草木丛生、灌溉良好的高地地区,基库尤人越来越多地转向农耕生活方式,种植谷物成为最重要的事情。

基库尤人社会在很大程度上是被他们的定居方式塑造的。移民活动要么是个人的,要么是以小规模的亲戚群体进行。由于受到迁入地的地形影响,定居在山脊地区的移民先民们与其他人被河流、山谷隔开,每个群体都成为一个独立自主的单位。这些移民被称为"姆巴里"(mbari)即亚氏族。他们还没有世袭意义上的酋长和制度化的领导层;行政通常是由监护人"穆拉马提"(muramati)或长老议事会负责。

全部土地都属于姆巴里。任何成员只要首先提出要求并告知穆拉马提,就有使用土地的权利。土地也可以出售,只要此前获得姆巴里的批准。非氏族成员,例如自愿佃农"阿赫伊"(ahoi)也能获得使用土地的权利,前提是穆拉马提认定他行为举止良好。在20世纪，土地的收益和占有条件成为重大争执和辩论的根源。

这里要讨论的另一支讲萨基库语的重要群体是康巴人。约1650年，康巴人已经定居在潮湿、林木茂盛的姆布尼山区。在那里他们差不多生活了125年的时间。森林被清除，农业逐渐变得比牧业更重要。起初，姆布尼康巴人采用轮作制。到了18世纪，他们采用了一种包括灌溉在内的梯田耕作新体系，小溪上建起了堤坝，并挖凿沟渠来引水。康巴人生活在姆布尼山区的这段时间，是在经历了不安定的移民生活后的一段恢复期和人口增长期。

人口增长导致了离开山区的迁徙活动。从1720年开始，康巴移民开始向东迁徙，穿越了亚提河(Athi River)进入基图伊(Kitui)。紧接着，1740—1780年有一场规模更大的迁徙活动。18世纪，从姆布尼向北、向西和向南的迁徙都发生了。在多数情况下，康巴移民离开姆布尼走得很远，迁徙到了土地更干旱、农业更边缘化的地区。

18世纪末19世纪初，越来越多的康巴人参与了长途贸易。起初，贸易联系网络在乌坎巴的康巴人社群中发展起来。随着康巴人与基库尤人、恩布人、梅鲁人进行贸易，贸易便发展到更远的地方。此后，贸易联系发展到了东非沿海地区。最初，重要的贸易商品是象牙和农产品，康巴人是沿海地区与远至巴林戈湖、维多利亚湖地区族群的中间商。19世纪中叶，康巴人也参与了奴隶贸易。19世纪60年代，此前对通过肯尼亚的贸易路线不感兴趣的阿拉伯和斯瓦希里商人，开始以更大的规模进入肯尼亚内地开展贸易。结果，19世纪后半叶康巴人对贸易的控制逐渐减弱了。

尽管大量康巴人参与贸易，其社会在很大程度上仍然与政治的中央集权无缘。康巴人的社会通常不是被酋长统治，而是由杰出的长老来统治他们的家园与村落。

三、坦桑尼亚大陆

在坦桑尼亚西北部，哈亚国家继续存在。在中西部内陆地区，恩特米酋长国在数量和地域上都得到扩展。此外，直到19世纪末，坦桑尼亚绝大多数族群的特征和以前一样，小规模经济体几乎生产不出什么剩余产品，社区生产模式是以性别为基础的劳动分工,这占据着统治地位。

18 世纪,坦桑尼亚部分地区尤其是东北高地的政治、经济形势开始发生变化。19 世纪,坦桑尼亚大部分地区(即便不是全国)受到经济、政治变革的巨大影响。在东北高地地区的尚巴人(Shambaa)、帕雷人中已出现了政治的中央集权化,原因在于酋长们有能力利用谷物剩余产品——对剩余产品这种特殊技艺的控制就如同铁匠一般——后来,他们又能够利用长途贸易所带来的机会。

19 世纪,与沿海地区的贸易显著增长。贸易产生的影响是,出现了以新形式的劳动组织、生产和出口为特征的经济结构变革。仅举两个例子。长途贸易的迅速发展产生了巨大的政治影响,为许多统治者的权力增长以及为更大、更复杂的政治实体的形成提供了推动力。在 19 世纪的长途贸易中,奴隶出口的重要性日益增长,这对社会、政治产生了许多极具破坏性的影响。同样的,源于南部非洲的恩格尼人(Ngoni)迁徙至坦桑尼亚的南部和西部,带来了巨大的破坏,也在相当大的程度上为社会、政治变革提供了推动力。

1. 坦桑尼亚西北部

维多利亚湖西部的小王国继续独立地发展。但它们经常不得不面对北方强邻的压力,起初是布尼奥罗,随后是布干达;因此有些时候它们必须向北方国家纳贡,不过它们从未丧失过行动自由。

类似于安科莱的二元结构也继续存在。在这些王国的人口中,希马人是放牧者,伊鲁人是农耕者。这一地区适宜农耕、牧牛。到 19 世纪,大多数哈亚国家都向邻近地区出口农产品。特别值得一提的是咖啡,它在这一地区被伊鲁人成功地种植。咖啡在这些群体的社会体系中扮演了重要角色,并且出口到乌干达境内的各王国。19 世纪,哈亚人居住的地区也参与了长途贸易。卡拉主(Karagwe)是其中的一个王国,它发展成为从东非沿海通往布干达的主要贸易路线上的重要停靠站。

2. 坦桑尼亚东北部

和坦桑尼亚东北部其他地区类似,在乌散巴拉高地出现了大批族群迁徙和定居的浪潮。18 世纪,这一地区的政治变革促成一个中央集权王国。据传说,尚巴王国(Shambaa)源于姆贝加(Mbegha)领导的基林迪人(Kilindi)。他们来自何方并不清楚,但他们似乎在合适的时候提供了产生中央集权的动力。

姆贝加自封国王，定都乌加(Vugha)。他通过从每个重要氏族中娶妻的方式促进了中央集权的进程。基林迪酋长们被委派管理王国的各个地区，但他们在朝廷里却由非基林迪人代表，这种安排提供了一种对占统治地位的氏族进行防范的手段。姆贝加的儿子布戈(Bughe)继续加强中央集权，他和他的继任者通过军事行动扩大了尚巴王国的疆域，尤其是在朝沿海地区的方向上。

最伟大的尚巴统治者是金韦里·耶·努姆巴伊(Kimweri ye Nyumbai)。他在19世纪通过给一个儿子多个酋长职位的方式进一步扩大、强化了王国；他进一步强化了中央集权，并增强了国王的控制力。他赢得强大、仁慈统治者的声誉；许多避难者到他那里需求庇护，而金韦里则将这些人编入军队以增强自身力量。

从19世纪60年代开始，金韦里及其继任者在乌散巴拉形成的力量和统一被新的因素破坏了。在金韦里时期，与沿海不断增长的贸易所产生的影响可以从财富增长和火器输入中感受到。从沿海经过潘加尼河谷的贸易路线离首都乌加很远，不过，金韦里之子森伯加(Semboja)作为马津德人(Mazinde)的酋长却处在一个控制贸易的好位置。他能够利用其财力赢得盟友，并于随后推翻了在乌加的金韦里的继任者。一种新的权力类型显现出来，正如在坦桑尼亚其他地区一样，这是一种以贸易为基础的对财富和权力的获取。而旧有的权力是建立在血缘基础上，往往不能持久。

16—19世纪，帕雷山也成为不同来源族群的一个活动地区。16世纪，在帕雷北部的乌戈维诺(Ugweno)，一个由氏族中懂技术的铁匠进行松散控制的政治体系已经出现。在内战中，被称作瓦苏亚(Wasuya)的氏族最终推翻了铁匠氏族。安戈韦(Angovi)领导了这次权力斗争，而他的儿子姆兰加(Mranga)则开启了中央集权化的进程，促使乌戈维诺国家成型。姆兰加创立了最初的集权体系，设置了议事会的等级制，并让统治者家族成员担任地方酋长。与尚巴王国一样，这个国家的政治变革更多是源自内部因素而非外部的。

对乌戈维诺而言，贸易的增长，从沿海地区来的斯瓦希里和阿拉伯商人将最终产生导致分裂的因素。在帕雷山地区的传统统治者间，为了控制贸易、夺取利益，新的经济活动引发了大规模的对抗竞争。19世纪中叶，乌戈维诺的统治者根德瓦(Ghendewa)在面对这种对抗时试图维护王国的权威。他虽然获得了外部援助，却没有能力保全国家。他在战争中死去，王国也分裂了。在帕雷南部以前并没有大的国家出现。新经济活动导致了更大的实体形成。一个统治者若能通过象牙、奴隶贸易获得财富并有办法雇佣大量士兵，那么他就能够控制大部分国土。不过，以这种方式创建的国家总是短命的。

19 世纪，居住在乞力马扎罗山坡地的查加人也经历了政治变革。在这个土地肥沃、灌溉良好的地方，人口的增长却未能形成一个大的单一实体。查加人继续由大量分散的酋长所组织。为了争夺土地、牲畜和贸易，查加人之间冲突频繁，并经常和其他族群发生争斗。19 世纪下半叶，两个最重要的查加人酋长分别是：70 年代开始统治基博索人(Kibosho)的西纳酋长(Sina)；60 年代开始统治莫西人(Moshi)的林迪酋长(Rindi)。

3. 坦桑尼亚南部和西部：恩格尼人的到来

19 世纪，坦桑尼亚东北部并非唯一经历过政治动荡与快速的经济、社会变革的地区。同样，在坦桑尼亚南部、西部地区的广阔地带，原有的政治实体被打破，并形成了新的政治实体。这种社会分裂与政治变动在很大程度上是由于来自南部非洲的恩格尼人(Ngoni)的破坏性作用。

源自今南非夸—祖鲁·纳塔尔地区(Kwa-Zulu Natal)的恩格尼人，于 19 世纪 40 年代来到坦桑尼亚。在南非，恰卡(Shaka)统治下的祖鲁王国兴起，以“姆法肯”(Mfecane)为名的一系列战争与迁徙发生了。其中许多讲班图语的恩格尼人为了躲避恰卡的劲旅而逃离了纳塔尔。在兹万根达巴(Zwangendaba)的领导下，一支恩格尼人向北迁徙，经过莫桑比克、津巴布韦和赞比亚，并于 1835 年穿过赞比西河。兹万根达巴的追随者源于不同的族群，但他们都讲恩格尼语，继承了恩格尼人的习俗，并利用恩格尼人的军事技术。在向北方艰难跋涉的过程中，他们逐渐融合为一个整体。兹万根达巴领导恩格尼人通过赞比亚、马拉维，继续向北迁徙，最终到达坦桑尼亚西南部的乌菲帕(Ufipa)。在那里，兹万根达巴于 1845 年去世。

兹万根达巴死后，其追随者分裂为许多群体。其中一些返回中部非洲。留在东非的人则离开了乌菲帕。其中一支被称为关瓦拉人(Gwangwara)的群体向东部、南部的松盖地区(Songea)迁徙。在那里，他们遭遇另一支恩格尼人，即马赛科人(Maseko)。不久后双方发生对抗，经过一段时间的战争后关瓦拉人取胜，驱逐了周围的马赛科人。此后，关瓦拉人内部发生了分化，其中的一支在松盖北部建立了姆绍佩王国(Mshope)，另一个王国则在南部。关瓦拉人的这两个分支向马赛科人频繁地发动战争、劫掠牲畜，使包括坦桑尼亚南部、莫桑比克和马拉维的广大地区陷入混乱。

作为一个战斗民族，恩格尼人有效利用了祖鲁人在南部非洲发展起来的军事技术。相近年纪的男子被编入地方军团，并装备有短的、带刺的矛。他们利用人海战术包围敌人。当恩格尼人面对坦桑尼亚南部的小规模族群时，这些军事技术带给他们很大的优势。

19世纪50年代，第二支从乌菲帕迁来的恩格尼人是图塔人(Tuta)。在所经之地图塔人成为最大的破坏性力量。他们向北方迁徙，随后向西走到达坦噶尼喀湖岸边，在袭击了乌季季(Ujiji)后继续北上，最终定居在鲁泽韦地区(Runzewe)。在那里，他们袭击并劫掠了尼亚姆韦齐人。

进入坦桑尼亚的恩格尼人产生的最重要影响就是破坏。许多社群、酋长国都被摧毁了。民众被杀戮，幸存下来的不得不逃亡或被迫加入恩格尼人的军队。恩格尼人破坏了许多地方的耕作，还切断了贸易路线，导致食物短缺和饥荒。紧随恩格尼人而来的是经常性的暴乱。法律、秩序被打破，幸存者只能自谋生路；许多人加入了野蛮的雇佣军"鲁加鲁加"(ruga ruga)。他们四处游荡，在乡村中进行抢劫、屠杀。除了自己实施抢劫外，鲁加鲁加还经常被各类酋长、统治者雇用去作战。

恩格尼人除了带来消极影响外，伴随着与沿海贸易增长的后果，他们也对19世纪坦桑尼亚的变革产生了极其巨大的作用。许多坦桑尼亚族群如桑古人、贝纳人，都采用了恩格尼人的军事组织和战术，并以这样组织起来的军队建立了更大的国家。因此可以说，恩格尼人的到来使得小规模的政治机构消失了，如恩特米酋长体系就无法有效抵御入侵者。而代之以国王统治的、较大规模的政治实体。

19世纪后半叶发生这种政治变革的一个例子是坦桑尼亚中部的赫赫人。此前由恩特米酋长统治的这一地区出现了在姆尼贡巴(Munyigumba)统治下的强大王国。他效法恩格尼人与桑古人，建立了强大的恩格尼型军队，并成为一个强有力的统治者，在其统治下兼并了其他酋长。1879年他去世时，全部赫赫人首次处在一个统治者的统治下。他的儿子姆克瓦瓦(Mkwawa)被证明是一个更有能力的统治者。他想接近从沿海到湖区的商队路线,所以他向北扩张了王国。19 世纪 90 年代,面对德国人的征服,姆克瓦瓦进行了坚强的抵抗。

图 5—4　在坦桑尼亚的恩格尼人

4. 坦桑尼亚的长途贸易

从坦桑尼亚东北部的情况可以看出,在 19 世纪沿海与内地之间的贸易有了很大的增长。贸易增长的一个重要因素是赛义德·萨伊德(Seyyid Said)迁都桑给巴尔,他鼓励同非洲内陆进行贸易,并在桑给巴尔建立了种植园经济,这就产生了对奴隶的需求。日益增多的贸易商队开拓了进入内陆的道路,范围远达坦噶尼喀湖、维多利亚湖和马拉维湖。商队由斯瓦希里、阿拉伯商人带领,并经常得到印度商人的资助。1800—1875 年,随着大宗贸易的迅速发展,欧洲商人也被日益吸引到东非沿海和桑给巴尔地区。

在坦桑尼亚，主要的贸易通道是经南部和中部的路线。其中，南部路线从基尔瓦和林迪港出发，向南部、西南部穿过尧人（Yao）所在的地区到达马拉维湖。中部路线从桑给巴尔岛对面的大陆向西走，在到达尼亚姆韦齐人居住的地区塔波拉（Tabora）后形成了多条路线。向北的一条通向卡拉圭和布干达，向西的路线通向坦噶尼喀湖边的乌季季，向西南的路线则要绕过坦噶尼喀湖的南部，通向刚果和赞比亚。

长途贸易并不局限于阿拉伯人和斯瓦希里人。一些非洲族群也参与其中。其中最重要的是尧人和尼亚姆韦齐人。最早从16世纪开始，尧人就已远离家乡进行贸易。在有了被掳为奴隶的经历后，尧人也开始参与奴隶贸易了。19世纪，由于对奴隶需求的增加，他们沿着南部贸易路线出口越来越多的奴隶。他们在很大程度上控制了这条路线。尼亚姆韦齐人也占据了十分适合贸易的地方。他们横跨在十分忙碌的通往坦噶尼喀湖、维多利亚湖的贸易路线上。19世纪初，尼亚姆韦齐人就带着象牙到达了沿海地区。随着越来越多的斯瓦希里和阿拉伯商人进入内陆，他们和尼亚姆韦齐人的竞争对抗也增强了。

主要的贸易商品是象牙和奴隶。象牙主要是向东非以外的地区出口，而奴隶则是用以满足桑给巴尔、奔巴岛上种植园的巨大需求，同时也输出到印度洋地区的其他市场。19世纪40年代，桑给巴尔平均每年约卖出4万名奴隶，这一数字在之后二三十年中还在增长。由于象牙和奴隶贸易，流入东非内陆的火器也增加了。这使猎杀大象和抓捕奴隶变得更加容易。

人们早就认识到，奴隶贸易产生了极大的破坏性影响。许多（若非绝大多数）奴隶都是由于战争和猎捕被抓的。正如恩格尼人的入侵一样，19世纪不断增长的奴隶贸易造成了群体生活瓦解、人口减少以及食物短缺。这样的战争和动乱触及坦桑尼亚内陆大部分地区，并波及周边国家。

5. 坦桑尼亚中西部：贸易与政治集权化

正如在论述恩格尼人的破坏性作用时所表达的那样，奴隶贸易的影响不全都是负面的。对贸易和财富的控制有助于更大、更安全的国家的形成，并为政治机构规模的扩展提供了条件。的确，恩格尼人激起的军事变革常常与不断增长的贸易活动相联系，这些都增强了雄心勃勃的统治者手中的权力。他们希望开拓出坦桑尼亚中西部地区此前不曾有过的更大规模的政治版图。有一点很重要,那就是在19世纪坦桑尼亚政治权力的基础有了明确的转变:从基于亲属关系、宗教权威转为对军事、经济力量的依赖。外贸及其所带来的财富增加了统治者得到士兵和武器的机会,而后两者又支撑并扩大了统治者的权威。此外,奴隶贸易和恩格尼人入侵所引起的混乱,使人们愿意追随一个能为他们提供安全和财富的统治者。

这样类型的领导人之一就是尼尤古·亚·马韦(Nyungu ya Mawe)。他个头矮小,还是个独眼,但他却是一个勇敢的战士和统帅。19世纪70年代中期,他控制着金布人的一个酋长国,并组织起一支强大的军队。他还利用鲁加鲁加,将他们吸收进自己威武的军队。其军队阵容经常看起来就可以击溃敌人。他最终建立了一个帝国。他袭击商队、贩卖奴隶,再将获得的财富用来进一步增强军事力量。在马韦统治下,金布人第一次实现了统一。

尼亚姆韦齐人在米兰博(Mirambo)的领导下在其临近地区开创出一个更大的帝国。他利用从恩格尼人那里学来的军事经验(米兰博年轻时曾在恩格尼人中生活过多年)和贸易带来的财富机会巩固自身地位。19世纪80年代,他在他父亲的酋长国乌戈韦(Ugowe)里已确立并扩展了自己的统治。他使用恩格尼人的战术并利用鲁加鲁加控制了从塔波拉到乌季季与卡拉圭的贸易路线,之后便要求商队向他缴纳通行费——这一行动导致了19世纪70年代与阿拉伯商人的冲突。为了安抚军队,米兰博派兵到北部劫掠牛群。19世纪80年代,米兰博已经成为坦桑尼亚西部最强大的人物。不过,在1884年米兰博去世后他的帝国没能长存。在米兰博统治期间,军事力量和控制贸易的结合极大地扩展了疆域,使一个小小的恩特米酋长国发展成一个大帝国。这是19世纪坦桑尼亚许多地区政治发展的一个缩影。

从17世纪中期到19世纪中期,发生了许多意义重大的政治、经济和社会变革。在这一时期结束的时候,大多数的社会已形成它们在20世纪的形态,东非的各个民族也都已迁徙到他们现在居住的地区。

在这一时期尤其是在19世纪,东非的长途贸易得到了持续发展。西方资本主义的影响在东非许多地区已经显现出来。在这些地方,生产与交换模式发生了变革,以适应融入一个更广阔的市场的需要。这些经济进程的必然结果是,产生了促进国家建构的政治变革,并发育出更大的、更复杂的政治形态,特别是在坦桑尼亚。这些影响经常强化了新建国家以及统治者的政治权力，如在布干达。然而，并非东非所有的地区都经历了这种经济和政治变革。例如，肯尼亚的民族就几乎没有经历政治上的中央集权化运动。引起经济、政治变革的因素在东非不同地区也产生了不同的影响。

其中一些最重要的因素源于外部，这是由于19世纪是东非与外部世界接触越来越多的一个时期。在下一章我们将进一步考察这些接触中的更多细节。

阅读建议

Dunbar, A. R., *A History of Bunyoro-Kitara*. Nairobi, 1965.

Ehret, C., *Southern Nilotic History*. Evanston, 1971.

Feierman, Steven, *The Shambaa Kingdom*. Madison, 1974.

Karugire, S. R., *A History of the Kingdom of Nkore in Western Uganda to 1896*. Oxford, 1971.

Kimambo, I., *A Political History of the Pare*. Nairobi, 1969.

Kiwanuka, M. S., *A History of Buganda from the Foundation of the Kingdom to 1900*. New York, 1972.

Ogot, B. A. ed., *Kenya Before 1900*. Nairobi, 1976.

Ogot, B. A. ed., *Zamani*. Nairobi, 1974.

Roberts, A., *Tanzania Before 1900*. Nairobi, 1968.

第六章　19世纪的东非与外部世界

在19世纪的前80年里，东非历史舞台上出现了新的重要成员，其中最重要的都来自非洲以外的世界。在19世纪的头十年间，阿曼阿拉伯人在东非沿海地区重建其影响，阿拉伯与斯瓦希里商人建立了与东非内陆地区的商业联系。19世纪中叶，欧洲越来越深地卷入东非事务。到了19世纪80年代，欧洲与东非的商贸关系日益发展。欧洲人对这一地区的兴趣是基于人道主义。他们试图利用欧洲的技术和力量消灭东非的奴隶贸易，并促进基督教在东非的传播。此类探险活动在欧洲尤其是在英国引发了兴趣，许多探险家青睐颇具挑战性的东非，希望借以扬名立万，因而广为宣传。这使东非在欧洲颇受关注。

一、阿曼与东非沿海

在19世纪的头十年里，东非沿海地区历史的主题是阿曼势力与影响的复苏。尽管阿曼的军队曾帮助东非沿海城邦驱逐葡萄牙人，而且阿曼统治者也宣称对东非沿海拥有主权，不过阿曼在18世纪的大部分时间里对东非沿海地区几乎没有控制力和影响力。无论从哪一方面看，沿海城邦都保持了独立。在马兹鲁伊家族统治下，蒙巴萨在东非北部沿海地区发挥了相当大的影响力。然而，在赛义德·萨伊德成为阿曼统治者后，这种局面被改变了。

起初，萨伊德的地位并不稳固。1807年，他为了保住自己的王位设计谋害了他的堂兄弟。他在国内的领地由穆斯林瓦哈比教派（Wahhabi）支配，这一教派控制了阿拉伯半岛大部分地区。在海上，扎瓦斯米海盗（Jawasmi）对他的海军地位构成严重威胁。19世纪20年代初，萨伊德在外部力量的帮助下击败了这两股敌对势力，改善了自身处境。就扎瓦斯米海盗而言，萨伊德得到了在印度的英国当局的支持，这对东非沿海地区的未来发展有着重大意义。

英国与阿曼的合作为萨伊德带来了好处，英国当局也获益匪浅。得到萨伊德的帮助，不仅有利于促进英国在波斯湾的贸易，而且萨伊德对东非的主权宣示也能为英国所利用。1815年后，英国海军沿着非洲海岸布防，以阻止奴隶出口。英国政策制定者意识到，对非洲沿海地区统治者施加影响必能有效终止奴隶贸易。若萨伊德对东非沿海的主权宣示能够得到有效支持，那么英国反奴的利益也将被促进。尽管在19世纪上半叶英国并未准备好要控制东非沿海，不过还是和萨伊德签订了一系列条约，力图限制奴隶输出的规模。萨伊德因而成为英国反奴隶贸易行动中的一个工具。

赛义德·萨伊德在其对东非沿海主权的宣示中获得了好处，这种好处不仅是得到了英国的援助。19世纪20年代，东非沿海的情况对阿曼统治者非常有利。一些沿海城邦对蒙巴萨的统治地位充满怨忿，其他城邦也没有能力对抗萨伊德的主权宣示。于是，基尔瓦、马菲亚和桑给巴尔首先承认了阿曼对它们的主权。而蒙巴萨则企图大力扩张自己的势力，它与帕特结盟，并想把拉穆纳入自己的势力范围。在1812年的谢拉(Shela)战役中，拉穆击败了入侵的蒙巴萨—帕特军队，取得决定性胜利。这场战争削弱了蒙巴萨的地位，为阿曼在东非沿海直接影响力的复苏开辟了道路。

尽管事态正朝着有利于萨伊德控制东非沿海的方向发展，但由于在阿曼本土的地位受到威胁，他不得不放慢了在东非事务中的步伐。此外，对阿曼统治者而言，马兹鲁伊家族统治下的蒙巴萨的抵抗被证明是一个巨大的障碍。1812年后，萨伊德巧妙地将外交手段与军事实力结合起来，把那些畏惧蒙巴萨的城邦如帕特、奔巴和拉穆都争取到自己一边，实现了对它们的控制。看起来，阿曼接管蒙巴萨只是一个时间问题了。

赛义德·萨伊德渴望夺取蒙巴萨并敉平马兹鲁伊的反抗，却遭到了一名英国海军上校的非官方性质的阻挠。1823年，蒙巴萨统治者写信给孟买的英国官方寻求保护，实际上就是把蒙巴萨献给英国。这个提议未被接受，但在1824年2月，随着阿曼舰队袭击蒙巴萨，英国海军上校欧文(W. F. Owen)做出计划，若马兹鲁伊禁止了奴隶贸易，将给予其英国保护国的地位。欧文只是一名负责绘制东非沿海地图的海军探险队的负责人。这种不愉快似乎是奴隶贸易引起的。欧文认为萨伊德在抑制奴隶贸易方面做得太少，于是他自作主张地在东非升起了英国国旗。不过，在蒙巴萨的英国保护国持续了很短的时间。英国政府拒绝接受欧文的行动，1826 年这个保护国就被终止了。

英国干涉只是延迟了萨伊德军队最终征服蒙巴萨的时间。萨伊德不愿惹恼英国人，便隐忍以待时机。1827 年，他发动了一场对蒙巴萨的大规模远征。外交加军事，阿曼统治者与蒙巴萨的马兹鲁伊统治者订立了一份协议。无疑，萨伊德希望获得对蒙巴萨的最终掌控，但这次他失望了。1828 年，阿曼军队被赶出了蒙巴萨岛。1829 年、1833 年萨伊德试图夺取蒙巴萨的努力均未成功。1837 年，萨伊德利用马兹鲁伊的内讧最终成为蒙巴萨的主人。随着蒙巴萨的沦陷，阿曼在东非沿海地区的统治稳固地建立起来。

二、赛义德·萨伊德与桑给巴尔

在争夺蒙巴萨控制权的漫长战斗中，赛义德·萨伊德决定在桑给巴尔长久居住下去。尽管关于萨伊德从阿曼迁往桑给巴尔的确切时间还有争议，不过到 1840 年他已居住在那里，并将东非沿海作为统治中心。有关这次迁居似乎有几点原因。与阿曼相比，桑给巴尔和东非沿海的骚乱较少。由于要返回阿曼处理威胁他地位的挑战，萨伊德不止一次地放弃了对蒙巴萨的征服。桑给巴尔的气候、大海也深深地吸引了这位阿曼统治者。在萨伊德迁居问题上，经济因素也起了非常重要的作用。通过发展种植园经济，桑给巴尔看起来蕴藏着潜在的巨大资源。而发展东非沿海与内陆贸易的可能性也具有很大的吸引力。

赛义德·萨伊德的迁居对桑给巴尔及其附近的奔巴岛以及对整个东非沿海地区都产生了极其重要的后果。首先来看对这两个岛屿的经济影响。甚至在定居桑给巴尔之前，萨伊德就意识到桑给巴尔和奔巴两岛的土壤、气候非常适于丁香的种植。萨伊德和其他阿曼阿拉伯人在这里开创了丁香的种植，而忽视了对岛上居民（如桑给巴尔的哈蒂姆人和设拉子人）权利的关注。这些居民被迫出海谋生或被赶到土壤贫瘠的地方。阿拉伯地主以及来到桑给巴尔、奔巴的新移民掌控了经济。随着种植园的发展，从大陆获得的奴隶越来越多地被使用。种植园经济为赛义德·萨伊德带来了快速增长的财富，也使这些岛屿成为世界上丁香生产的领先地。不过，种植园体系也在其建立并发展的地方带来了不幸——奴隶体系和岛上居民的二等地位。

赛义德·萨伊德迁居桑给巴尔引发的第二个重要经济变革是，沿海与内陆贸易的迅速发展。当然，萨伊德并不是促成这一发展的唯一因素，但他在创造有利条件促进贸易发展方面发挥了十分重要的作用，他还亲自参与了贸易。他统一了沿海地区的关税，鼓励桑给巴尔、奔巴的种植园经济，这些都刺激了贸易发展。萨伊德认识到，要使沿海和内陆的贸易更有效地发展，就需要资本和机构的支持。因此，他积极鼓励印度金融家——即所谓的“巴尼亚”(banyans)——迁居到桑给巴尔及东非沿海地区，为通往内陆的贸易商队提供资金。萨伊德鼓励沿海地区的贸易，还规定在其管辖的港口对所有商品都只征收5%的平均税，以鼓励远方的商人参与贸易。到1856年他去世时，桑给巴尔的贸易获得了惊人的增长，这可以从关税金额中反映出来。19世纪20年代末至50年代末，桑给巴尔的关税收入增长了五倍。

三、19世纪贸易产生的经济影响

沿海与内陆的贸易，桑给巴尔与来自世界其他地区商人的贸易，对东非经济产生了重要的影响。18世纪末，诸如尧人、尼亚姆韦齐人已经将象牙输往沿海。当象牙贸易越来越有利可图时，许多阿拉伯商人(包括萨伊德本人)在19世纪30年代后参与了赴内陆的贸易。印度的商人和银行家以借贷的方式向贸易者提供资金，而斯瓦希里和阿拉伯的商人则组织并率领商队进入内陆地区。商队由许多搬运工组成，他们搬运贸易商品如布料、铜线、玻璃珠以及枪支，以换取内陆的象牙。象牙依次被搬运工运去打磨、抛光。不过，这种贸易持续的时间并不久。此后，商队便开始运送那些被俘获的奴隶，他们将在桑给巴尔、奔巴被使用，或出口到东非以外的地区。

东非内陆大部分地区都被沿海与内陆的商人建立的商业渗透力所影响。不过，这种商贸影响并非在所有的地区都一样。例如，在肯尼亚的一大片地区直到18世纪后半叶都几乎没有直接的商队。

19世纪从沿海到内陆的贸易联系发展产生了一个重要的后果，双方经济生产与贸易的大幅增长，在内陆地区尤为明显。在沿海商人来到内陆以前，当地非洲人并未赋予象牙很大的价值，而且象牙也不是当地贸易中的重要商品。那时，猎杀大象更多的是为了保护粮食免遭破坏，而不是为了获取象牙。当意识到象牙是财富的来源后，他们猎捕大象的形式也发生了变化。猎捕大象的人数大规模增加，导致更多的大象被猎杀。当地社群对大象的猎杀显著衰落下去，这是因为出现了个人组织、领导的专业猎象队伍，猎杀大象的唯一目的就是获取并出售象牙。

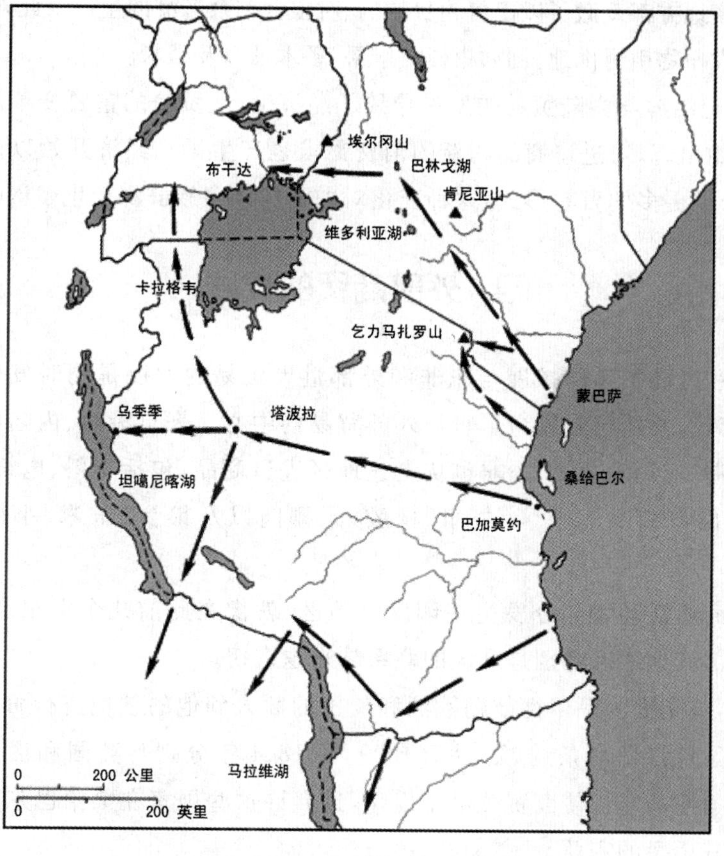

图 6－1　19 世纪的贸易路线

随着猎象行为的增多，非洲商贸组织的规模也扩大了，在坦桑尼亚的尼亚姆韦齐人中这种情况特别突出。沿海商人大规模进入内陆并未导致尼亚姆韦齐人贸易的衰落；相反，似乎还刺激了尼亚姆韦齐人长途贸易的发展。他们——搬运工、猎象人、猎奴人、商队组织者和领队——在贸易的各个方面都发挥了越来越重要的作用。19 世纪下半叶，大多数尼亚姆韦齐男人都参与了贸易。

象牙、奴隶贸易也使内陆其他商品的生产与贸易增加。在沿海商人到来前，贸易活动在不同的地区与国家间进行着。然而，盐、食品和铁等产品都是在距生产地不远的地方就完成了交易。随着沿海贸易的发展，对这些商品的需求也大大增加。例如，来自内陆的铁制工具在沿海地区有很大的需求。商队需要大量粮食供应，在商路沿线的贸易中心和临时性营地中的人对粮食也有大量需求。这种需求在东非许多地方都刺激了以出售为目的的、对粮食剩余产品的生产。此外，沿海商人把新的农作物引进内地，例如柑橘类水果、番木瓜以及稻米。

19 世纪沿海与内陆贸易的发展导致了经济生产、贸易的重要变革。新的集资形式开始出现，对进口商品的新的消费需求也产生了。经济开始以市场为导向，并整合了更多的贸易形式，这种变化对内陆的许多族群都产生了影响。

四、外部商贸的发展

沿海和内陆贸易的扩展与东非和外部世界贸易的发展是同时发生的。19 世纪 40 年代，桑给巴尔成为东非与外部贸易的中心。来自沿海、内陆的商品出口到了欧洲、亚洲和北美，东非也从上述地区进口商品，包括布料、电线和火药，最主要的出口商品有象牙、奴隶、橡胶、干椰肉以及粮食（玉米、小米和斯姆斯姆①）。

这些商业活动大部分发生在印度洋地区，就像在此前几个世纪。不过，19 世纪与外部其他地区特别是欧洲的联系越来越密切。

首先，这是因为萨伊德鼓励欧洲和美国的商人到他的领地进行贸易。1833 年他与美国签订贸易条约，随后于 1839 年、1844 年分别与英国和法国订立商约。这些条约的签订使商贸关系正规化，还允许这些国家在桑给巴尔设立领事馆以保护其侨民的利益。

其次，与欧美贸易联系的不断增加是工业革命带来的经济转型的结果。19 世纪，工业化的持续推进使欧洲人放眼世界各地，为自己的工业产品寻找原料产地和商品销售市场。于是，东非成为与欧洲贸易联系越来密切的地区之一。就东非而言，英国在这一进程中发挥了主导作用。1800—1875 年，英国不仅是欧洲最大的工业国，也是最大的海上强国，并能凭借这一力量发展、保护远离欧洲的长途贸易。1840 年英国在桑给巴尔开设领事馆以后，英国在欧洲与东非的贸

① “斯姆斯姆”(sim sim)在闪米特语中指“芝麻”，广泛用于受阿拉伯文化影响的东非地区。译者注。

易中扮演了日益重要的角色。不过,英国没有参与东非的奴隶贸易。19 世纪 70 年代,威廉·麦金农(William Mackinnon)的英属印度轮船航运公司(British India Steam Navigation Company)开辟了到桑给巴尔的班轮。

直到 19 世纪 70 年代,英国和其他欧洲国家的贸易还仅局限于东非沿海与桑给巴尔。几乎没有欧洲商人尝试拓展向东非内陆的贸易。欧洲人认为到东非内陆对他们的健康极为不利,交通也极为不便。对欧洲人在这一地区的旅行、定居而言,疟疾与其他热带疾病造成了最大的障碍。

然而到 19 世纪 70 年代末,欧洲人对东非的大陆经济开发计划首先由英国商人提上了日程。借助于英国驻桑给巴尔领事施加的压力,约翰·科克爵士(Sir John Kirk)和威廉·麦金农才得以从萨伊德的儿子巴加什素丹(Sultan Barghash)那里获批一项有关欧洲公司发展东非大陆权利极大的特许状。这项计划从未被落实,因为在英国政府的压力下巴加什素丹在次年拒绝了这个计划。不过,这一事件很清楚地表明了英国在东非经济利益的不断增长。

在考察 19 世纪英国经济影响力的增长时有两点值得强调。第一,不能把这种经济影响视为发生在真空中。英国在东非的利益还包括传教与反奴运动。商人和人道主义者都认为欧洲在东非的贸易是与传播基督教,废除奴隶制联系在一起的。因此,1877 年麦金农的特许状计划(像他此后的"英属东非公司")就得到了英国教会团体和反奴十字军的大力支持。第二,英国在东非的商贸额在英国整体贸易中只占了很小的比重。东非并不是英国的主要贸易伙伴。

虽然如此,欧洲国家特别是英国发展与东非的商贸联系对未来意义重大。19 世纪 80 年代初,发展贸易是欧洲人维护在东非既得利益的重要方式。还有一点值得注意,在发展与欧洲商贸关系的过程中,东非处于从属地位。东非为了他人的利益而变成原料、劳动力等的提供者。价格低廉的工业品破坏了对当地手工制品的需求。东非日益变为工业化、资本主义欧洲的从属者,经常在贸易中遭遇不平等的待遇。这种状况在 20 世纪也几乎没有改变。

五、反奴隶贸易促使欧洲人介入东非事务

除了经济联系外,在 19 世纪禁止奴隶贸易的努力也是使欧洲(主要是英国)日益介入东非事务的一个重要原因。随着 1807 年奴隶贸易在英国被禁止,英国政府

试图使用外交和海军力量阻止奴隶进入英国领土，并说服其他欧美国家也停止奴隶贸易。英国此一行为的动机既有人道主义方面的，也有经济方面的。18 世纪末，福音派运动引发了重要的宗教复兴，这导致了对奴隶制度的反对。奴隶制被视为不人道的、反基督的。在英国，来自宗教团体的压力由于得到一些经济学家如亚当·斯密(Adam Smith)观点的佐证而更增加了其分量。斯密认为，奴隶制是一种浪费的、不经济的生产方式。因此，部分是基于人道主义因素，部分是出于经济上的考虑，英国先后宣布奴隶贸易和奴隶制在其属地和本土是非法的。

英国反奴运动的主要目标在于西非和大西洋贸易，也涉及印度洋地区。英国当局关注的是，从东非沿海向 1815 年后成为英国殖民地的产糖岛毛里求斯以及英国在这一地区的利益中心印度的奴隶输出。最终，1822 年英国订立了以其谈判者名字命名的《莫尔斯比条约》(Moresby Treaty)。根据该条约，阿拉伯奴隶商人不能再向印度和阿拉伯地区贩运奴隶。这份条约也给予了英国海军阻止和搜查可能载有奴隶的船只的权力。萨伊德被迫接受了英国的要求，因为他在实现对东非沿海地区控制的过程中需要英国的支持，需要借助其影响力。

在此后 20 年里，尽管订立了条约，而且有一小支英国巡逻舰队在努力禁奴，但在萨伊德管辖的领地内外还是有大量奴隶被输出，而且数量持续增长。英国官方决定对奴隶贸易采取更严格的限制措施。在 1833 年后的英国，奴隶制度本身就是非法的了。利用英国驻桑给巴尔领事哈默顿上校(Colonel Hamerton)的影响力，1845 年英国和桑给巴尔订立了另一个条约，不允许船只通过布拉瓦(Brava)以北的索马里海岸，进一步限制了从东非的奴隶出口，切断了对阿拉伯的贸易。不过，在萨伊德的东非沿海和桑给巴尔领地内奴隶贸易可以继续。

通过《哈默顿条约》(Hamerton Treaty)可以看出英国在印度洋地区的实力。尽管赛义德·萨伊德和他的许多手下官员并不希望限制这项有利可图的贸易，但他们还是不得不接受。通过推动反奴运动，英国在桑给巴尔的影响力变得更大。几乎可以认为，是萨伊德把英国人带到了东非沿海。

1845 年后，英国对桑给巴尔事务的影响力增强了。1856 年赛义德·萨伊德死后，他的众多儿子对王位继承权的争夺问题在英国的介入下得以解决。经英属印度总督的仲裁，萨伊德的东非领土和阿拉伯领土被分属于两个不同的统治者。此外，由于约翰·科克爵士作为英国驻桑给巴尔总领事进行了长期的、富有影响的工作,英国的影响力得到进一步提升。科克与巴加什素丹建立了亲密的关系,19 世纪 70 年代末,许多学者都将他描述为“桑给巴尔的非正式首相”。正是他的影响力以及英国的实力促使巴加什签署了一项最终协议,规定在素丹领地内的所有奴隶贸易均为非法。巴加什受到了手下人的巨大压力,他自己也清楚奴隶贸易对他的国家而言具有重要的经济价值。不过,英国采取了炮舰外交政策,威胁要封锁桑给巴尔并炮轰王宫,巴加什不得不屈服,并于 1873 年发布命令结束奴隶贸易。强大的英国迫使素丹实施一项在其领地内非常不得人心的新政策,这反映了英国反奴运动的影响力以及对桑给巴尔的支配力。

六、传教活动促使欧洲人介入东非事务

在英国和其他地区,宗教情绪催生出了反奴运动,也为欧洲传教团的传教工作提供了动力。19 世纪初,在英国建立了一些传教团,其中最著名的是“伦敦布道会”(London Missionary Society, LMS)和“圣公会传教团”(Church Missionary Society, CMS)。这些传教团募集资金,向非洲派出传教人员,以传布福音、改变信仰。到 19 世纪中期,虽然在西部和南部非洲的传教努力获得一些成功,但在东非无论是促成信仰转变还是建立传道所都收获极少。

在那些年里,几乎没有传教人员被派往东非。在东非为传教团服务的人,如德国人克拉普夫(Krapf)和雷布曼(Rebmann),在向东非内陆传播欧洲知识方面做了许多工作,但在建立教会方面却做的很少。克拉普夫为圣公会传教团服务。1844 年,他到达桑给巴尔,随后在蒙巴萨附近的拉巴伊(Rabai)建立了传道所。他希望能从这里到内陆建立起一系列传道所,并于 1848—1849 年拜访了尚巴王国和乌坎巴。尽管克拉普夫对这些旅程以及 1851 年另一次旅程的描述大大拓宽了欧洲人有关东非内陆的知识,他编写斯瓦希里语辞典的工作对后来的欧洲人也非常有用,不过,他在东非传播基督教的努力几乎没有收获。

由于戴维·利文斯顿(David Livingstone)等探险家在内陆的活动,19 世纪 70 年代初传教团对东非产生了更大的传教兴趣,采取了更多的行动。利文斯顿仅在他生命的最后几年到过东非,但他在非洲心脏地区看似无私的游走激发了整整一代英国人。虽然利文斯顿在传播基督教方面收获不大,但他的演讲和著作在许多人中引起反响。他描绘了一幅非洲内陆社会伴随奴隶贸易而崩坏的图景。利文

斯顿呼吁以商业和基督教来开发非洲，认为这才能改善东部和中部非洲民众的生活。1857年，利文斯顿在剑桥大学的一次著名演讲中充分展示了他的实践和思想的影响力。他呼吁年轻人去非洲，为传播基督教而工作，这直接导致了"中非大学传教会"(Universities Mission to Central Africa，UMCA)的形成。这一组织后来将总部设在桑给巴尔。1873年利文斯顿去世，他的非洲随从跋涉数百英里将他的遗体运至东非沿海，这一引人瞩目的事件激发起更多人去非洲从事传教工作的渴望，利文斯顿也成为英国的民族英雄。[①]

在19世纪70、80、90年代，基督教会大规模进入东非，许多传教团、英国人、法国人、德国人还有美国人，都致力于基督教的传播。在沿海地区建立了许多传道所，更多地致力于禁止奴隶贸易、对获得自由的奴隶进行康复关怀。"圣灵教父会"(Holy Ghost Fathers)在坦桑尼亚的巴加莫约(Bagamoyo)建立了这样一个传道所。圣公会传教团在今肯尼亚蒙巴萨附近的弗里尔城(Freretown)建立了另一个传道所。在东非内陆也同样努力地建立了传道所，不过通常很少能成功。或许，在东非内陆最有效的传教工作就是19世纪80年代圣公会传教团和白衣传教会(White Fathers)在布干达的传教。

七、基督教会与布干达

东非最强大的王国、卡巴卡穆特萨一世(Mutesa I)统治下的布干达王国曾邀请基督教会传教。不过，这一邀请的动力首先不是来自宗教方面。19世纪70年代中期，穆特萨有充分的理由担心埃及企图向大湖地区扩张。这威胁到了布干达的统一。穆特萨一世此前就鼓励与东非沿海的交流与贸易。19世纪60、70年代，斯瓦希里和阿拉伯的商人已将伊斯兰教的影响带入布干达。穆特萨本人一度似乎对伊斯兰教产生兴趣，但他从未成为一名真正的穆斯林。布干达的许多民众被这个新宗教吸引。穆特萨其实是为了寻求帮助，以应对埃及的威胁，同时希望借助基督教传教团形成对伊斯兰教势力的制衡。

① 利文斯顿死后，他的心脏被取出并被埋在今赞比亚境内齐坦波斯(Chitambos)的一棵木乌拉树(mvula)下，其尸体用盐巴包裹并运回英国，葬于西敏寺。此后，齐坦波斯被称为"非洲的心脏"(Heart of Africa)，不仅因为这里刚好是非洲大陆的中心点，而且因为这里埋葬了一个挚爱非洲的人的心。译者注。

穆特萨乐意接受基督教传教团的消息，是由探险家亨利·莫顿·斯坦利(Henry Morton Stanley)传出的。他曾在1875年环游维多利亚湖的探险中在布干达停留。在确定了穆特萨对基督教感兴趣后，斯坦利写了一封信，后来这封信在《伦敦每日电讯》(*London Daily Telegraph*)上刊登出来。他在信中号召英国传教士从事转变非洲人信仰的工作。基于此目的，数额巨大的赠款捐给了圣公会传教团。1876年年初，由八名传教士组成的队伍出发去布干达——教会想要传布到的东非内陆最远的地方。

这次传教活动遇到了许多困难。队伍中几乎所有人都在去大湖地区的艰难旅途中死去。不过，另一支圣公会传教团的传教士在1878—1879年到达了那里。另一个难题是统治者的态度。如果说穆特萨曾经可能信仰基督，那么后来他不再会对成为一名基督徒感兴趣了，因为19世纪70年代末埃及可能扩张到乌干达的威胁已经减弱了。在圣公会传教团到达后不久，另一支属于白衣传教会的法国传教团也到达布干达。几乎是从一开始在英国新教传教士和法国天主教士之间就存在着猜疑和敌意。这种情况后来实际上更恶化了，因为初来乍到的传教士只有在学会当地语言后才能与周围人进行交流。在随后的20年里，有分歧的不同教会的传教努力对布干达历史产生了严重的影响，使其分歧不断、动荡难安。

尽管他们很难改变卡巴卡穆特萨的信仰，但在19世纪80年代新教和天主教的传教士还是成功赢得了一批皈依者。在19世纪高度竞争和变动的布干达社会，外国新事物总是很快就被接受，并成为一种改变地位的方式。总之，改变是通向进步之路。

1884年，卡巴卡姆旺加(Mwanga)继承其父的王位。在他统治时期，皈依者信仰的坚定与否得到了考验。新宗教的传入引起了变革与骚乱，部分地破坏了王国的统治基础。最突出的是，卡巴卡的权力从1885年以后就持续衰落了——部分是由于宗教因素，统治者本人软弱、易变的性格无疑也是王权衰落的重要原因。尽管此前姆旺加在两个传教团中都学习过，但他还是发布了一项迫害基督教皈依者的政策。1885—1886年，许多年轻的信奉基督的干达人都宁愿选择死亡也不放弃信仰。和其他时期一样，这个王国中的迫害加强了而非削弱了基督教。

面对姆旺加的敌意，新教和天主教皈依者加入了人数更多的穆斯林干达人的队伍中，要联合起来推翻卡巴卡姆旺加。1888年，他们占领了姆旺加的王宫并迫使他逃往维多利亚湖南部。这开启了布干达历史上混乱的一年。一个卡巴卡被其臣民推翻,一场革命进程开始。政治权力从统治者那里转移到了他手下的酋长手中,这些人都是基督徒。姆旺加的兄弟基维瓦(Kiwewa)被立为新统治者。胜利的一方瓜分了政府中的官职以及酋长职位。但不久后这个联盟就瓦解了。基督徒和穆斯林之间的冲突迅速发展,而后者占据了上风。他们把基督徒和传教士都赶出了布干达王国。他们不满意基维瓦,于是把姆旺加的另一个兄弟、信奉穆斯林的卡勒马(Kalema)推上了王位。穆斯林没有料到,基督徒与姆旺加联盟并且有更好的武器和弹药储备。1889 年,基督徒击败了卡勒马和穆斯林,恢复了姆旺加的卡巴卡地位。

1888—1889 年,布干达历史上出现了三个国王轮替,并表现出了鲜明的宗教争执。卡巴卡的权力被瓦解了,一场基督徒的革命在进行。越来越多的干达人成为基督徒。这场革命在政治权力方面还发生了一个转变,即权力从卡巴卡转移到基督教酋长。基督教尽管胜利了,但很快陷入分裂。这一分裂又对欧洲列强瓜分东非产生了影响。因而,当 19 世纪 90 年代基督教在布干达赢得稳固的地位时,也部分导致了这个王国的骚动与混乱。

基督教在布干达站稳脚跟的情况在东非其他地区并未发生。对大多数地区而言,基督教并没有像在布干达那样成为欧洲人实现控制的前奏。殖民统治建立后,在东非大部分地区的传教工作要比殖民统治前顺利,这一点不应被过分强调。不过,传教士的努力也不应仅仅被当作殖民征服的先驱而被轻易忽略。在英国和其他欧洲国家,传播欧洲人信仰的需要成为殖民扩张的一个非常重要的理由。

八、欧洲探险家:欧洲人介入东非事务的先驱

随着 19 世纪过去,越来越多的欧洲探险者、旅行者到达了东非内陆地区。这些旅行者旅行的动机是多种多样的,而非从前许多历史课本上宣称的那样,仅仅是为了发现。对一些人而言,科学动机是最突出的,他们希望能查证东非地理结构的主要特征,以服务于欧洲和美国的民众,并赢取名声。另一些人到非洲探险是为了赚钱,也是为了出名。还有一些人,如戴维·利文斯顿,是受到为基督服务的崇高信念的驱使。

无疑,尼罗河源头这一地理难题引起许多人对东非的兴趣。许多欧洲探险

家，从19世纪50年代的斯皮克(Speke)和伯顿(Burton)开始，在英国皇家地理协会(British Royal Geographic Society)的资助与支持下踏上了他们的非洲探险之路，深入内陆以确认白尼罗河起源于何处。1861年，斯皮克经过布干达游历到了白尼罗河的源头。但是，皇家地理协会中一些更有影响的人物，如伯顿和利文斯顿，拒绝接受斯皮克关于维多利亚湖就是白尼罗河源头的说法。[①] 直到斯坦利在1874—1877年横穿非洲的旅行中才证明斯皮克的说法是正确的。

大多数旅行者和探险家在他们回到欧洲后都出版了著作。受过教育的民众通过这些著作开始了解更多的有关东非的情况。今天看来，有一点非常清楚，他们获取的有关东非的信息是来自带有偏见的、不公正的渠道。许多探险家并没有花费精力去了解他们所经之地的人们的社会、政治体系，并以一种"维多利亚式"(Victorian)的视角进行判断，视非洲为"原始的"、"野蛮的"大陆。[②] 确实，"家长制"、"野蛮"是欧洲殖民统治者对非洲的典型看法。这些看法最初就是由许多这样的探险家提出的。斯坦利这类人及后来的殖民统治者的一个共同特征是，抱持以下的信条：欧洲人做的对，非洲人做的不对，非洲人只知道武力、身体暴力。

尽管他们的报道有失偏颇，但19世纪这些旅行者确实扩大了欧洲人对非洲的了解。在对东非经济状况和潜力的描述中，他们有意无意地充当了欧洲政府和商业利益的代理人。甚至像利文斯顿的传教旅行，也部分受到了关注他的商人以及英国政府的资助。除了提供信息外，这些旅行者在其著作中还表达了一种看法，即欠发达的、"原始的"非洲迫切需要西方文明的援助。总之，他们与传教士、反奴主义者一道，给了欧洲政府和政客一个强有力的、对非洲进行殖民干涉的理由。于是，探险家通过制造更多的信息影响了欧洲民众，通过普及非洲的落后形象为欧洲最终在非洲建立殖民统治铺平了道路。

赛义德·萨伊德对东非沿海的征服以及建都桑给巴尔的决定，促进了东非

---

① 1858年斯皮克在陪同伯顿的探险中到达维多利亚湖，并相信这是尼罗河的源头。伯顿当时正在坦噶尼喀湖边养病，他对斯皮克声称发现了尼罗河源头的事情非常生气，认为这个问题尚未解决。利文斯顿则认为尼罗河源头在离维多利亚湖更远的南方，他为此到达了卢阿拉巴河(Lualaba River)地区，并相信那是尼罗河的源头。实际上，那是刚果河的源头。译者注。

② 在维多利亚女王统治时代(1837—1901年)，经历了工业革命的英国是世界头号强国，科学发明昌盛，文学艺术繁荣。英国人在世界事务中也形成了一种自信、唯我独尊的世界观和认识论，此即"维多利亚式"。译者注。

与欧洲贸易的不断增长。欧洲参与了东非贸易。19世纪,欧洲的影响扩展至各个方面。发展中的欧美资本主义寻求廉价的原料产地和商品销售市场,而东非则是见证这种贸易关系不断扩展的地区之一。19世纪,在这些地区发生了经济变革,但与欧洲模式不同的是,变革未能刺激经济的发展。东非成为资本主义欧洲的"外围"。这一外围地位在20世纪经殖民统治得以稳固确立。

在欧洲经济介入东非的过程中,发挥主导作用的是英国。英国增加了与桑给巴尔的联系,并不仅仅局限于商贸领域。尤其值得注意的是,英国参与东非事务是反对东非输出奴隶的运动的结果。传教活动是欧洲介入东非的另一方式。此外,在19世纪下半叶,越来越多的欧洲探险者进入东非内陆。在不断增加的与欧洲的条约中,牵涉最多的无疑是英国。作为19世纪大部分时间里最强大的欧洲国家,英国在19世纪80年代前没有在东非获取殖民地。但在19世纪的最后20年里新的影响因素显著改变了英国对这一地区的立场。

阅读建议

Alpers, Edward, *Ivory and Slaves: Changing Pattern of International Trade in East Central Africa to the Later Nineteenth Century*. London, 1975.

Ogot, B. A. ed., *Zamani*. Nairobi, 1974.

Oliver, Roland and Mathew, Gervase eds., *History of East Africa*, *Vol. I*. Oxford, 1963.

Reid, Richard, *Political Power in Pre-Colonial Buganda*. Oxford, 2002.

Wright, M., *Buganda in the Heroic Age*. Nairobi, 1971.

第七章 瓜分东非

1880—1895年,英国与德国瓜分了东非。尽管它们并不像自己宣称的那样已有效控制了这些地区,不过,“瓜分东非”对欧洲列强而言意味着政策的明显变化。在欧洲人看来,那些年是决定东非命运的关键时刻。

一、英国与桑给巴尔:“非正式帝国”

19世纪70年代末,英国对桑给巴尔事务已有相当大的支配权。经济联系及在反奴运动期间与桑给巴尔的关系使英国获得极大的影响力。尽管名义上是独立的,但桑给巴尔在许多方面都处于英国势力的影响下。此外,当桑给巴尔在沿海和内陆都面临着其他欧洲列强——特别是伺机侵入这一地区的法国——威胁的时候,英国也敦促桑给巴尔声明其对这些领土的主权。19世纪70年代末,桑给巴尔的武装部队已在英国军官的控制下。此外,在桑给巴尔的领地内,英国有在数量上远远超过其他欧洲国家的传教士与探险家。

由于许多原因,英国能在不正式吞并东非的情况下就在那里取得它想要的东西,如贸易、传道所、反奴法令。确实,在19世纪中叶英国政治领导人普遍认为殖民扩张是无益的且不必要的。英国拥有制海权,在经济上也处于支配地位,因此没有必要为了在东非的潜在殖民地而担心。如上文所述,19世纪70年代英国政府就反对本国商业利益团体以从桑给巴尔素丹那里获得特许状的方式在东非获取势力范围的计划。19世纪70年代前,英国的潜在敌人忙于应付在欧洲发生的一系列事件,如法国在应对1848年革命和普法战争(Franco-Prussian War),德国那时还未统一为一个单独实体,都无法对英国的地位构成严重挑战。

不过,英国的影响力在桑给巴尔与东非大陆占优势的局面没有维持下去。19世纪70年代末,在法国与德国都出现了强大而稳固的政权,都有能力挑战英国的地位。的确,19世纪末的德国超越了英国,成为欧洲最大的工业国。这些国家也越来越关注非洲，视其为“阳光下的土地”。有着同样想法的还有比利时统治者利奥波德国王(King Leopold)。面对这些国家的新挑战，英国不得不改变其以往通过桑给巴尔支配东非的政策。

二、埃及与瓜分东非

最早想以桑给巴尔(间接以英国)为代价的殖民扩张不是来自欧洲列强，而是来自埃及。埃及统治者“赫迪夫”伊斯梅尔(Khedive Ismail)采取了一套实现国家现代化和领土扩张的计划：顺着尼罗河河谷南下控制南苏丹和乌干达，并控制红海和印度洋沿岸地区。这是一项雄心勃勃的事业，而诸如布尼奥罗、布干达、桑给巴尔及其他国家则是实现这项事业的障碍。

为了推进这项计划，赫迪夫于1869年任命了一个早先沿着尼罗河游历到大湖地区的英国人萨缪尔·贝克尔(Samuel Baker)为赤道行省(Equatoria Province)的总督。贝克尔打算取缔给尼罗河谷地区带来巨大不安定的奴隶贸易，并计划把赤道省的边界向南拓展。他试图在1872年进驻布尼奥罗，但却发现穆卡玛卡巴雷加决心要抵抗。由于未能将布尼奥罗纳入埃及的势力范围，贝克尔不久后就离职，不再为赫迪夫工作了。

其继任者是更有能力和野心的查尔斯·戈登将军(General Charles Gordon)。他在中国曾以勇敢、果断而闻名。[1] 他担任了赤道省的总督，负责消灭奴隶贸易并向南拓展埃及的边界。他曾认为，若能成功禁止奴隶贸易，埃及必能将疆域拓展至维多利亚湖。戈登还设想从维多利亚湖到东非沿海建立一系列的埃及驿站。在他试图从尼罗河谷向南推进的同时，1875年，赫迪夫命令埃及军队占领索马里沿海的港口基斯马尤(Kismayu)。

布干达、桑给巴尔成了阻挡戈登与伊斯梅尔的计划的障碍。戈登从南苏丹的冈多科罗(Gondokoro)向布干达派遣了两名密使，希望能在穆特萨一世的王国找到立足之地。但卡巴卡对埃及的渗透已有疑心。他知道了此前在布尼奥罗

---

① 查尔斯·戈登(1833—1885)，1863年接任洋枪队(常胜军)统领，在华东地区与太平天国军队作战。他作战英勇、接连取胜，最终帮助中国清朝政府剿灭了太平天国的叛乱。清朝政府授戈登提督衔，赐黄马褂、孔雀花翎。他也被视为清朝“中兴”的功臣。英国首相格拉斯顿称戈登为“英雄中的英雄”，“维多利亚时代的楷模”。他去世后，维多利亚女王亲自去他家中慰问，清朝政府也派专人去吊唁。译者注。

发生的事情，在布干达朝廷的来自东非沿海的商人也警告卡巴卡要提防戈登。穆特萨以巧妙的外交手段应付了这一挑战。他通过斯坦利发出了对基督教传教团的邀请，并大肆炫耀兵力。这些都使戈登不得不放弃在布干达边境建立要塞的企图。此外，桑给巴尔素丹也发出强烈抱怨，声称基斯马尤是其管辖的港口，这一主张也得到了英国驻桑给巴尔领事科克的支持。英国施加压力迫使埃及军队撤退。1876 年戈登离开赤道省的时候，埃及在东非的扩张企图已遭到了挫败。在不到 20 年的时间里，埃及在苏丹的统治也被马赫迪(Mahdi)起义推翻。

埃及虽然并不直接发挥作用，但还是在瓜分东非时扮演了一个重要角色。赫迪夫伊斯梅尔的扩张政策及其重要的计划，加之他本人花费无度与财政管理不善，使埃及越来越深地陷入了欧洲银行和放债人的债务。到 19 世纪 70 年代中期，埃及甚至连所欠债务的利息都无法偿付，英国、法国以及其他欧洲国家借此控制了埃及的财政。埃及的财权被外国人掌控，因此许多埃及人开始支持那些想把外国势力逐出埃及的民族主义领导人也就不足为怪了。

1882 年，在阿拉比帕夏(Urabi Pasha)的领导下爆发了埃及民族起义。对埃及财政有很大控制权的英国与法国并不希望离开。英国还有一个想在埃及保持强大影响力和地位的理由。1875 年，英国政府收购了赫迪夫在苏伊士运河公司(Suez Canal Company)的股份。由于英国通往印度的重要贸易路线处在危险中，它决定武力干涉。当法国在最后一刻决定不参与这次入侵后，英国首相格拉斯顿(W. E. Gladstone)派出了一支军队去粉碎阿拉比的武装。英国占领了埃及。格拉斯顿觉得占领埃及只是在其财政秩序恢复前的暂时行动，不过正如后来所发生的，英国在埃及的存在时间并不短。

三、德国进入东非

虽然基于财政与战略因素的考虑英国控制了埃及，但在 19 世纪 80 年代初格拉斯顿仍然反对英国在东非或西非采取任何军事行动。英国政府试图继续利用与桑给巴尔素丹的关系以保护自己在这一地区的利益，但格拉斯顿本人就连这种政策也反对。1884 年，英国年轻的博物学家约翰斯通(H. H. Johnston)在乞力马扎罗山地区与许多非洲领导人签订了条约，并写信敦促英国加紧对这一地区的殖民化进程。科克则建议由桑给巴尔接管乞力马扎罗。尽管英国议会中不少人支持这个计划，但格拉斯顿完全拒绝这一计划，“以一种不正当的名义，染指桑给巴尔背后的一个山国”。

之后不久，由于德国的介入，英国处于守势。19 世纪 80 年代，德国人决定建立一个殖民帝国，这代表着首相奥托·冯·俾斯麦(Otto Von Bismarck)的思路转变。在此前十年中，他在多个场合都表达了反对新统一的德国进行殖民活动的立场。令俾斯麦改变主意的原因并不十分清楚。他也许开始相信，德国商人认为从经济因素考虑德国需要殖民地的观点是正确的。为德国建立殖民地的决定无疑也服务于俾斯麦的外交目的，它以英国为代价，至少暂时得以改善与法国的关系。最后，俾斯麦似乎希望能向英国领导人展示德国是一个不能被忽视的大国。1883 年，德国占领西南非洲(纳米比亚)时，英国几乎没有反应。1884 年，俾斯麦将西南非洲变成德国在非洲的第一个保护国。

德国出于对东非领土的要求得到了其在非洲的最后一块殖民地。在这种情况下，德国利用了它的一个最热心的帝国主义者卡尔·彼得斯(Carl Peters)的努力。彼得斯是“德国殖民地协会”(Society for German Colonization)中长期倡导德国殖民扩张的代表人物之一。除了宣传外，在彼得斯领导下，协会还承担了为德国控制东非的使命。尽管他几乎没有得到德国政府的任何支持，但这并未阻止彼得斯实现他把德意志帝国扩展到东非的疯狂欲望。他和他的同伴乔装成商人于 1884 年 11 月到达桑给巴尔。他们随后进入非洲内陆，并与酋长们签订了一系列条约。1885 年 2 月，他们回到柏林。在一个月内，俾斯麦政府就决定以这些条约为基础建立东非保护国，对这个殖民地的管理被委托给了“德国殖民地协会”。

德国的这一行为使英国通过影响桑给巴尔控制东非的政策走向了终结。德国人忽视或否认素丹对那些即将成为德属东非的、位于沿海和内陆的土地的权力和领土主张。素丹没有与德国人对抗的资本，而英国政府也不愿为桑给巴尔出头。格拉斯顿政府在西非、埃及、苏丹和阿富汗正面对一系列的问题，[①]它不能再承担冒犯德国的风险。德国派遣军舰到桑给巴尔，强迫素丹做出让步。在

---

① 19 世纪 80 年代后，英国在西非积极拓展尼日利亚殖民地与保护国，不仅与当地酋长国对抗，而且面临着与法国殖民势力的竞争；在埃及，英国要面对民族主义者的敌对活动，并要着手清除法国在埃及的影响力；在苏丹，英国要对付新兴的马赫迪国家，保障对尼罗河流域的控制；在阿富汗正在进行第二次英阿战争(1879—1881)，英国致力于控制阿富汗外交，并将阿富汗作为阻止俄国从中亚南下的屏障，从而维护英属印度的安全。译者注。

德国发展成一个殖民强国的过程中,格拉斯顿除了表达"良好祝福"外什么都没做。

随着在桑给巴尔的"非正式帝国"的结束,英国被迫转变外交政策以挽救它在东非所剩无多的影响力。1885—1886 年英国和德国举行了谈判,俾斯麦变得温和了。两国建立了一个国际委员会来确定桑给巴尔素丹国的确切边界。这个委员会的决议完全不代表素丹的利益,却非常有利于德国。这些决议被写入了 1886 年英德划界协议。

这个协议的签署标志着瓜分东非第一阶段的结束。素丹的领地被限定为:桑给巴尔、奔巴、拉穆、马菲亚等岛屿以及南至鲁伍马河,北至塔纳河的东非沿海 10 英里宽的狭长地带。在这个界限以北的基斯马尤、布拉瓦和梅尔卡等城镇处于素丹的权力影响之下。这个协议还划分了英、德两国在东非大陆的势力范围。从沿海的乌姆巴河(Umba River)到维多利亚湖岸,划定了一条边界,这条边界绕开了乞力马扎罗山,它留给了南边的德国势力范围。除了拉穆南部的维图(Witu)[①]外,这条线以北的土地成为英国的势力范围。

四、特许公司与对乌干达的瓜分

在瓜分完东非相当大的一片土地并将其他欧洲列强排除在东非之外后,英国和德国都不愿意直接控制这块土地。两国将管理东非的任务留给了由欧洲人影响和管理经营的特许公司。这些公司不仅要赚钱,而且负责建立管理与控制。德国殖民地协会负责德国在东非的殖民地,它后来发展成"德属东非公司"(German East Africa Company)。

在英国政府的支持下,威廉·麦金农能够成立特许公司"英国东非协会"(British East Africa Association),它是"英属东非公司"的前身。这个协会体现了商业与慈善动机结合的特点。协会的一些董事是成功的商人,这些人关注的是开发东非的资源,从而使英国和他们自己受益。另一些董事是教士或人道主义者,他们关注消灭奴隶制、推广基督教。协会从桑给巴尔素丹那里获得特许

① 维图位于今肯尼亚东部沿海,1885—1890 年由德国统治,之后转让给英国,成为英属东非保护国的一部分。译者注。

状，被赋予完全的政治、司法权，并有权在辖地内征收关税。协会在1888年年末被授予皇家特许状，发展成"英属东非公司"。

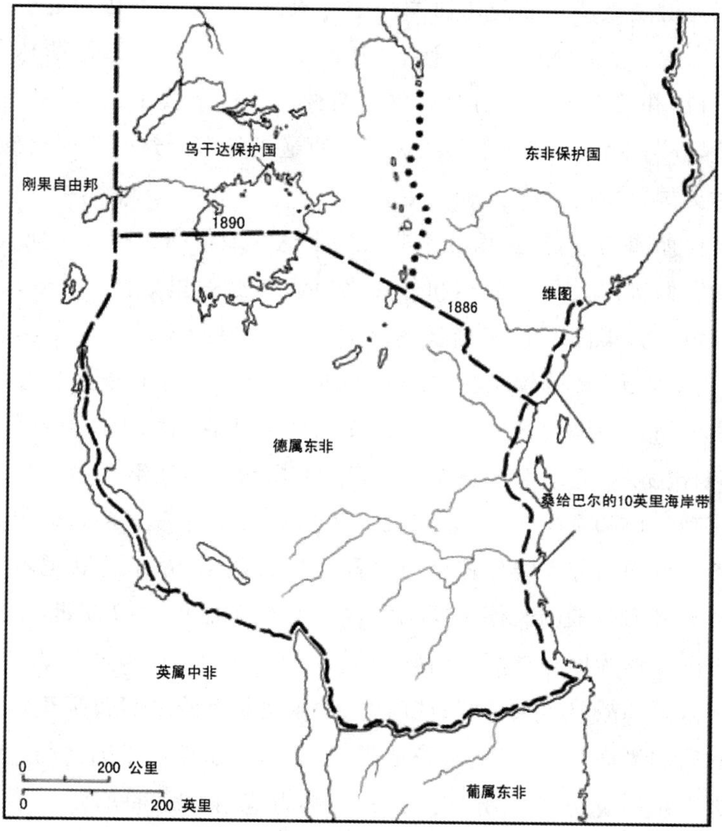

图 7—1　1895 年的东非区划

英属东非公司在蒙巴萨建立了行政管理总部。但其注意力很快就被吸引到了远离海岸的乌干达。1886年协议对东非的分割只涉及维多利亚湖东岸地区，而乌干达不包括在任何势力范围中。英国公司担心，若德国的保护国维图经由德国在南边的殖民地再与乌干达联结，那么英国在东非的势力范围将被德国包围起来。当时布干达正发生骚乱，英国传教士还在那里。因此，英国对在布干达将发生的事情怀有浓厚的兴趣。英属东非公司决定采取措施建立它对那里的控制权。

德属东非公司的人尤其是卡尔·彼得斯对把乌干达变成德国的势力范围充满兴趣，这使英国人对乌干达的关注也大大加强。彼得斯充满了帝国的贪欲，准备不论走多远也要打造出一个巨大的德属东非帝国。1890 年，他出发去布干达。在今天肯尼亚的西部，他造访了弗雷德里克·杰克逊(Frederick Jackson)的营地。杰克逊是英属东非公司使团的领导人，他当时并不在营地中。此前卡巴卡姆旺加写给杰克逊的一封信已经送达。在信中，姆旺加称穆斯林企图再次将他赶下王位，并请求公司帮助他对付穆斯林。彼得斯读了这封信后日夜兼程赶往布干达，并与卡巴卡订立了条约。当杰克逊到达布干达时为时已晚，未能确保姆旺加对英国公司的依附。

尽管彼得斯成功了，但在瓜分东非时乌干达的地位问题越过了他，由那些在欧洲的外交官们决定。英国首相和外交大臣索尔兹伯里勋爵(Lord Salisbury)在 1890 年时认为，英国要在相当长的一段时间里控制埃及。为了实现这一目的，索尔兹伯里认为，要确保英国在埃及的地位，就必须控制埃及生存与繁荣的依靠——尼罗河。他害怕其他欧洲列强在尼罗河河谷站稳脚跟并在河上筑坝。因而，他与德国协商，把北海的赫尔果兰岛(Heligoland)让给德国以换取英国对乌干达的控制。1890 年 7 月 1 日，英德签署协议确认这一交换。彼得斯异常愤怒。两国势力范围的分界线延伸至维多利亚湖的西部，布干达和尼罗河源头都留在了英国的势力范围内。德国还同意放弃对维图的保护权，承认桑给巴尔是英国的保护国。作为回报，德国获得了对赫尔果兰岛的控制，这个岛屿对德国海军而言具有重要的战略意义；而早些时候，德国也被允许从素丹那里购买桑给巴尔控制下的东非沿海 10 英里的狭长地带。此外，索尔兹伯里勋爵与意大利和埃塞俄比亚进一步签署协议，界定了英国东非势力范围的北部边界。

五、从特许公司到保护国

1890 年协议最终确定了英德两国对东非的瓜分。但英国的桑给巴尔保护国是个例外，没有哪个政府可以将其置于自己的势力范围。特许公司被保留下来，继续从事行政管理，但很快就证明它们并不具备这样的能力。

由于管理不善、资金不足，英属东非公司注定是短命的；而它把目光瞄准了远在内陆的布干达，则加速了其死亡。最初，这是为了要挫败德国的企图，但 1890 年后公司以极大的代价卷入了布干达事务。19 世纪 80 年代末，这一问题还不清晰。随着穆斯林威胁的减弱，天主教徒和新教徒的对抗——新教传教士支持英国，天主教传教士支持德国则加剧了这种对抗，导致了摩擦并最终引发武装冲突。许多人此时都指望英属东非公司能保护英国的传教士。

卢加德上尉完成了这一工作。他作为英属东非公司远征队的头目于1890年12月抵达布干达。卢加德与姆旺加签署了一项协议，把这个王国置于公司的管控之下。卢加德发现，天主教徒与新教徒——当时他们分别被称为“法兰撒”(Fransa)和“英格丽扎”(Ingleza)——之间的矛盾在扩大、在加剧。穆斯林虽然被排除在布干达之外，但仍构成严重的威胁。卢加德于1891年5月帮助基督徒击败了穆斯林，但天主教徒和新教徒之间的紧张关系仍未缓解。

这期间，卢加德曾动身前往西部地区。在行程中他恢复了卡萨加马在托罗的王位。他还成功说服了约600名苏丹士兵加入他的队伍，这极大地增强了他可用的军事力量。这些苏丹人或努比亚人士兵是从前在苏丹的埃及政府遗留下来的。卢加德随后返回布干达，在途中建立了一系列要塞以保卫托罗的独立。

1891年12月，卢加德回到布干达。他发现，基督教的不同派别已处于公开冲突的边缘。他也收到了公司让他撤出布干达的指令，因为公司已经没有资金再在布干达进行任何管理活动。卢加德决定抗拒这个指令。英国的圣公会传教团则被它在布干达的传教士所煽动，募集了足够的资金使公司能够运转至1892年年底。最终，天主教徒和新教徒之间的矛盾冲突已不可避免。当冲突爆发时，卢加德把公司的砝码压在了信奉新教的干达人这边，并结束了冲突。在与姆旺加签署的新协议中，卢加德提出了以宗教为标准的、对王国进行区域划分的原则。新教徒在政府职位和在地方上都得到了比天主教徒或穆斯林多得多的份额。

在暂时处理了布干达问题后，卢加德返回英国。他联合其他人一起扩大公众舆论影响，鼓吹政府应介入并接管乌干达。很明显，英属东非公司已无力维持。英国政府派遣驻桑给巴尔总领事杰拉尔德·波特尔爵士(Sir Gerald Portal)赴布干达就其局势做出报告。波特尔激烈批评了公司在内陆所建立的驻地的管理运营。1893年，波特尔与布干达签署新的协议，在协议中更公平地将政府职位分给天主教徒与新教徒。这次协议的签署是以英国政府的名义。由于波特尔的报告以及公众舆论的压力，英国政府在1894年7月决定宣布乌干达为自己的保护国。始于此时的对布尼奥罗的军事行动值得注意，因为这标志着公司影响的结束。由于深深的介入了布干达事务，英国政府被拖入了与布尼奥罗的冲突之中。

从乌干达边界到海岸之间的地区至少在理论上仍处于英属东非公司的管辖下。乌干达的边界被划定在从大裂谷到纳瓦沙湖东岸一线。公司在其辖地建立了一些驻地，其中最重要的是康巴地区的马查科斯(Machakos)以及更西边的位于基库尤人之中的史密斯堡(Fort Smith)。这些驻地的主要目的是为去乌干达的商队提供补给。

马查科斯始建于1889年，是第一个建成的驻地。在英属东非公司里，最初驻扎并管理这个驻地的欧洲人并不走运。他们使用枪支和小型武装去偷窃粮食，1891年当地的康巴人袭击了这个小型前哨战。1892年2月，约翰·安斯沃斯(John Ainsworth)作为这个驻地的负责人到达这里，此后他与康巴人的关系得到了极大的改善。当安斯沃斯要修建一个更大、更好的驻地的时候，他得到了当地人的帮助。他也能从路过的商队那里获得充足的食物补给。他还与附近康巴人的领导人结成同盟。但直到1895年7月1日英国政府接管这片土地并将其命名为东非保护国，都不能说已经实现了欧洲人对马查科斯周边地区的控制。

英属东非公司与基库尤人的关系比与康巴人的关系更加飘摇不定。卢加德是公司中为数不多的对基库尤人多少有点好感的官员。1890年他在达格里提(Dagoretti)创建了第一个驻地。他在基库尤人耕作区边缘地带建设的这个小要塞中留下一名欧洲官员。但要塞周围的居民很快就对这个要塞产生了敌视。在瓦伊亚基·瓦·辛加(Waiyaki wa Hinga)的领导下，他们迫使要塞守军于1891年4月撤出，随后摧毁了这个要塞。英属东非公司仍然认为在生产区的边缘建一个供给站很必要，以便为商队穿越人口更为稀少的大峡谷提供食物。于是，1891年年底埃里克·史密斯(Eric Smith)上尉被派去建立一个新的驻地。史密斯迫使瓦伊亚基从其土地上撤出，随后建立了一个新的要塞，以他的名字命名为史密斯堡，正位于基库尤人的耕作区中。

史密斯堡的建立并未改善与基库尤人的关系，而此后负责要塞管理的公司官员的专横态度则导致了与当地人之间更多问题的产生。后来公司没钱购买食物时，这些官员就使用史密斯堡中的小型武装从周边民众那里偷窃粮食和牲畜。瓦伊亚基被诱骗进要塞里，并在反抗被捕的时候严重受伤。他死于送往沿海地区的路上。这更加使基库尤人怨恨史密斯堡了。1893 年 1 月，波特尔在去乌干达的路上就发现，这里实际上已经处于戒严状态。他认为，公司对基库尤人的袭击和抢劫行为“已使整个地区都敌视白人”。

史密斯堡的情况此后在法兰西斯・霍尔(Francis Hall)管理下稍微稳定了些。霍尔获得了马赛人的帮助，也在要塞附近为马赛人提供庇护。不过，敌对和冲突仍是公司和基库尤人关系的特征。而直接针对史密斯堡周边民众的暴力行为，成为激起英国人与基库尤人之间不愉快的开端。而后者是在殖民统治下肯尼亚人口最多、最重要的族群。

在德国势力范围里，特许公司的统治甚至比在英国的还要短命。1888 年 4 月，德国人与桑给巴尔素丹订立协议，德属东非公司获许管理素丹在沿海以及声称在内陆的领地。公司进驻后，几乎马上就与沿海地区的当地人疏离开来。公司官员在工作上笨手笨脚，对当地的习俗与感受关注不多。沿海民众很自然地会担心由于公司的接管而失去经济影响和贸易。1888 年下半年，在阿布希里・本・萨利姆(Abushiri bin Salim)的领导下，众多沿海族群拿起武器试图把欧洲人赶出了沿海地区。公司官员以及英德两国传教士被迫撤离出除达累斯萨拉姆以外的北部沿海城镇。

受到阿布希里反叛活动的惊吓，德国感到威望被损害了，于是柏林政府派遣了一支由赫尔曼・冯・魏斯曼(Hermann von Wissman)率领的军队去恢复欧洲人的控制。1889 年 5 月，魏斯曼向叛军发起了进攻，收复了沿海地区的城镇，阿布希里被俘并于 1889 年年底被绞死。这次反叛活动导致的结果是，1890 年德国政府从公司手中接管德属东非并开始直接统治。1891 年 1 月，政府正式接管了这一地区的行政管理权。

在 1880 年后的 15 年，以英国和德国取得对东非的控制权而结束。从某种程度上讲，这种正式的接管标志着 19 世纪欧洲列强介入这一地区达到了高潮。19 世纪 80、90 年代，在其他一些因素的共同作用下，东非被瓜分的局面才最终出现。19 世纪 80 年代初，英国处于一个强有力的位置，它通过对名义上控制沿海地区的桑给巴尔素丹的影响支配着东非的经济和政治。1885 年，德国进入东非并声称获得了对内陆的控制，这迫使英国结束“非正式帝国”，并对东非部分地区提出了自己正式的领土要求。尽管起初这是防御性的，不过到 1890 年英国已能够将乌干达和肯尼亚纳入自己的势力范围了。而德国对坦桑尼亚大陆的领土(包括今天的卢旺达和布隆迪)要求也得到了认可。

当瓜分东非开始的时候,德国和英国都尽可能以最小的代价来控制这一地区。因此,两国都把在各自势力范围内进行管理与经济开发的权力给了特许公司。尽管英、德两国的公司分别得到本国政府的一些支持,两国公司也曾短暂地尝试统治各自声称要管理的广大地区,但最终都未获成功。德国公司由于阿布希里的反叛而被迫撤出,随后德国政府于 1891 年 1 月接管德属东非。到 1895 年 7 月,英国的势力范围是作为两个单独的殖民地乌干达和东非保护国而分别隶属于帝国的直接统治之下。从 19 世纪 90 年代起,英国与德国政府在接下来 60 多年的时间里掌握了东非的命运。

阅读建议

Galbraith, J. S., *Mackinnon and East Africa*. Cambridge, 1972.

Ogot, B. A. ed., *Zamani*. Nairobi, 1974.

Oliver, Roland and Mathew, Gervase eds., *History of East Africa, Vol. I*. Oxford, 1963.

第八章 欧洲人统治的建立：19世纪90年代至1914年

从19世纪90年代官方的保护国宣言发布到第一次世界大战，英国和德国建立了对它们声称拥有主权的东非地区的控制权。除了桑给巴尔外，对这一地区的征服包括了最初的和最重要的地区。英国与德国都是通过军事力量而将大片领土纳入其控制之下。殖民统治是建立在武力征服的基础上，这一事实决定了它们在东非的统治形式。

一、征服与反抗

征服东非是一个循序渐进的过程。入侵的殖民军队与个别的部落或氏族作战，仅仅过了几年，该地区的主要族群就都承认了欧洲人的统治。征服具有渐进性特征的一个原因是，欧洲国家不愿意在军事行动上花费巨资。此外，大规模的军事冒险将严重破坏欧洲殖民统治的正当理由之一，即欧洲人相信他们能通过结束部落战争、奴隶贸易而带给非洲人更好的生活。加之对热带疾病的恐惧，德国和英国都不想将大规模的欧洲军队用于征服。欧洲列强——以英国为例，使用非洲人和亚洲人组成的军队作战。依照“分而治之”的策略，他们与殖民地内的一些非洲族群结盟，去征服其他族群。

大多数东非族群对欧洲人暴力入侵的反应是抵抗。他们拿起武器，试图不被侵略者控制。他们希望捍卫并维护他们的生活方式与价值观。就反抗而言，从消极抵抗到公开战斗有许多种形式，许多族群进行了英勇的抵抗，殖民军队不得不发动一系列战争。例如，肯尼亚的南迪人就是殖民军队要镇压的主要反抗力量。然而，强烈的抵抗并不能阻止欧洲人的征服，只是减缓了其征服的速度。这有两个重要原因。第一，英德雇佣军手中都握有先进的武器。尽管不是所有的非洲族群都使用矛和箭来抵抗侵略者，即使他们使用步枪，但其武器效能也无法和欧洲军队使用的连发式步枪、机关枪和大炮相比。第二，由于侵略者使用

"分而治之"的策略，东非地区的族群从来就不能形成一支团结的力量以抵抗侵略。欧洲人经常借一些非洲人(如肯尼亚的马赛人、乌干达的干达人)进行征服活动。

东非的族群对殖民入侵的反应不仅表现为抵抗，也存在着合作。一些非洲个人或族群意识到，与殖民侵略者的合作能赢得最大利益。此外，在多数情况下，最初反抗殖民统治的族群后来也与这些外来者结盟。

二、生态灾难

19 世纪的最后十年和 20 世纪的头十年，是东非特别是德属东非与肯尼亚的自然灾害期。动物与人类的疾病，干旱与饥荒，以前所未有的规模爆发了。从某种程度上讲，这是欧洲人对该地区占领与战争的结果。随后，随着灌木丛生、野生动物和寄生虫增殖等自然生态系统的扩张，人口和牲畜的数量随之减少。

自然灾害期始于 19 世纪 90 年代初的一种席卷了肯尼亚、德属东非的严重传染病。大量牲畜与野生动物遭受了灭顶之灾。各个民族尤其是马赛人遭到了重创。天花病、蝗虫接踵而至，大批刚播种的农作物被毁。19 世纪 90 年代亦是东非大片地区遭遇干旱的时期，这导致了饥荒和死亡。

殖民征服经常导致定居模式的变化(例如德属东非从大村庄转移至分散农舍的迁徙、男人迁移到外国人的农场中做工)，这与自然灾害相结合，最终导致了生态灾难。东非地区都受到生态灾难的影响，其德属东非受到的影响比其他两个殖民地大。从 20 世纪开始，灌木丛扩张，野生食肉动物和萃萃蝇疯长，人和牲畜不断后撤，耕地面积持续减少，疾病发生率增加。

此次生态灾难最为严重的一个影响是，由萃萃蝇带来的昏睡病(sleeping sickness)传播到东非大部分地区。维多利亚湖、坦噶尼喀湖周边地区以及德属东非的南部地区受灾最严重。萃萃蝇的快速扩散以及来自于受昏睡病影响的人口密集区的输出劳工，将这种疾病传播到更广阔的地区。虽然不能精确估计出这次生态灾难的范围与幅度，但从 19 世纪 90 年代到 1914 年肯尼亚与坦桑尼亚人口的灾难性减少中能获得最清晰的证明。

三、殖民统治的开始

在外国统治初期,殖民政府建立起来。起初,政府是由英国人或德国人建立的小规模组织,经常是临时拼凑的。只有少数欧洲人参与被征服地区的统治与管理。一般而言,行政区划是以省或地区为单位。行政区划往往以地形或族群边界为基础,但在东非通常不是这样。行政区划通常是在几名欧洲官员(其中大多数的头衔是省或地区的专员)的控制下完成的,这些官员的行政职权往往非常宽泛。这些"负责人"经常在没有政策指导、对管理区缺乏起码知识的情况下做出决定。他们不仅要行使行政与司法职权,而且要成为农业、兽医和医学方面的负责人。总督是殖民地中央官僚政府的领袖,其职权较小。不过,在殖民统治初期殖民总督握有巨大的权力。他们既是法律的制定者,又是当地武装部队的总司令。

欧洲人的政府在殖民统治建立之初就不愿意花太多的钱聘请大量行政官员。殖民政府从一开始就非常依赖非洲当地的人力资源。这种情况既发生在军事征服的过程中,也发生在行政管理领域。非洲人担任本族群与殖民政府之间的信息传递者。他们经常被授予"酋长"头衔。欧洲人政府指望通过这些"酋长"了解辖区内民众的情况。一般而言,酋长们负责维持法律与秩序,数年后也负责征税。酋长以及管理较小地区的职位较低的"小酋长"(sub-chiefs),在发展殖民地管理体系的过程中发挥了重要作用。

这些信息传递者多数是从殖民统治前在当地地位显赫的家族中挑选出来的。在布干达和乌干达的其他王国实施了间接统治体系。欧洲人注意到了这种早先存在的管理结构,并出于自身目的加以利用。而那些在欧洲人到来之前没有形成国王或酋长统治的东非族群,想要利用信息传递者进行管理就不那么容易了。比如在被殖民者认为是"部落"的实体中的多个氏族领导人,没有谁能被看作全部氏族的领导人。另一种情况是,非洲统治者(如卡巴雷加)是反抗欧洲人的领袖,他们将被排除在新的行政架构之外。不过,到 1914 年殖民列强统治东非地区的普遍模式是,利用非洲人酋长作为传递信息、控制民众的工具,以统治其想要控制的族群。

殖民管理体系的另一个重要维度是,创造了不同的族群认同或"部落"。尽管对殖民统治者来说，干达人族群和赫赫人族群在表面上就容易区分出来，但在东非大部分族群认同并不固定，在某种意义上说它们很难被视为一个部落。殖民统治确立后，许多东非人被迫接纳新的族群认同。在地方和地区层面上，殖民统治者希望在地图上标明每个族群的确切范围并画线区分开来。事实上，这种族群的“纯洁性”在以往几乎不存在。

这一政策的结果是，族群划分与“部落”身份成为殖民地管理的本质属性。在殖民统治的最初几年，发展、巩固了的族群划分将成为数十年里殖民地管理与非洲人政治活动的基本框架，并通过维持以清晰的族群划分为基础的地方管理体系，以便于殖民政府实施“分而治之”的政策。这种族群划分的制度深深嵌入肯尼亚与乌干达的管理与政治，而对德属东非的影响程度较小。

然而，殖民政府的建立并不意味着非洲人抵抗运动的结束。欧洲的军事力量战胜了主要的反抗活动，多数非洲人认识到，几乎不可能以武力的方式成功反抗外国统治。不过，由于殖民统治下的境况变得越来越难以忍受，多数人并不接受它，一些人如“马及马及”(Maji Maji)的反抗者就拿起了武器试图摆脱殖民束缚。那些不造反而选择其他抵抗形式的人(如分离主义教派)，也表现出对殖民地状况的持续不满。

四、经济与社会的考量

除了征服和建立殖民政府外，英国人和德国人还在寻找赚钱的方式。征服与管理都消耗了欧洲国家政府的资金；英、德两国都希望通过鼓励经济活动以增加出口，从而给殖民地带来收入。这也可能减少甚至消除向欧洲纳税人呼吁资助殖民统治的必要性。此前重要的出口商品如奴隶、象牙，在殖民者看来并不可行，他们试图鼓励发展农业种植。乌干达行政当局推动非洲人种植棉花，因为他们是主要的纳税人；在东非保护国肯尼亚则发展出一种有助于欧洲移民生产出口商品的经济结构。德属东非结合了这两种方法。东非的经济转型在 1914 年就已经开始。内陆大部分地区比在 19 世纪 90 年代前受到的世界资本主义的影响更深远——引进了新的农作物，售出了更多的欧洲商品，增加了大量的雇佣工人。

在东非殖民统治初期，非洲雇佣劳工受雇于殖民政府和教会，这种新型职业暴露出要在殖民主义制度下建立教育体系的需求。特别是在肯尼亚和德属东非,还出现了非洲劳工在殖民政府为欧洲移民提供的土地上从事农业生产活动的情况。这些非洲人有的是“棚户民”和当地居住者,有的则是短期移民劳工。

在英国殖民地和小部分德国殖民地中,对普通资本家而言,每天的经济活动规则是,尽可能使殖民地经济与宗主国经济紧密联系起来,并使前者处于依附地位,从而激发个人主动性来刺激生产。尽管殖民政府比母国政府在殖民地经济发展(如发展交通基础设施)上更积极,但总的来说,对所谓经济发展的援助微乎其微。在英国殖民地,殖民政府几乎不给教育、农业和兽医服务等发展领域提供援助。而在德属东非,殖民政府在鼓励农业生产方面做的较多,但这不意味着大规模推动经济转型,那只是在殖民统治末期的标志性做法。殖民当局推动的各种经济活动在其统治最初阶段并没有营利,因此,英,德两国都持续对其东非殖民地给予拨款补助以弥补收支的差额。

在东非殖民统治的另一个影响是基督教的大规模传入。除了在沿海与布干达地区,传教士在19世纪90年代以前取得的成果不大。然而,随着殖民统治的建立,形势对传播福音极为有利。许多非洲人皈依了基督教,作为其精神上的救赎或是在殖民统治新形势下的政治或社会生存之道。对他们而言,传教士引进东非的不仅是西方宗教,还有西方的文化与价值观。1914年前,至少在肯尼亚和乌干达实际上所有的西方教育都向非洲人传播。尽管传教士的主要任务是传教,但他们作为西方文化、价值观的宣扬者,对促进东非社会变革发挥了重要的作用。

五、乌干达

1914年前英国统治下的乌干达保护国(Uganda Protectorate)的发展,为殖民统治的渐进扩张提供了一个很好的案例。从布干达开始,英国的影响力缓慢地向周围地区渗透。在此扩张中,英国保持了与布干达的密切关系。

1. 英国与布干达

1894年,英国政府正式控制了布干达,当时那里的形势不稳定。这个王国正处于所谓“基督教革命”(Christian Revolution)的痛苦挣扎中,政治权力从卡巴卡转到了主要酋长的手中。布干达酋长接受了英国的统治,这有助于强化其权力，因为布干达最有影响的酋长是新教徒。在英国统治下，卡巴卡姆旺加感到其影响力和权力正在急剧丧失，为此他谴责欧洲人，并最终起来反抗。1897 年 7 月，他离开首都坎帕拉南行至布杜，并在那里吸引了大批支持者。英国当局视姆旺加为危险分子，派遣苏丹人部队和干达人部队去攻打他。

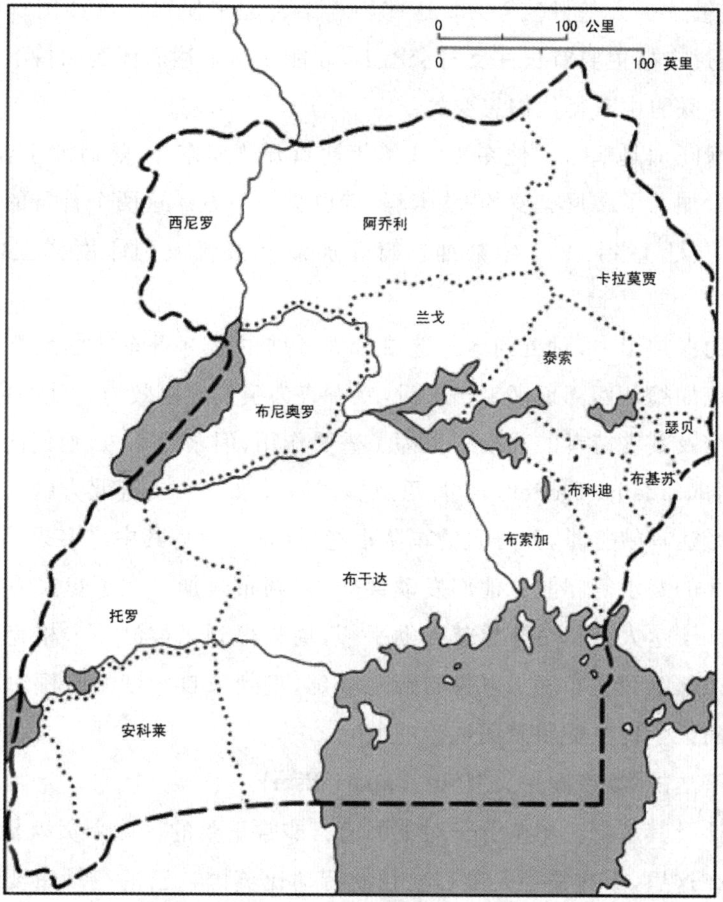

图 8—1　殖民时期的乌干达

卡巴卡被击败，被迫逃往德属东非。一个月后，英国政府罢免了姆旺加，把其幼子达乌迪·奇瓦(Daudi Chwa)扶上王位。有三位基督徒摄政官，其中最重要的是首相"卡提基罗"阿波罗·卡格瓦(Apollo Kagwa)。他们将在卡巴卡未成年期间进行统治。这标志着国王权力的最终衰落，而这一权力在几十年前才刚达到顶峰。此后的事件表明，基督教酋长掌握了政治权力；由于卡巴卡还只是个孩子，接下来的许多年中将不会对他们的地位构成挑战。

英国早就看出利用已经存在的布干达管理体制的优点，并依照自己的意愿去运用它。酋长阶层是有效的控制机制。新的殖民行政机构资金极少，也仅有少数欧洲官员在工作。在布干达的传教士希望看到他们的追随者占据有影响力的地位，并继续扩大基督教势力。这些因素结合起来使得首批英国行政人员相信，只有通过支持主要酋长并反对卡巴卡，才能使布干达的体制保持下去。而酋长将在这个联盟中获得他们想要的。

只有姆旺加是输家。他在1898年年初离开德属东非，然后北上，在此后的反英战役中加入了布尼奥罗的"穆卡玛"卡巴雷加一方。这两个昔日的仇敌共同抵抗殖民军队，直到1899年被捕。姆旺加最终被流放到印度洋上的塞舌尔群岛。

在新的保护国中，对英国地位造成较大威胁的是苏丹军队的反叛。这支军队自从被卢加德从西部地区带出来后，就一直为殖民政府效力。他们在1897年击败姆旺加及其支持者的战役中发挥了重要作用；但之后不久，他们向东行进至爱达马峡谷（Eldama Ravine，今肯尼亚境内），并加入一支赴北方的远征军。不过当到达爱达马峡谷时，苏丹人的军队拒绝再前进，因为其中许多人都抱怨未得到拖欠已久的薪水等问题。他们发动兵变，回到布索加。在那里又有一些人加入了他们。干达人酋长一开始就帮助平叛，局势得到了控制。卡格瓦随后率领大批干达人部队到达布索加以控制叛乱蔓延，直到来自印度的帝国军队到达此地并最终消灭了这个威胁殖民统治的危险。

2. 布干达的"准帝国主义"(Sub-imperialism)

布干达及其基督教中坚分子对英国而言非常重要的另一个贡献是殖民政府的扩张。在这里，干达领导人雄心勃勃的行动比英国自己的行动重要得多。西部王国托罗、安科莱被纳入殖民统治范围，是它们的统治者与英国人谈判签署协议的结果。但布尼奥罗与乌干达东南大部分地区被纳入殖民统治范围，则是借助于布干达的扩张。

布干达军队于1894年2月占领卡巴雷加的首都，并建立了一系列要塞将布尼奥罗截为两个部分。英国人和干达人的征服是野蛮的。卡巴雷加试图以直接进攻的方式把入侵者赶出他的王国，但最终失败了。之后的抵抗演变为持续的游击战，卡巴雷加希望以此拖垮入侵者。但他没能坚持到最后，因为抵抗使布尼奥罗在经济、人力和政治方面损失惨重。1899年，卡巴雷加被抓获并被废黜。

这些反抗英国及其同盟的敌对行动给布尼奥罗带来了灾难性后果。战争造成了巨大的破坏。农业和贸易遭了秧，从而引起饥荒。长远看来，获胜的联盟强加给布尼奥罗的政治处置方案更为不幸。作为对布干达的奖赏，布尼奥罗的土地被割给布干达。居住在这片土地上的大多是尼奥罗人，而这片土地甚至包括了此前一些"穆卡玛"的墓地。这造成了直至统治结束都困扰英国的"失地"(lost countries)问题。此外，布尼奥罗被征服后还被强加了一个由干达人占主导地位的行政当局。

或许布干达"准帝国主义"最突出的一个例子可以从萨米·卡昆古鲁(Semi Kakungulu)的事迹中看出来。卡昆古鲁曾是对姆旺加与布尼奥罗战争的领导人，他在1895年后发动了一场浩大的扩张战争。雄心勃勃的卡昆古鲁发现，在通往布干达基督徒核心层顶峰的道路上阿波罗·卡格瓦和其他一些人是阻碍。于是，他打算在王国以外的地区干出些名堂，扬名立万。他把注意力转向了北部与东部地区。他首先到达基奥加湖以北地区。在其武装随从的支持下，他建立了对兰戈人、泰索人地区的控制。在英国人的默许下，他在这些地区修建要塞并驻军，随后建立了布干达式的管理制度。郡(萨扎)和县(gombolola，贡布洛拉)被建立，干达人担任其中的大、小酋长。于是，卡昆古鲁不仅征服了这些地区，而且引进了干达人的管理体制。他在布科迪地区(Bukedi)的布达卡(Budaka)建立了总部，并确保了自己的地位。19、20世纪之交，哈里·约翰斯通爵士(Sir Harry Johnston)把他称为"布科迪的卡巴卡"。

1902年，英国人接管了卡昆古鲁的总部，并承担起对当地的管理职责。卡昆古鲁继续北上，并在姆巴莱(Mbale)再次建立了自己的总部，这里也成为控制基苏人的重要中心。在这里，他同样引进了以干达人为酋长的布干达式管理体制。1903年英国人接管该地后，他们不仅任命干达人为这些地区的酋长，而且让干达人担任基苏人的代理人和顾问。而卡昆古鲁则转移至布索加。在布索加，欧洲人的统治已被当地人接受，但英国官员不满意当地的管理制度。1906年，卡昆古鲁成为布索加卢基科的总统，随后把布干达式的管理体制引进布索加。

随着时间推移,卡昆古鲁变得不满足现状。没有新世界让他去征服了,与英国人的合作也越来越难以让他满足。1913 年,卡昆古鲁又回到了布科迪。他不仅激烈地反对英国人,还抵制基督教传教士。他参加了分离主义、反欧洲人的教会"巴马拉基"(Bamalaki),并帮助推广这一教派。不过,他开创的殖民统治使布干达的影响扩大至乌干达许多地区,这一贡献是巨大的。

3.《1900 年布干达协议》

在英国统治布干达及其邻近地区的初期,无论在伦敦还是东非,就当时的总体政策而言,几乎没有记录下太多的东西。此外,对保护国的管理所费不赀。例如,1898—1899 年,英国为了满足必需的管理支出,提供了超过 30 万英镑的财政补助。1899 年,负责乌干达事务的英国外交部任命哈里·约翰斯通爵士为特派员,赴乌干达削减管理支出(以及处理其他事情),使保护国财政良好运行,还要调查非洲人税后财政收入的增长。约翰斯通是到非洲的第一批学者之一,他游历了非洲很多地方,并在英国建立对马拉维统治的过程中发挥了重要作用。

约翰斯通经调查认为,英国控制下的作为英国同盟的王国应该实行自我管理,英国只进行最低限度的干预。他将这一点作为与干达人达成协议的前提。经过与布干达摄政官、基督教酋长的讨论和漫长的协商之后,最终起草了《1900 年布干达协议》(The Buganda Agreement of 1900)。确切地讲,这一协议只是完成了将权力向干达人转移的过程。

布干达成为乌干达保护国内的一个省,但王国的管理体制被完整地保留了。卡巴卡实际上成为英国人与干达人的信息传递者;他若想保有王位,就必须对殖民当局保持忠诚。卢基科现在也改组为立法机构和终审法院。干达人的领导同意引入房屋税(即"茅屋税"),但在没有卡巴卡和卢基科同意的情况下不能征收其他新税。

此协议最重要的内容是解决了土地问题。它采取一种革命性的方式改变了土地所有制。从前是根据卡巴卡的意愿授予手下人土地,通常情况下,为卡巴卡服务可以换取土地的使用权。现在,土地成为不动产,分别由卡巴卡和酋长们所有。酋长们有了清晰的土地所有权,并能将土地传给其继承人。大约半数的布干达土地都是以这种方式划分的;其余部分被认为是王室领地。郡一级和级别较低的酋长共 4 000 多人,是协议这部分内容的最大受益者,农民则是受害者。

在布干达殖民历史上,《1900 年布干达协议》的重要性是难以估量的,它赋予布干达在乌干达保护国的特殊地位,其他王国或省份都没有享受到这份殊荣。这助长了干达人在处理与其他地区民众关系时的优越感和分离主义情绪。在布干达内部,基督教革命完成了,基督徒对政府拥有相当大的控制力,土地也分给了基督教酋长。土地问题的解决不仅加强了酋长对农民的控制(农民成了土地上的佃户),而且为酋长打开了获取巨大经济利益的门路,随着经济作物的引进情况更是如此。在此后几十年里,这种土地解决方案引起了巴塔卡的巨大不满与反对,因为此协议践踏了他们对土地的权利。

在与布干达达成协议后,约翰斯通转向西部的王国。鉴于托罗此前对英国一直友好、忠诚,约翰斯通便与其统治者卡萨加马在 1900 年签署了一份类似的协议。托罗王国的疆域有所扩大,国内所有的土地都是王室领地。国王和位高权重的酋长得到了土地所有权。约翰斯通起初认为不能与安科莱订立类似的协议,但到 1901 年 8 月还是签署了这样一份协议。穆加贝被承认为统治者,周围的小国都纳入安科莱的统治。约翰斯通没有访问布尼奥罗,因为将它视之为一片被征服了的土地,直到 1933 年才与其订立了协议。布尼奥罗继续由英国官员治理,由干达人协助。

4. 对英国统治的进一步抵抗

英国对乌干达主要王国及其东南部地区的征服以及与这些王国签订协议,都未能终结当地人对殖民统治的反抗。对殖民者的不满并不是以公开武力冲突的形式表现出来,而是采取了其他的形式。那些人毫无疑问并不接受殖民统治,他们采取类似于公开武力冲突的斗争方式。1905 年,第一次反抗运动在安科莱拉开了序幕,那里的一名最高级别的英国官员被刺死,而袭击者的身份从未被查明。殖民当局认为这是部分酋长不满和敌对的象征。于是英国人中止了 1901 年签署的已达七年的协议,并征收了繁重的牲畜罚金。很难说反抗者对英国造成的影响有多深远,不过这个插曲显示出,并非所有的安科莱人都对新的统治秩序满意。

同样的感觉在布尼奥罗表现得更突出。在征服布尼奥罗后,干达人酋长和代理人在英国的控制下管理这个地区,而他们的存在日益激起当地民众的忿恨。为了表达对殖民统治的不满情绪,他们把怒火对准了最仇恨的目标——干达人代理人。这些代理人有许多,如詹姆斯·米提(James Miti)已在20世纪的第一个十年中期积聚了巨大的影响。尼奥罗人开始担心他们的国家有可能全被布干达接管。这种恐惧还混杂了他们对干达文化帝国主义的不满情绪,表现为在国家和教会中更多地使用卢安达语(Luganda)而非卢尼奥罗语(Lunyoro)。

1907年,这种绝望情绪爆发并演变为由尼奥罗人酋长领导的所谓"尼扬基勒反叛"(Nyangire Rebellion),其口号是"尼扬基勒阿巴干达"(Nyangire Abaganda,意为"我已拒绝干达人")。尼奥罗人拒绝与干达人合作,并拒绝服从干达人酋长。大多数干达人酋长逃至布尼奥罗首都霍伊马(Hoima)。英国人支持干达人酋长,并下令恢复其地位。但尼奥罗人酋长宁肯被捕也不愿在现有秩序下获得援助。英国军队虽然恢复了干达人地位,但从此不再任命更多的干达人。最终,干达人酋长要么退休、要么被调离,而代之以尼奥罗人。长远看来,这次反抗运动尽管未能推翻殖民统治本身,但在改变殖民统治的性质上取得了成功。它也是被称为"东非第二波反抗运动"(secondary resistance in East Africa)中许多反抗活动的一个典型。而布尼奥罗也不是最后一个反抗外来酋长统治的族群。

对殖民统治的不同反应可能从分离主义教会的发展中看出来。分离主义者接受了基督教,但拒绝欧洲传教士控制包括教义解释在内的一切事务。"巴马拉基"就是这一时期分离主义教会最显著的例子。巴马拉基教派的追随者与西方教会分道扬镳,拒绝基督教洗礼前的漫长等待期,拒绝遵守一夫多妻制的禁令。而西方教会则强调,禁止一夫多妻是成为基督教会成员的先决条件。巴马拉基教派还拒绝西方药品。最突出的一点是,即使政府坚决要求,他们也拒绝接种疫苗。巴马拉基教派的教义反映出他们对企图把西方价值观与道德行为强加给乌干达基督徒的反抗。

5. 殖民统治的进一步扩张

1909年前,乌干达行政机构对保护国北部地区的管理相对较少。通过外交协议,英国对乌干达北部地区的主权得到其他欧洲国家的承认;然而,尽管在阿乔利人与马迪人地区设置了邮驿,却未能建立有效的管理机构。英国管理者如总督赫斯科斯·贝尔爵士(Sir Hesketh Bell)认为,北部地区是一个经济负担。

1909年后,殖民统治扩张至王国及被卡昆古鲁征服区以外的地区。保护国的财政状况那时看来能够保障在北部地区进行的军事远征。从兰戈地区边界的邮驿开始，新的政府驻地在阿乔利和周边地区建立起来。1911 年，设立了兰戈行政区(Lango District)，到 1913 年，在阿乔利地区的国内管理机构也建立了。与此前情况一样，干达人代理人随着此次殖民统治的扩张而来，布干达式的管理模式也被引入这一地区，就像在南部地区一样。干达人还把棉花种植引进基奥加湖周边地区，并取得显著成功。

英国统治的扩张也发生在乌干达西南部地区。在这里进行扩张在相当大程度上是为了阻止比利时当局，即今天的刚果民主共和国对该地区进行任何形式的控制。最终，英国在这里设置了基盖齐行政区(Kigezi District)。像在其他地区一样，干达人代理人及其管理体制在这里又成为影响英国人统治的工具。

在这里，不久后就发生了反对干达人统治的运动。这些反殖民的运动表明，兰戈、泰索、阿乔利、基盖齐和其他地方的族群都不喜欢将干达人置于其上，不喜欢统治他们的殖民体系。这些反抗不仅涉及政治，还涉及文化层面。他们坚决反对把卢安达语定为行政管理与教育领域的通用语言。1910—1911 年，在基盖齐、兰戈、泰索以及布科迪地区，干达人代理人与当地民众之间发生了许多冲突，并导致大量人员伤亡。一战期间，这一体系仍继续遭到抨击。殖民当局逐渐将干达人代理人调离，他们的职位则由当地人担任。战争结束时，这种职位的替换在乌干达保护国大部分地区已经完成。

6. 殖民地经济

1903 年前，英国统治下的乌干达几乎没有实现任何的经济增长，本质上还是一种维持生存型的经济。如上文所述，政府的财政已入不敷出。这极大地激发了保护国官员通过寻找生产一种出口产品以发展经济的动力。与此同时，英国纺织加工业的利益表明，在大英帝国内种植棉花将会带来巨大的收益。由于担心世界市场上可能出现的棉花短缺，1902 年纺织业界便组织起“英国棉花种植协会”(British Cotton Growing Association)，并向政府施加压力，要求鼓励在帝国内适合种植棉花的地区发展棉花种植业。这种压力有助于鼓舞乌干达行政当局对棉花种植的支持。

1904 年，乌干达第一次大规模分配棉籽。政府与私人企业通常把种子提供给布干达的酋长们。布干达的土壤与气候非常适合棉花的生长。保护国非常幸运，因为在引进棉花的时期原棉价格正在节节攀升。这也吸引、鼓励了种植者去种植棉花。引进棉花的最初尝试基本是以自己摸索开发为基础的。在棉花的种植与维护上几乎没有任何指导，而且不同类型的棉花种子混杂在一起卖给或赠给酋长们，备用的手工轧棉机也很不容易操作。其结果是，尽管最初几年棉花产量增长速度很快，但棉花种植与加工的质量都遭到英国方面的批评。特别是在1907年，英国棉花种植协会向政府抱怨棉花质量的问题。

这促使总督贝尔爵士在1908年采取了坚决有力的决定性行动。一旦他认定这是必要的，那就没有谁能从他的严厉措施中逃脱。正如他强迫布干达、布索加沿着维多利亚湖岸地区居住的民众大规模搬迁，以此彻底杜绝昏睡病的影响一样，贝尔爵士现在发布了新的棉花种植条例。此后，只能种植一种类型的棉籽，此前所有的棉花都被销毁了。所有的轧棉机都被收集在一起，棉花种植者要带着他们种的棉花到统一的轧棉中心去轧棉。由官方的干达人酋长与代理人顺利推行了这一激进的措施，很少有人公然反对。如果棉花种植的成功可以归功于这些酋长所在的政府，而他们本人作为布干达的土地所有者也从棉花种植中获得了巨大的经济好处。

由于贝尔的改革，高质量的棉花越来越多。棉田从布干达向东发展，扩散到基奥加湖地区。索加人与泰索人也开始种植这一作物。随着种植棉花的人增多，棉花出口也增长了。1909—1910年棉花出口额为6万英镑，1914—1915年棉花出口额则超过35万英镑。随着出口不断增长，棉花为保护国创造了更多的财富，来自英国的财政补贴逐渐减少并最终停止了。

棉花的成功种植同时带来一些负面影响。乌干达殖民地经济的发展在很大程度上只是满足了英国纺织工业对原棉的需求，这造成了一种非常不幸的依附性。没有人鼓励在乌干达当地发展纺织加工业；殖民当局只把乌干达视为初级原料生产地。在整个殖民地时期，乌干达经济的发展主要依赖于世界棉花价格的波动，农民很少或根本无法控制棉花的价格。

在棉花贸易中，亚洲中间商（专指印度人与巴基斯坦人的后裔）的参与也应在这种大背景下看待。在英国统治初期，殖民当局鼓励亚洲商人移民乌干达。亚洲人在那里开商店，并在经济上发挥了纽带的作用，欧洲官员认为非洲人是不能胜任此种角色的。棉花种植开始后，越来越多的亚洲人成为中间商，从非洲农民那里收购棉花后再卖给轧棉厂。一战期间及以后,最初由欧洲人开设的轧棉厂多数变为由亚洲人经营。在此后几年里,亚洲中间商将收获在经济、社会上的效益。

尽管在1914年前棉花是乌干达最成功的经济作物。但除了棉花种植外,他们也不排斥其他形式的经济活动。一些保护国官员希望种植园农业能成功产出大量可供出口的橡胶、咖啡和其他热带农产品。虽然欧洲人于一战前就已在乌干达开设种植园,但数量不多。不像邻国肯尼亚,在那里许多欧洲人取得土地,并且向非洲人以外的人转让土地有严格的限制。在乌干达,传教士不太支持欧洲人的农业,总督贝尔以及其他有影响力的官员也不支持。此外,在欧洲人的种植园中,棉花以外作物的市场需求不大,未来走势也不好。例如,1914年橡胶的价格跌到亏损的程度。

尽管缺乏一个数量众多的欧洲种植者阶层,但是保护国当局在是否发展种植园农业问题上,还是未能作出一个清楚的决策。到1914年,非洲棉花已成为最重要的出口作物,而乌干达农民却尚未成为棉花的主要生产者。只是在一战以后,面临着欧洲移民不断增加的巨大压力,殖民当局才最终决定支持非洲人的农业,并给予其优势地位。

7. 教会与西方教育

无疑,基督教传教士在殖民统治建立前就开始在布干达传教,并在将该地变为英国殖民地的过程中发挥了重要作用。19世纪90年代要结束的时候,越来越多的干达人成为新教徒或天主教徒。在20世纪头十年行将结束之际,布干达的基督徒人数已大大超过了穆斯林或传统信仰的追随者。而在10年或20年前基督徒还只是少数。时局动荡不安以及渴望走在新时代前端的愿望,有助于解释这一快速基督化的现象。

基督教与布干达的"准帝国主义"结合了起来。当干达人把殖民统治带到保护国其他地区时,干达人的布道者、传教员也把基督教带到了那里。就像在布干达一样,在别的地区多数人也接受了基督教。这也成为欧洲人统治新领土时得以成功的一种方法。

在这方面,西方教育显得尤其重要。传教士建立学校,向其追随者传授经文,并进行西式入门教育。在布干达,这样的教会学校非常流行。它们是转型时期的重要标志，而且被非洲人看作改造自我学会应对殖民统治带来的变化的一种方式。1900年后，教会开办了寄宿学校以提供精神上与实践上的教学。殖民统治结束的时候，在东非殖民地中乌干达能培养出在数量上远多于其他地区的接受了西式教育的非洲人，原因就在于此。

六、肯尼亚

像在乌干达一样，欧洲人对肯尼亚(1920年前被称为“东非保护国”)的控制、扩张也表现为一个循序渐进的征服过程。在这里，乌干达铁路(Uganda Railway)的修建对东非保护国早期历史的塑造起了重要的作用。修建通往维多利亚湖的铁路比组织军事征服更重要，而为铁路营利的目标塑造了未来肯尼亚的经济结构。

1. 乌干达铁路

英国政府决定把乌干达变为保护国时，也决定修建一条连接乌干达与东部沿海的铁路。尽管英国议会由于该项目耗资巨大而表示反对，但1896年5月还是在蒙巴萨开始了铁路的修建工程。修这条铁路花费巨大的一个原因在于要穿越复杂艰险的地形。铁路沿途要穿过干燥的恩伊卡高原，翻越大裂谷的悬崖峭壁，还要在许多河流上建桥。理想的铁路终点站决定修在维多利亚湖边。此外还有下列问题：从印度输入苦力的需求；查沃地区(Tsavo)的狮子威胁；沿途族群尤其是南迪人的敌对行动。

尽管遇到这些困难，1899年6月铁路还是修到了距蒙巴萨300英里的地方。这里位于大裂谷东侧的平原，铁路工程师决定在那里建设铁路指挥部和车间。这个地方——内罗毕，之后成为东非保护国的首都。在克服了难度巨大的裂谷悬崖峭壁后，铁路于1900年修建到了乌干达，恰好位于内罗毕以西。1901年12月，铁路线铺设到维多利亚湖边的基苏木(Kisumu)[①]，便竣工了。

这条铁路的完工对肯尼亚的发展起了重要作用。在竣工前，英国当局并没有试图扩大对内陆各族群的控制。东非保护国由在桑给巴尔的亚瑟·哈丁格爵士(Sir Arthur Hardinge)管控，他是桑给巴尔的英国领事，兼任保护国的特派

① 当时称为“Port Florence”，意思是“佛罗伦萨港”。

员。英国控制区的扩大只是当地管理者的工作。然而在1900年之后，连接海岸的铁路竣工使殖民政府更容易派遣军队到内陆进行更系统的征服。此外，由于铁路的修建，保护国的规模与性质在1902年也发生了变化。为了使铁路处于一个单独的管理机构的控制下，乌干达的东方省(Eastern Province)被转给了肯尼亚。这样，维多利亚湖东岸和大裂谷的多数高地就都由东非保护国控制了。

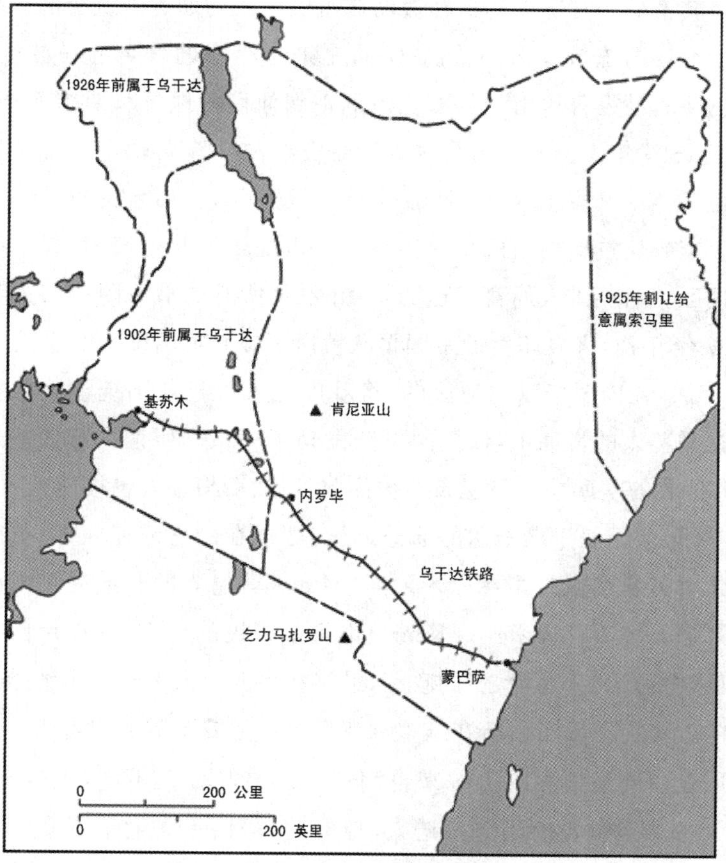

图 8—2　殖民时期的肯尼亚

2. 征服肯尼亚

如上文所述，对肯尼亚民众的征服直到1900年后才大规模开始。此前，殖民统治的扩张由英属东非公司派出的管理员完成，他们占据一些公司驻地，以缓慢的速度进行征服。马查科斯驻地的安斯沃斯有选择地使用武力，并与附近的康巴人结盟，以“分而治之”的成功策略逐步扩大对周边康巴地区的控制。

1898—1899年的牛瘟和大范围饥荒最终击溃了康巴人对英国统治的抵抗。对史密斯堡附近的基库尤人而言,相似的原因也削弱了其抵抗力,英国统治得以建立。另外,19世纪90年代末的天花传染削弱了非洲人的抵抗。在最初的冲突中,殖民官员在肯尼亚得到了马赛人的帮助。这些游牧者在19世纪的生态灾难中损失惨重,但他们借助与英国的联盟在援助殖民官员的征服行动中利用捕获的牲畜重建其畜群。马赛人的这种援助在殖民征服初期有着重要的影响。

一开始对英国统治提出严重挑战的,是来自沿海的著名的马兹鲁伊家族。一些在蒙巴萨的马兹鲁伊由于英国统治危害到他们的地位和要求而产生不满。麻烦开始于1895年。当时一名马兹鲁伊原告卷入一场继承纠纷,而英国人支持其对手穆巴拉克·本·拉希德(Mbarak bin Rashid)。那名失望的继承人便纠集马兹鲁伊家族反抗新的殖民秩序。马兹鲁伊烧毁了几座城镇,并一度控制了部分沿海地区。对英国人而言幸运的是,并不是所有的沿海阿拉伯人都加入了叛军。1896年年初,来自印度的帝国军队镇压了威胁英国统治的反叛。

1900年后,在内罗毕以北地区的、将基库尤人置于英国统治下的扩张活动加速了。在马赛人的援助下,保护国军队发动了一系列所谓的惩罚性远征。到1906年,大多数的基库尤人与恩布人被征服了,随后梅鲁人也被纳入英国统治。

在1902年前还属于乌干达的部分地区,即现在的肯尼亚西部,英国人的影响力最初是由英属东非公司在穆米阿斯(Mumias)建立的驻地来扩大的。他们在这里与万加人统治者穆米亚(Mumia)进行了积极的合作,并在卢西亚人的各种氏族、亚族中运用“分而治之”的政策,最终在卢西亚人中建立了统治。英国人运用相似的方法还征服了生活在维多利亚湖岸和尼安萨湾的卢奥人。

在肯尼亚西部最激烈的抵抗来自南迪人。与马赛人不同,发生于19世纪90年代的一系列事件没有削弱南迪人,他们的力量在19世纪下半叶反而持续增强。此外,到乌干达的主要的商队路线要穿过他们的土地,乌干达铁路也是沿着其所占土地的边界修建的。南迪人的抵抗破坏了往返乌干达的通信。最初南迪人对英国人的敌视实际上是因为部分英国商人的野蛮行径。1895年一名英国商人被南迪人杀死后,乌干达当局派了一支远征军去惩罚相关责任人,1897年派出另一支部队去镇压南迪人。在1905年南迪人停止对英国的抵抗前,殖民政府曾派出了三支以上的部队去对付他们。

肯尼亚西部最后一个主要族群古西人在1908年被征服。在保护国的北部地区居住着一些游牧民族如图尔卡纳人、奥罗莫人、桑布鲁人(Samburu)以及索马里人,英国政府很难完全控制他们。只有在朱巴兰省(Jubaland Province)①的殖民当局试图行使管辖权。然而,由于当地索马里人的强烈反抗,英国对这里发动了几次大规模的军事行动,但从未能真正建立起有效的统治制度。

在对保护国实现征服后,殖民政府建立了把保护国划分为省与地区的管理结构。和在乌干达的情况一样,由于欧洲官员与资金的缺乏,需要利用非洲当地人作为殖民政府与其族群的信息传递者。然而与乌干达不同的是,在肯尼亚除了万加王国外再没有其他完善成熟的王国了。肯尼亚大多数族群甚至没有酋长的统治。不过,殖民当局还是任命大、小酋长作为管理体制的一部分。尽管采取了布干达或尼日利亚的间接统治模式,但在肯尼亚的这种管理体制实际上是直接统治。那些被任命为酋长的人几乎没有任何传统的地位,在管控所在区域的事务上也很难有主动性。在欧洲人官员的监管下,他们的主要职能是维持秩序、征集税收、为欧洲移民提供能干活的体格健全的劳动力。

3. 欧洲移民与土地

乌干达铁路竣工后,殖民官员需要找一种使其营利的方法。英国纳税人提供大量资金修这条路,但直到1902年其经营仍严重亏损,这是由于肯尼亚与乌干达都未能生产出太多可供出口的商品。为了刺激生产、增加出口,东非保护国政府在1902年决定鼓励欧洲农民向内罗毕附近高地及刚从乌干达划给肯尼亚的大裂谷以西地区进行移民。

通过欧洲移民谋求发展的决策主要由查尔斯·艾略特爵士(Sir Charles Eliot)做出,他于1900年接替了哈丁格。他对非洲人的生产潜力不抱什么希望,并且认为非洲人在很长一段时间里都不可能生产出可供出口的经济商品。因此,他开始向白人移民特别是南非白人宣传保护国的发展潜力,宣传以分期付款方式得到大片土地的可行性。

根据《1902年王室领地条例》(Crown Lands Ordinance of 1902)的规定,土地被分给欧洲人建设农场;将保护国内的"公共土地"转让给欧洲人,租赁期限为99年。实际上,所谓的"公共土地"指当时所有没有非洲人居住的土地。1903—

① 一战后该省的大部分地区转给了意大利。

1904年移民到达肯尼亚后就吵嚷着要得到土地开始耕作。结果，在没有充分调查的情况下土地就被分出去了。基库尤人首先感到了欧洲移民的冲击。他们的大片土地被转让给欧洲人，几乎不可能被要回了，他们自己被迫进入保留地。这使很多基库尤人成为“棚户民”或白人移民农场上的常驻劳动力，这也加深了基库尤人社会中有土地者和无土地者之间的分化。失去土地的影响以及早至1914年的基库尤人人口的快速增长，使得欧洲移民分配土地后留下的保留地不足以养活非洲人。这种状况在接下来的几十年里更加恶化。

欧洲移民也冲击了裂谷地区的马赛人。艾略特为这一地区铁路沿线的白人提供了大量的拨款，而忽视了在这里放牧的游牧民族。对这项拨款的反对，以及因拨款及相关不法行为引来的外交部批评，迫使艾略特于1904年辞职。继任者唐纳德·斯图尔特爵士(Sir Donald Stewart)接着处理移民要求得到马赛人土地的事务。在一些资深官员的建议下，斯图尔特与马赛人长老签署了一项郑重的协议。根据该协议，一些牧民将迁徙至铁路线以北的莱基皮亚高原，这样就形成了两块马赛人的保留地。而铁路沿线空出的土地则转让给欧洲移民。只要马赛人“作为一个种族存在于世”，这项协议将永久有效。

结果证明，这项协议只持续了七年。移民们还想贪婪地获得莱基皮亚，行政机构中也形成了将马赛人整合进一个保留地的压力。总督珀西·杰卢亚德爵士(Sir Percy Girouard)强迫马赛人在1911年订立了另一份条约，马赛人“同意”向南迁，与南边保留地的同胞在一起。尽管马赛人拒绝在1911年内全部搬出莱基皮亚使得年内清空这一地区的想法流产，但是马赛人在次年还是被迫搬了出去。1913年马赛长老聘请一名欧洲律师并向最高法院呈交了一份诉讼，要求根据1904年协议中的规定把莱基皮亚归还给马赛人。但这一申诉被法院驳回了，理由是该协定是英国与一名外国人(马赛人)订立的，法庭无权受理此案。结果，马赛人失去了铁路附近以及莱基皮亚的牧场，这些地方被欧洲移民占据。

到肯尼亚的移民大多来自南非(英国人、布尔人)和英格兰，他们要获得大片土地，而且要独占土地。那时，这一要求与其说是针对非洲人，还不如说是针对亚洲人移民团体。艾略特为白人移民保留了在基伍(Kiu)以西、特南堡(Fort Ternan)以东之间的全部土地。当殖民部(Colonial Office)1905年接管殖民地事务时，遇到了要求对这一土地划分方案进行法律裁决的压力。最终在1907

年，殖民大臣(Secretary of State for the Colonies)埃尔金勋爵(Lord Elgin)做出了被称为“埃尔金的承诺”(Elgin Pledge)的表态，认为这一地区确实应该保留给欧洲人。这片广阔的地带因此被称为“白人高地”(White Highlands)。

4. 殖民地经济

直到 1914 年，肯尼亚的欧洲人农业都很难说已发展、繁荣了。多数移居的农民携带的资金不足，很难有效开发他们获得的农场。一些人发现那里的环境很难发展他们试图从欧洲引入非洲内地的农作物与牲畜。到一战爆发时，热带作物中只有剑麻和咖啡成为能营利的作物，但即使是这类作物也未充分发展。总之，欧洲移民到 1914 年都未能在经济领域证明自己。

许多欧洲人倾向于以一种非常简单的视角去看待他们的经济问题，将其归结为非洲劳动力不足。在非洲的这些移民自己不愿意干体力活，却认为非洲人应该为他们劳动，同时把非洲人视为懒惰成性的人。持续不断的压力迫使殖民政府强迫非洲人到欧洲人的种植园做工。1908 年和 1912 年正是劳动力严重短缺的时期，欧洲移民吵嚷着走上街头游行示威，并与殖民当局发生冲突。移民们呼吁政府提高对非洲人的征税，迫使其去做工。而事实上，政府除了征收茅屋税外已经新增了“人头税”(poll tax)。移民要求政府直接招募劳工，并采取有效措施限制保留地内的非洲农业发展。这种为了获得廉价劳动力的自私要求，在一定程度上被要求提高工作、劳动力质量的修辞性赞美伪装起来。一般而言，强加在非洲人身上的沉重压力迫使他们离开家园，去欧洲人的农场做工。

一些行政官员特别是约翰·安斯沃思(John Ainsworth)，并不支持这种强迫劳动的举措，也反对阻碍非洲人农业出口的设想。安斯沃思是尼安萨省(保护国中人口最多的省份)的省特派员，他从 1907 年直到一战爆发都大力支持非洲人种植新的可以销售换取现金的作物，如棉花、斯姆斯姆和玉米。因为安斯沃思的政策暗示非洲人也可以在他们自己的土地上工作，生产出保护国急需的出口品，所以欧洲移民把他视为大敌。事实上，到 1914 年，尼安萨省已是东非保护国的出口领先省——特别是玉米和斯姆斯姆，而税收征集也为该省提供了大笔财政收入。在尼安萨省，离家工作的劳动力人数最多，这些劳动力通常签订的是短期合同。

实际上，在殖民统治的初期，非洲农业生产在很多方面都比欧洲农业更获利。这绝非偶然，因为非洲人的商品生产受到殖民政府的鼓励，成为政府收入的一个重要来源,并为殖民统治提供了合法性。另一方面,在 1914 年之后的 20 年间,欧洲人的农业生产取得了傲人的成绩;而非洲人种植经济作物越来越不受鼓励,政府政策逐渐倾向于从非洲人地区输出劳动力。这种情况的出现有经济与政治方面的原因。欧洲移民能够影响政府,也能通过政府实现他们的愿望。

像在乌干达一样,非洲人的产品都是借由亚洲人商业资本输往世界市场的。19 世纪 90 年代至 1914 年,肯尼亚的亚洲人移民数量比欧洲移民更多。与通常的传言相反,亚洲人移民大部分都不是修建乌干达铁路的苦力的后代,那些修铁路的苦力后来都返回了印度。这些亚洲人主要来自印度西部和巴基斯坦地区,他们中许多人的家族与东非沿海地区有着历史悠久的商业联系。乌干达铁路竣工后,他们迁入内地,主要定居在城镇。他们控制了批发和零售贸易,并在整个保护国内帮助推动了欧洲商品进口和货币经济的发展。亚洲移民倾向于集中在需要技能的或者说带有一定技术含量的贸易与手工业领域,并在保护国内占据了低级别的办事员职位。因此,亚洲人是殖民地经济中的一个重要元素。

尽管亚洲人快速融入了肯尼亚的经济并在其中发挥着至关重要的作用,但与在乌干达和德属东非的情况一样,在社交上他们很难与其他族群相融合。他们保留着自己的文化与语言,这使得欧洲人更容易按照自己的要求针对亚洲人实行居住区隔离和种族歧视的政策。

5. 教会与西方教育

殖民统治建立后,基督教在肯尼亚取得的进展甚至比在乌干达大。考虑到征服及随后在政治、经济上发生的巨大变革,基督教具有相当的吸引力也就不足为奇了。然而,并非肯尼亚所有主要的族群都深受传教工作及随之而来的西方教育的影响。在肯尼亚传教工作刚开始时,基督教在乌干达扎根已经有一代人的时间了。这一事实有助于说明传教效果的不均衡性。一些族群如基库尤人、卢奥人、卢西亚人在 1914 年前就深受基督教会的影响;而其他族群如古西人和多数卡伦津人纳入英国统治的时间较晚,尚未经历殖民地经济的冲击,基督教对他们的影响也不大。

像在乌干达一样,基督教会是变革时期的主要代理。教会将西式教育传播给了接受了基督教的人。殖民政府只对那些接收欧洲、亚洲儿童的学校提供资助。与乌干达不同的是,传教工作在肯尼亚极其多样化,特别是在新教方面。在乌干达，圣公会传教团占有绝对的优势，而在肯尼亚，来自英国、欧陆以及美国的各种新教教会都在从事传教工作。

6. 欧洲移民在社会、政治上的优势地位

一战爆发时，欧洲移民在经济上尚未处于压倒性的优势地位，不过他们在政治与社会领域获得了支配地位。几乎从一开始他们就不断要求要分享保护国的行政管理权，并以南非模式为基础，建立一个少数人自治的政府。由于这种压力，1907 年的立法委员会中有 2 名移民代表。尽管移民从未掌握立法委员会中的多数票，但由于肯尼亚最早的几位总督对他们的同情——或者由于自身性格软弱、或者由于移民持续不断地施加压力，他们在德拉米尔勋爵（Lord Delamere）和埃瓦·葛罗根（Ewart Grogan）的带领下发挥了影响力。不久后他们就呼吁进行非正式的多数选举，推动欧洲人进入该委员会。尽管亚洲人数量更多，但他们的政治影响力在 1914 年前根本无法与欧洲人相提并论。

多数移民在南非出生或居住过，因此自然地带有南非人的态度，如漠视非洲人，这种南非人态度在社会与司法层面有很大的影响。如上文提到的，他们坚决要求在白人高地和城镇中推行种族隔离制。对非洲人实施相对普遍的严酷肉刑以及"让非洲人明白自己的地位"的想法，也是欧洲人态度的一个表现。作为一个直言不讳的种族主义者，埃瓦·葛罗根在 1907 年对非洲人的鞭笞证明，欧洲人是可以私自对非洲人进行体罚的，而殖民政府很少阻止。移民还成功地得到了一个和南非模式相差不大的司法体系。在这个体系里，只有欧洲人有权参与陪审审判，陪审团也绝不会判决一个涉嫌谋杀非洲人的欧洲人有罪，尽管在那些年里发生过不止一次的非洲人被白人公然杀害的事件。

到 1914 年，肯尼亚正在向一个具有多种族、多族群特征的多元社会发展。考虑到移民在政治、社会上越来越占有支配地位，东非保护国很可能效法南非，步其后尘。接下来几年，欧洲人的影响力进一步扩大。然而，肯尼亚并没有走上津巴布韦和南非的道路，因为一些行政官员反对，特别是非洲人与亚洲人迫使殖民政府从中协调，并阻止了欧洲人建立一个"白人国家"的愿望。

七、德属东非

1890 年后，德国政府接管了其在东非殖民地的职权。就像在它北部的英国殖民地一样,欧洲人在这里的征服也是循序渐进的。德国人在他们创建的管理体系中不得不利用当地人。德国的殖民统治是残酷而严厉的,与英国的差别并非在做法上,仅是在程度上不同而已。与英国东非政策的一个主要差别可以从德国实施的经济发展与教育策略上看出。德国政府的积极推动不仅可以使殖民地自给自足,还能令其创造出更多的利润。德国人与英国人的另一不同点是,他们将要面对殖民地内的一次大规模叛乱。

1. 征服德属东非

19 世纪 90 年代初,德国当局开始建立其统治,但过程缓慢,直到 19 世纪结束的时候才完成征服活动。德国人首先占领了沿海地区,随后沿着主要贸易路线向内陆进发。他们在征服过程中既使用军事力量,也同非洲族群结盟。邻近的族群间经常会彼此反目,这便利了德国的征服活动。一些酋长为了自己的利益引来德国人,企图利用后者的力量反对他们从前和现在的敌人。然而,他们得到的好处通常是短暂的;得到德国人帮助后,他们虽然获得了压倒对手的优势,但他们自己也最终被德国人控制,失去了行动自由。

19 世纪建立的几个王国在面对德国人的征服时都进行了抵抗。尼亚姆韦齐国家统治者米兰博的继承人伊斯科(Isike),武力抵抗德国人以阻止其进入。他关闭了商队道路,并在最初击败了敌人。然而,1893 年 1 月,一支德国大部队猛攻其总部,伊斯科不愿被抓而引爆炸药自尽。

面对德国人的征服,最强烈而持续的抵抗来自坦桑尼亚大陆南部中心地区姆克瓦瓦领导下的赫赫人。19 世纪 90 年代,赫赫人的王国是内陆最强盛的王国之一,姆克瓦瓦控制了从沿海到塔波拉的中部贸易路线。由于德国人想自由使用这条路线进入内陆,于是争夺这一资源的冲突迅速激化了。1891 年,姆克瓦瓦狠狠地击溃了德国军队的第一次进攻,此后三年里他没再受到德国人的威胁。他增强了自身抵抗力量,并通过修建高大的城墙和挖凿深深的护城河来强化首都的防御。1894 年,大规模的德国远征军袭击了姆克瓦瓦的首都,并在一场激烈的战斗后夺取了它。国王逃脱后又进行了持续四年之久的游击战。后来,面对着被俘虏的情形,姆克瓦瓦不愿落入敌手,开枪自杀。

到 1898 年,德属东非大部分地区都被德国控制。茅屋税被引进,管理体制在形成中。殖民地管理系统的领导人是总督,他掌控殖民地事务,并对柏林的德国政府负责。帝国议会“拉基斯塔格”(Reichstag)严密控制着殖民地的财政。到1914年,德属东非被划分为22个地区。由于欧洲官员人数极少,他们从驻地到首府达累斯萨拉姆的联系也不多,因而负责某一地区的德国官员手中往往拥有很大的管理职权。管理机构利用小规模的军队维持秩序、征集税收并处理纠纷。在一个地区内,地区官员往往因位高权重而变得过度热情;出现问题时他们经常反应过度,使用严厉的体罚方式才能稍稍发泄出他们的不满情绪。

德国人试图将当地的酋长、统治者纳入管理体系。在秩序井然的王国如卢旺达、布隆迪,德国人几乎没有改变原有的管理模式。在其他地区,一些非洲人管理者未能达到德国人对他们的期望。于是德国人任命斯瓦希里人、阿拉伯人为“阿基达”(akida, 代理人),作为德国政府与当地族群之间的信息传递者。这些阿基达常常被赋予极大的权力与影响,但他们没有传统的权威,也没有与当地民众间的纽带。他们往往不经磋商就强制性地使用手中的权力,这引起当地民众对他们专制、残暴行为的极大敌视。

2. 殖民地经济

德国人在推动其殖民地经济的自给自足与发展上比英国在其东非殖民地中更早具有实质性的内容。政府的资金投入殖民地,并以各种各样的方式鼓励发展。得到公有和私人资本支持的种植园被鼓励大量种植热带作物。欧洲人的移民也得到鼓励与资助。非洲人被迫种植以出口为目的的经济作物。德属东非既采用乌干达的小农生产模式,也推广肯尼亚那种移民占主导的经济。

为了推动经济发展,政府派出杰出的科学家到殖民地工作,鼓励进行医药与农业研究。最突出的例子便是1902年成立的从事农业研究的“阿曼尼协会”(Amani Institute),其研究成果传授给欧洲人与非洲农民。殖民管理机构还率先推进交通的发展。最开始修建了从坦噶到内陆的铁路,1904年后开始铺设中央铁路,1914年时这条铁路已从达累斯萨拉姆延伸至坦噶尼喀湖。

第一批欧洲人在他们的种植园与农场中种植咖啡,但咖啡不如剑麻种植那么成功。剑麻能结出非常牢固的纤维,可以用来制作绳索和麻线。19世纪90年代初,新大陆输出了剑麻,它非常适合德属东非的土壤和气候条件。受不断上涨的价格的刺激,在20世纪头十年结束之际,剑麻已成为德属东非最重要的经济作物。剑麻主要在欧洲公司而非个体移民的种植园里种植。有一段时间,受世界市场需求的影响橡胶的价格飙升，因而也受到了欧洲种植园主的青睐。然而，部分由于东南亚地区种植园的竞争，到1914年时生产橡胶已很难赢利了。

就像在肯尼亚一样，在德属东非紧随移民而来的是土地与劳动力的问题。起初，移民集中在乌散巴拉高地（始于1898年），随后向梅鲁山、乞力马扎罗山地区扩散。这些地方的非洲人特别是马赛人被迫迁徙，为欧洲农民腾出地方。种植园主尤其是剑麻种植园主对劳动力的需求似乎永无止境。为了压低劳工成本，种植园使用了移民劳工。殖民政府也面临着持续不断的压力，既要为移民庄园提供劳工，也要放松在劳工立法中为劳工提供安保条件的限制。居住在种植园附近的非洲人通过销售食品以履行缴税的责任，种植园中使用来自远方如尼亚姆韦齐以及南部地区的移民工人。

在殖民地的一些地区鼓励非洲人种植经济作物。咖啡被传教士带到了乞力马扎罗山地区，并被查加人迅速推广种植。在殖民统治前，咖啡就已在维多利亚湖以西的哈亚地区种植了，早在1898年，这一地区就开始出口咖啡。与英国殖民地情况一样，咖啡与其他作物的销售日益被亚洲商人掌控。

由德国政府推广的另一种重要的经济作物是棉花。棉花被引入维多利亚湖南部的苏库马地区并推广开来。1902年后，德国官员还施行了一个在殖民地南部地区推广棉花种植的重要项目，并命令非洲人村长建立植棉试验田，成年男子被迫在试验田里劳动。这个项目弊大于利，它成为激起1905年大规模反德叛乱的重要原因。

3. 马及马及叛乱

马及马及叛乱（Maji Maji Rebellion）开始于德属东非的东南部地区。那里正是对强迫植棉项目抵制最强烈的地区。1905年7月底，位于基尔瓦西北部地区马通比山（Matumbi Hills）的民众袭击了他们的阿基达总部，随后攻击了该地区的所有欧洲人、阿拉伯人和亚洲人。起义很快从鲁菲季河谷地区蔓延至南部与西部的其他地区，并聚集了不同的族群如恩金多人（Ngindo）、恩格尼人。到1905年9月，德属东非南部的大多数族群都拿起了武器，试图把所有与殖民当局有关系的外国人都赶出这一地区。

马及马及叛乱代表了一种反抗殖民统治的新形式。这是一种群体性抗议运动，而非单个族群或部落发起的叛乱。由于宗教因素才可能把不同族群整合为一个统一的运动，居住在恩加兰比（Ngarambe）的先知金吉基蒂勒·恩格瓦勒（Kinjikitile Ngwale）成为公认的"伯克勒"（Bokero）的代言人。伯克勒是德属东非东南部地区许多族群的至高神。金吉基蒂勒声称，将一种特殊的水（意为"马及"）洒在人的身上便可以对德国人的枪弹产生免疫力。① 宗教权威人士将这个消息和"马及"带到了德属东非的南部各个地区，其他地区的民众早已用同样的方式制出更多这种药水。

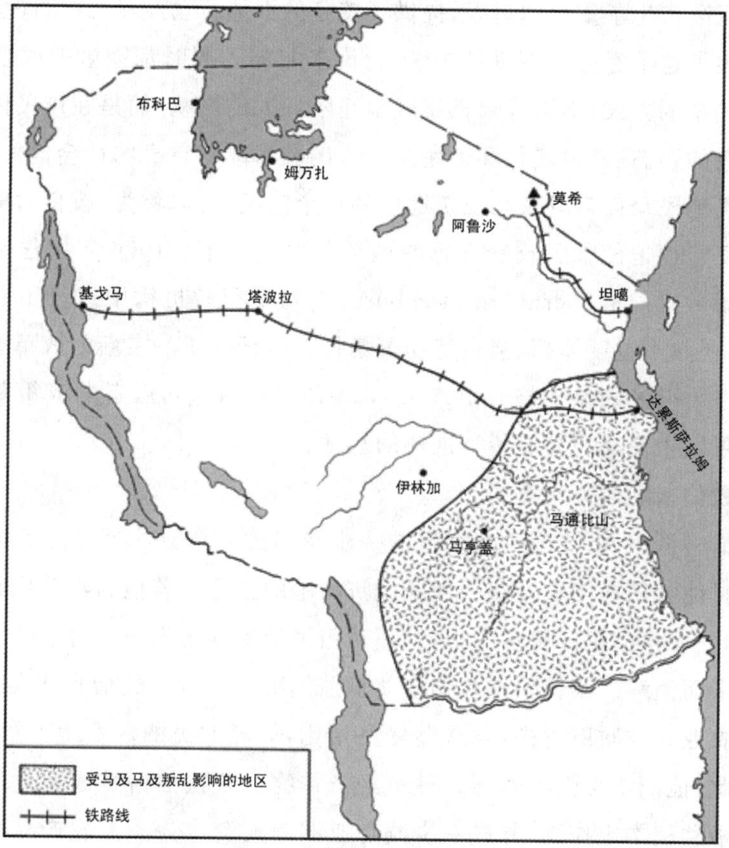

图 8—3　德属东非

① 也有种说法认为只有喝过"马及"这种药水的人才能对德国人的枪弹免疫。参见[加纳]A. 阿杜·博亨主编：《非洲通史第七卷：殖民统治下的非洲 1880—1935 年》，中国对外翻译出版公司 1991 年版，第 134 页。译者注。

经过最初的挫折，德国人开始反攻。他们于1905年年底针对叛军发动了几次重要的远征，并成功地将叛军所在的区域一分为二。1906年，德国人再次征服了这两片地区。“马及”很显然不能挡住枪弹，叛军被迫依赖游击战术频繁骚扰德国人。而德国人的反应是毁坏农作物，将大部分地区夷为平地。1907年，面对南部地区灾难性的饥荒反叛，力量最终失败了。由于叛乱及随之而来的镇压，超过75 000人失去了生命。

这次叛乱产生了重大的后果，提供了统一的群体行动经验，此后许多政治领导人都利用了这个经验。不仅是在南部，许多非洲人当时都微妙地改变了处理与德国人关系的方式，不再寻求抵制或阻止欧洲人的影响，而是在殖民体系内部以一种改良的姿态、通过获得和运用欧洲人的技术改善自身的社会地位。因此，对一些殖民地民众而言马及马及叛乱后的那个时期，可以称为“改良时期”。

这次反叛也迫使德国政府反思并调整其殖民政策。1906年担任殖民部长的伯恩哈德·登伯格(Bernhard Dernburg)在殖民行政机构中进行了一系列重要的改革，根除了过度体罚、强迫劳动等暴行。他任命了一名新的改革型总督阿尔布雷希特·冯·莱钦伯格(Albrecht von Rechenberg)，后者的政策基石是确保未来不再发生像马及马及叛乱这样的事件。

4. 莱钦伯格的改革与发展

莱钦伯格认为，防止殖民地发生进一步动荡的一个方法就是加速推动经济发展计划。他觉得非洲农民将会回应经济激励的措施。若他为经济作物提供一个市场，非洲人将会生产更多的作物，而对殖民统治存在不满的可能性也将随着繁荣的到来而消解。莱钦伯格在担任总督前期决定支持并鼓励非洲人而非欧洲移民发展农业。在政府看来，与欧洲移民相比，非洲农民的农业生产成本低、风险小。因此，他们不再强迫非洲人种植经济作物。莱钦伯格赞成通过经济刺激的方式鼓励种植本土作物，并进一步鼓励亚洲商人资本为非洲农产品建立一个市场营销体系。莱钦伯格看到了大湖地区的经济潜力，并基于此强烈敦促从中央铁路的塔波拉处修建一条延长线——最终这取得了成功。莱钦伯格的政策相当成功。1911—1912年殖民地的贸易与1905年相比增长了三倍，对殖民地的财政补贴也大幅度削减了。同一时期，对非洲人的征税额陡增。

不过，莱钦伯格的政策受到殖民地欧洲移民的强烈批评。随着时间推移，批评愈加严重。尽管白人主要分布在北部的高地，不过到 1914 年在人数上已经超过了肯尼亚的白人。与肯尼亚相似，德属东非的移民也要求政府在劳工招募方面给予援助，并要求在殖民地的经营管理中分享更多的权力。总督委员会于 1904 年设立，尽管只是个咨询性机构，却成为移民反对行政当局的一个主要论坛。反对的内容涉及劳工招募、呼吁终止非洲人种植经济作物等方面。和肯尼亚类似，尽管种植园农业到 1914 年也未能取得好的收益，移民对柏林与达累斯萨拉姆官方的影响力却是巨大的。

莱钦伯格的继任者海因里希·施内(Heinrich Schnee)认为可以平衡非洲人与欧洲人的利益，但在他当政时期移民获得了绝大部分的好处。为了回应欧洲人的要求，亚洲移民受到严格限制；土地转让问题的处理越来越容易；劳动合同被延长了；1913 年欧洲人进行了非正式的多数选举，并产生一个地区委员会。这些事件的发展以及总督委员会越来越大的影响力，使德属东非变得越来越接近一个以南部非洲模式为特征的白人国家。不过，一战的爆发阻止了这一进程的继续发展。

因而，到 1914 年德属东非也已发展为一个多元化社会，非洲人农业和欧洲移民都为殖民地的出口做出了贡献。一种以初级产品(如咖啡、棉花和剑麻)出口为导向的经济结构形成了。但很少或根本没有认真去尝试建立以殖民地原料为基础的粮食作物生产加工或制造业。像英国殖民地一样，制造品是在欧洲生产并出口到东非。战后这种状况仍然持续。确实，就像安德鲁·科尔森(Andrew Coulson)所指出的，1914 年时形成的经济结构"除了一些细节外全部"都传给了 1961 年独立时的坦噶尼喀。

5. 非洲人的改良与教育

马及马及叛乱后，殖民地的许多非洲人对待殖民政权开始采取新态度，这表现为更多地接受西方影响，尤其在教育方面。一些非洲人认为，有必要采用新技术以改变当他们面对德国人时在技术上的不平等，还要提高自身在所处社会中的地位。酋长及其家族在接受西方教育与新技术(如经济作物农业)方面表现得特别突出。

与英国殖民地一样，德属东非的西方教育最初是由基督教传教士引入的。德国政府在提供财政援助建设教会学校以及德国人自己建设学校方面，都比英国人做的更多。德国当局在殖民地全境建立学校，并广泛使用斯瓦希里语作为教学语言。一战结束后，这些学校帮助培养了一代年轻、受过教育的人。这些人自称，作为欧洲人与非洲人之间的信息传递者，他们比官方的酋长更有效率。

八、桑给巴尔

在1890年与德国的协议中，英国宣称对桑给巴尔、奔巴岛具有保护权。当然，这不过是确认了一种早已存在的局面而已。英国人此前就已在幕后控制了桑给巴尔的内外事务。然而，由于变成了保护国，与之前相比，素丹进一步沦为傀儡统治者了。

英国外交部掌控桑给巴尔的时间比在东非大陆殖民地的时间要长。起初，桑给巴尔被认为非常重要，英国驻桑给巴尔的总领事还同时管控肯尼亚。然而在1900年后，肯尼亚行政长官兼驻桑给巴尔总领事将总部迁往了蒙巴萨。1904年后，这两个辖区才实现分立。此后，总领事只负责诸岛屿事务，并兼任素丹的首席部长。

英国人统治初期，阿拉伯人在桑给巴尔的政治统治迅速终结了。杰拉德·波特尔爵士(Sir Gerald Portal)1891年达到桑给巴尔并担任总领事，他接手了素丹的财权，并分派欧洲人控制政府各个部门。素丹和阿拉伯贵族们对此感到震惊，却无法再恢复自己的政治影响了。1896年时，局面更加清楚。当时素丹巴加什的一个儿子试图夺取王位并摆脱英国控制。一支英国海军猛烈轰击素丹的王宫，平息了这次试图从外国控制下维护桑给巴尔独立的叛乱。

在英国统治最初的几年里，阿拉伯统治阶层的权力被极大地削弱了。但他们仍保持了在社会与经济领域的支配地位。英国人将桑给巴尔和奔巴视为两个分开的地区，在这两地阿拉伯地主阶层的社会地位最高。在英国人看来，印度商人的社会地位其次。而非洲人，不管是哈蒂姆人(Hadimu)还是通过英国法令得到自由的奴隶，都处于社会最底层。人口最多的非洲族群哈蒂姆人在桑给巴尔较低产的东部地区发展小农种植业，但他们中有许多人都被迫在阿拉伯人的庄园里种植丁香。另一个大的群体是获释的奴隶；他们中的大多数人都不能成为独立生产者，而经常只能作为“棚户民”为阿拉伯种植园主工作。仅靠获释奴隶与哈蒂姆人去收获丁香在人数上还是不够，因此不得不从非洲大陆引入3 000—

4 000 名移民工。在桑给巴尔和奔巴，依靠单一作物丁香的出口导向型经济几乎不可能改变。丁香提供了出口收入的80%。

1905年后，在行政上做了一些重要的改革。总领事的职权相当于殖民地总督；对财政部与法院的控制更为严格；设立了教育部与农业部；最后，在1913年，保护国事务转归殖民部管理。新设的"英国公使"(British resident)岗位兼有总领事与素丹首席部长的职权。保护国委员会建立了，素丹主持其工作，但由英国官员掌控。于是到1914年，桑给巴尔的行政机构更像是英国在东非大陆殖民地上的行政机构。与乌干达、东非保护国相比，桑给巴尔的重要性大大下降了。

从19世纪90年代到1914年，欧洲人在东非的直接统治逐步建立起来。英国和德国征服了该地区，并分别建立了新式的、具有威权特征的政治机构，这套政治机构将在那里长久存在。一些非洲人在殖民者创建的管理体系中发挥了作用，但除了少数例外，他们都扮演着从属性的信息传递者的角色。

在东非，非洲人在殖民统治者创设的多元社会中处于从属地位。欧洲人以管理者、传教士、移民的身份大量涌入这一地区。他们在社会中处于头等重要的位置，在经济领域很大程度上也是如此。不过，无论在东非保护国还是在德属东非，欧洲移民都没有获得实权。在这些年，亚洲人也移民到了东非，他们在殖民行政机构有个一官半职，不过他们最重要的角色还是商业小资产阶级。

到1914年，殖民地经济看似可以保持长期增长的态势。殖民政府推动交通基础设施建设，促进农产品出口与廉价的欧洲制成品进口。

在外国统治的初期，欧洲社会和文化的影响以前所未有的规模进入东非地区。来自欧洲、北美的基督教会在东非成功立足，给东非带来了新的观念与信仰体系。教会也是西方教育在东非的主要载体。

因此，无论是在社会、政治还是经济领域，到1914年时建立的模式都将产生深刻且长远的影响。在东非殖民统治的下一阶段，殖民地威权政治体制、新兴的基督教精英、依附性的经济体系以及传教士的持久影响力，都将不会发生太大的变化。

阅读建议

Coulson, Andrew, *Tanzania: A Political Economy*. Oxford, 1982.

Doyle, Shane, *Crisis & Decline in Bunyoro*. Kampala, 2006.

Horlow, V. and Chilver, E. M. eds., *History of East Africa. Vol. II*. Oxford, 1965.

Iliffe, John, *A Modern History of Tanganyika*. Cambridge, 1979.

Iliffe, John, *Tanganyika Under German Rule, 1905—1912*. Nairobi, 1969.

Ingham, Kenneth, *The Making of Modern Uganda*. London, 1958.

Mungeam, G. H., *British Rulc in Kenya, 1895—1912*. London, 1966.

Ochieng, W. R. ed., *A Modern History of Kenya*. Nairobi, 1989.

Sorrenson, M. P. K., *Origins of European Settlement in Kenya*. Nairobi, 1966.

Twaddle, Michael, *Kakungulu and the Creation of Uganda, 1868—1928*. London, 1993.

第九章　一战至二战期间的东非：1914—1939年

在一战期间及其后一段时间，东非继续沿用1914年时已形成的政治模式与结构。一战对这种政治发展模式造成了短暂的却具破坏性的中断。在两次世界大战期间，东非政治发展的特点与其说是创新不如说是巩固。尽管殖民统治在这一时期深入到以往管理松散的地区，如肯尼亚北部以及英国托管的德属东非地区（更名为“坦噶尼喀”），但对大多数非洲人而言，殖民管理体制几乎没有变化。战后，专制、集权倾向的东非政治结构大部分得以保留。尽管1939年英国已将立法委员会引入三个殖民地，但非洲人在这种“国家”[1]政治结构中几乎没有扮演任何角色。

事实上，英国人在那些年里并不关注民主，行政管理的目标是保持稳定和在可控的范围内进行变革。殖民政府的目标最终取决于英国政府，因此在东非人们能做的终究不多。殖民统治者打着效率、秩序与福利的幌子，不容商量地将非洲人置于被统治地位。

此外，在两次世界大战期间几乎没有促进民主的动力，殖民政府继续采取各种管理与政策手段以支持地区分化的趋势。在殖民统治初期，随着殖民统治的建立，一些非洲家族对经济压力与刺激的反应就比其他非洲家族要更为迅速。一般而言，这是因为他们靠近铁路线、贸易通道，或是靠近那些因殖民统治而产生的新城市中心。这些家族参与商品生产、雇用劳动力或两者兼具，而其他家族则没有这种机会。他们往往还是第一批通过转变宗教信仰或经教会学校而受到基督教影响的人。而且，在两次世界大战期间那些受资本主义、传教士渗透影响最深的地区也总是经历最广泛政治活动的地区。

---

① 原文中使用的“national”一词含有民族意义。因此，这里的国家似应理解为“民族国家”。译者注。

就政治活动而言，真正的民族主义运动所采取的形式应该是，在一个具有广泛代表性的政党的领导下，以结束殖民统治、建立一个代表殖民地民众并得到民众支持的独立政府为目标。不过，1939 年以前这样的运动并未出现。两次世界大战期间政治活动的特征是不断走向分化。这是殖民统治带来的经济分化的结果。在殖民地，产生了白人资本主义农场主、亚洲商人、非洲工人、从事经济作物种植的农民以及一些立场摇摆的小资产阶级。这样的分化不仅表现在社会阶层中；族群、地区、宗教乃至种族的分化也是这一时期的重要特征。他们代表不同的利益诉求，以各种形式的政治活动表现出来。结果导致二战结束时东非地区的社会凝聚度远不及 40 年前。

广泛参与政治活动的人与深居东非内陆的人相比，往往更能体会到殖民统治在政治、经济和社会领域的深远影响。他们通常可以被称为殖民统治的“受益者”。这个群体包括肯尼亚的欧洲移民、东非的亚洲人、新兴小资产阶级、在东非三块殖民地中的非洲人中产阶级。他们都从殖民统治中得到了好处，因而试图维持现状。他们还通过各种形式的政治活动加强自身的经济、社会地位。

阶层、族群的分化表明，它们作为殖民统治的产物已经开始深深影响非洲政治组织与政治活动的形式。例如，大多数政治活动具有地方性特征，通常是单一族群聚居区的居民集中起来开展的政治活动。通常情况下，两次世界大战期间的政治活动并未将不同族群认同的人们集合到一起；反而是那些地方性的政治活动使人们开始意识到大家属于同一个部落的归属感。然而，地方政治的形式是多种多样的。地方政治关注的领域从传教站与酋长之间的交涉到地区范围的政治组织，不断发生着变化。抗议活动既包括有组织的群体活动，也包括个人自发性的活动。

尽管抗议的类型多种多样，还是有一些共同点。大多数地方政治性抗议活动并不寻求推翻现有殖民统治，而仅是在现有殖民统治体系内进行抗议。这种态度表明他们接受了殖民统治的现实，只是寻求更有效的途径处理与殖民当局的关系。他们试图使殖民主义的影响更温和些，在外国殖民体系中改善自身地位，并没有把英国人赶出东非的打算。

两次世界大战期间的各种抗议活动的另一个特征是现代化的动机，它反映出殖民地中的个人与团体想通过得到更多的西方教育、改善农业、积极参与商业贸易、增加就业机会、改进就业不平等待遇等方式提升自身应对殖民地形势的能力。这些受现代化驱动的诉求可以从政治组织、分离主义教会和以族群为基础的抗议团体的活动中反映出来。现代化的驱动反映出人们更好地适应西方文明的愿望，但并不意味着他们要完全割裂与传统文化、传统价值观之间的联系。

有组织的或被一些政治团体所煽动的地方性政治活动，是两次世界大战之间非洲人抗议活动的重要形式。这些团体主要由受过西方教育的小资产阶级组成，并出现在每个殖民地中。这些政治抗议的参与者一般都受聘为教师或办事员，并参与贸易和（或）商业性农业活动。他们也是在地方上深受殖民统治影响的一群人。20 世纪 20 年代，在殖民当局支持的酋长与非酋长身份的小资产阶级之间的矛盾发展为长期对抗之前，这些政治团体的小资产阶级成员通常还包括酋长、头人。两次世界大战期间，在东非地方政治中滋生这种敌对的一个关键因素在很大程度是殖民当局支持酋长，而不去迎合其对手的利益和需求。相互竞争的小资产阶级间的这种对抗，主要是为了获取并控制当地的资源。对抗的另一个重要原因是委托关系模式的存在。穷人追随富人并经常被纳入富人的亲属关系。因此，阶层和族群成为两次世界大战期间东非政治活动的重要决定性因素。

殖民统治之初的经济模式在 1939 年前继续存在，几乎没有什么调整。在肯尼亚，移民经济被摆在了首要位置。尽管非洲人农民不被允许种植高价值的经济作物如咖啡，但他们的生产仍然十分重要。在乌干达，非洲人生产的出口产品占有支配地位。在坦噶尼喀，非洲人与移民的生产都得到鼓励。在桑给巴尔与奔巴，阿拉伯种植园主占有绝对优势。与此前一样，东非在世界经济格局中的角色是依附性的，依附于欧洲特别是英国。而英国则享受着这种用工业制成品交换东非农业初级产品的不平等贸易所带来的好处。在这一时期，东非大陆都由英国统治，欧洲人初步尝试将其整合为一个联盟。这个计划虽然得到肯尼亚移民与在伦敦的殖民部的支持，但所谓的"紧密联盟"(Closer Union)从未变成现实。布干达和坦噶尼喀政府的反对阻碍了这一计划。

在英国所有的殖民地中，最具争议性的莫过于肯尼亚了，这主要是由于那里的移民群体试图在殖民地取得政治和经济的支配地位。移民的目标很清楚——创建一个以南部非洲为模板的白人至上制度。相比乌干达、坦噶尼喀或桑给巴尔，英国政府对肯尼亚事务进行了更大程度的干预，在处理肯尼亚问题时试图协调白人移民与亚洲人、非洲人之间的利益诉求。亚洲人、非洲人也提出了他们的要求，发出了他们的声音。最终，白人移民要求建立由他们统治的"自治的肯尼亚"的要求被搁置了。

一、坦噶尼喀

1. 一战与德属东非

尽管在一战中东非战场的战事对整个战争结果不产生决定性影响，但德属东非与其周边地区冲突的持续时间却比在欧洲战场的还要长。当其他德国殖民地被协约国迅速占领时，德属东非的军事力量从未被完全击溃。尽管大部分战争发生在德属东非境内，但肯尼亚、莫桑比克和赞比亚也成了战场。

1914 年 8 月，战争在欧洲爆发，随后迅速蔓延到东非地区。为切断乌干达铁路，在东非殖民地的德国军队对肯尼亚发动了第一次重要的入侵。德国司令官保罗·冯·莱托—福尔贝克将军(General P. von Lettow-Vorbeck)清楚，英国将会切断他来自欧洲的补给，他也不可能将英国人赶出东非。他所希望的只是把尽可能多的英国军队牵制在东非地区，以减轻德国在欧洲战场的压力。就这一点而言，他非常成功。

战争初期的 1914—1916 年，德军把握了战场主动权。他们牢牢地控制着殖民地，对肯尼亚发动了一系列袭击，一度甚至在肯尼亚东南角建立了德国人的统治。东非英军没有做好战争准备：英军人数少于德军，领导无能，来自印度的军队到达东非后也未使战场局面改观。1914 年 11 月，在一次以德属东非港口坦噶为目标的登陆作战中，英国最终溃败了。

英方最终得出结论，要想战胜福尔贝克就只有部署更多的军队。从 1916 年年初开始，大量英军部署在肯尼亚准备发动对德属东非的入侵。士兵由大英帝国从各地抽调而来，主要是南非白人士兵，也有一部分来自东非。南非军人、政治家扬·史末资(Jan Smuts)出任这支部队的司令。英军开始侵入德属东非。史末资迫使福尔贝克撤出德属东非的北部高地，将其赶至南边的中央铁路附近。不过这已是其极限。史末资不能对德国人实行包围，也无法发动一场决定性的战役彻底击溃德军。到 1916 年年底，德国人被赶至中央铁路以南地区。而比利时军队也从扎伊尔[①]侵入德属东非，导致德国人失去殖民地的西部地区。

随着战事进入胶着状态，双方都要从东非地区取得巨大的资源补给特别是人力资源。德属东非、肯尼亚的大部分欧洲移民都应征入伍或从事军事后勤服务；大批非洲人特别是在德国殖民地中的非洲人也加入军队参战。此外，还有更多的人被征召成为搬运工。由于交通不便，机械化运输很少，而德属东非的环境特别不利于役畜的健康，因而非洲男性就被用来作为主要的运输工具。尤其是在 1917—1918 年，那时德军被逼至殖民地的东南部，那一地区交通尤为恶劣，冲突演变为一场“运输战”(carrier’s war)。大多数为英国部队服务的搬运工被征召至肯尼亚的“运输军团”(Carrier Corps)中。在德军中，非洲男性被强制要求提供各类服务，他们的工作条件很糟糕，许多人生病或致残，甚至死亡。

1917 年，福尔贝克被迫步步南撤。协约国部队尽管在军事力量上有极大的优势，但始终未能给福尔贝克以决定性一击。11 月，在弹尽粮绝、退无可退的情况下，福尔贝克的军队越过鲁伍马河进入莫桑比克。在那里，德军待了十个月。这期间，他们多靠自己劳动维持生存，并抢夺一些军需。在进入赞比亚之前，福尔贝克曾短暂地回到德属东非。1918 年 11 月欧洲战场战争结束时，他和他的部队仍在赞比亚坚持。

战争对德属东非造成了巨大破坏。出口型农业生产崩溃了。这既是因为移民和非洲人都被征召入伍，也是因为冲突双方的横扫带走了能带走的一切。战争不仅导致经济作物产量下滑，而且造成了粮食短缺，某些殖民地区不可避免地

① 今刚果民主共和国。译者注。

发生了饥荒。在这种情况下传染病更恐怖;但更糟的是,德国人建立的本已薄弱的医疗机构在他们南撤后也停止运营了。因此毫无疑问,战争最重要的影响是德国殖民地的人口减少。死去的人不仅包括战争中被杀的,也包括死于饥荒与疾病的。

战争最重要的政治影响是结束了德国的殖民统治。1916 年后,随着敌军入侵,德国人的民政系统崩溃了,交通被破坏,许多学校也关闭了。英国和比利时的军队在侵入后开始建立行政管理机构。这是英国和比利时两个战胜国接管德国殖民地的前奏。在战后的巴黎和会上,所有的德国殖民地都被剥夺。

德属东非被英国与比利时瓜分。比利时占有卢旺达、布隆迪王国,其余部分则由英国占据。曾有人建议将德属东非委托给印度或美国管理,但英国的接管似乎不可避免。不过,英国在这里建立统治的基础与在乌干达、肯尼亚的不同。被称作"坦噶尼喀"的领土作为新成立的"国际联盟"(League of Nations)的托管地交由英国管理。

2. 英国在坦噶尼喀统治的开始

国际联盟(简称"国联")的监管并没有对英国在这块前德国殖民地上的统治特点造成多大的影响。坦噶尼喀是一块托管殖民地。国联常设的"托管委员会"只能对托管地行使一般的监督权,而不能干预托管地的行政管理。对英国而言,所谓托管权不过是给托管委员会提交一份年度报告而已。托管委员会通常会对这份报告进行讨论,必要时会对委托国提出几点建议。尽管政策、发展趋势会遭到批评,但英国没有改变的义务。

在接管德属东非的过程中,哈瑞斯·拜厄特爵士(Sir Horace Byatt)领导了一个新的行政管理机构。拜厄特从 1917 年就开始管理被英国占领的地区,他采取了谨慎的、循序渐进的恢复政策。他意识到,战争导致了巨大的破坏与错位,更别提人口损失了。因此他认为,应该施行一种得到英国拨款援助的逐渐复苏政策。

在行政管理方面,以前的结构几乎没有改变。英国人不仅保留了德国人划分的 22 个地区,经验丰富的酋长与阿基达也被保留下来为新统治者服务。另一方面,拜厄特极力驱逐德国人;到 1922 年,没有一个德国人还滞留在这块殖民地上。

1920—1921年，经济危机使这一地区经济复苏的步伐放缓。不过，非洲人继续被鼓励种植经济作物并取得了巨大的成功，尤其是在乞力马扎罗山地区的查加人。1924年，在英国行政当局的鼓励下，查加人自己组织了一个咖啡种植者联盟"乞力马扎罗本土种植者协会"(Kilimanjaro Native Planters Association)。尽管英国移民被允许进入坦噶尼喀，并可以接管德国人留下的资产，但总督拜厄特并没有对欧洲移民给予特别关照。拜厄特并不理睬移民要求获得土地的愿望，移民对拜厄特也不满。1923年年初颁布的《土地法令》规定了对农场规模的限制，对不动产也没有资助。移民只能获得贷款。拜厄特遭到了进一步攻击，但他坚信坦噶尼喀农业的未来在于发展非洲人的农业。

在拜厄特的管理下，坦噶尼喀经济实现了复苏，这也证明了其保守政策的合理性。在英国拨款的支持下，坦噶尼喀1924年的出口就已超过1914年的水平。剑麻、咖啡出口的恢复最为显著。到1926年拜厄特离职时，坦噶尼喀的收入已有盈余，交通恢复并得到改善，从塔波拉向北延长至维多利亚湖边的姆万扎(Mwanza)铁路项目获得批准。

3. 唐纳德·卡梅伦爵士与间接统治

1925年4月，唐纳德·卡梅伦爵士(Sir Donald Cameron)成为坦噶尼喀总督。与对地方行政不感兴趣的拜厄特不同，卡梅伦相信在这个领域的行动与积极改革。他迅速重组了殖民地行政结构。卡梅伦这样做深受他在尼日利亚工作的影响。他曾在尼日利亚有17年的工作经历，其中一段时间还在卢加德勋爵(英属东非公司的卢加德上尉)手下工作过。在尼日利亚，间接统治被奉为行政管理的"金科玉律"而被坚持贯彻，卡梅伦相信将这一体系引入坦噶尼喀也将是适合的。

在经典的尼日利亚模式中，间接统治在本质上是以非洲传统权威作为殖民地地方政府的基础。非洲统治者或酋长的责任类似于殖民统治前的时期，从地方的税收征集中获得财政预算用于地方管理、贸易以及公共工程。间接统治的另一项内容是"土著法院"(native court)，即由非洲人而非欧洲人判决案件，也不依据欧洲的法律。卡梅伦希望通过建立传统体系避免过分快速的西方化进程所引起的"纪律崩溃"等不幸的后果。行政当局的经济和社会改革若由传统酋长推动，在实施过程中会更有效率。

在坦噶尼喀，卡梅伦到任后所做的第一件事就是创立了立法委员会这个殖民地的立法机构。他任命的立法委员会成员大多是政府官员，有7名非官方人士——5名欧洲人和2名亚洲人。卡梅伦认为，阿拉伯人与非洲人中没有人有资格进入委员会。他相信，他和他手下的官员能够充分照顾到非洲民众的利益。1929年增加非官方成员的名额时，卡梅伦仍没有把非洲人考虑在内。

当然，原因之一是当时卡梅伦认为非洲人的利益应被限制在地方事务上。卡梅伦对地方事务也进行了彻底的改革。他撤销了原有22个地区的旧体系，代之以新设立的11个省。为了监督非洲人的管理与发展，他设立一个新的职位"地方事务秘书"(secretary for native affairs)。前两任秘书分别是查尔斯·登达斯爵士(Sir Charles Dundas)和菲利普·米歇尔(Philip Mitchell)。在东非，他们凭借手中的权力，俨然同总督一般。

在地方层面引入间接统治制度首先需要找出传统统治者是谁。卡梅伦认为，德国人野蛮地破坏了酋长的权力，于是命令欧洲官员去找出辖区内"真正的"非洲统治者。在一些地区很容易就能找到传统首领；但在沿海以及无国家社会中并没有酋长，想要执行卡梅伦的这项政策就很不容易了。然而，卡梅伦却坚持认为每个部落都有酋长。1926年出台的《土著领导人条例》(Native Authority Ordinance)，赋予非洲酋长某些行政权力，如维持秩序、征集税收等。税收的一部分以及法庭判决的罚款则返还给酋长作为政府开支，以满足管理的花销。1929年颁布的《土著法院条例》(Native Courts Ordinance)规定，酋长在土著法院中拥有司法权。土著法院更多的是行政管理的一部分，而非殖民地司法体系的一部分。在土著法院里，依据非洲法律与习惯进行审问和判决，民众的申诉也能更多地被欧洲行政官员而非建在坦噶尼喀的英式法庭听到。

卡梅伦把间接统治制度的引进视为一大成功。无疑，在引进间接统治制度后地方行政管理比从前更稳定有序。但另一方面，无论是从实际操作还是从长远来看，这一新制度都引发了许多问题。这些问题到1931年卡梅伦卸任时还不明显，但其继任者将不得不去应付它们。

毫不令人惊讶的是，卡梅伦对非洲人管理制度改革的关注使他在欧洲移民中不受欢迎。尽管移民对他有不少批评，但卡梅伦绝不是一个反移民者。他任命移民进入立法委员会，并在殖民地政府中给移民发言渠道。他还为移民开放了新的区域,特别是在伊林加地区(Iringa)。他甚至允许德国移民重返这块殖民地。

英国人无法将坦噶尼喀的教育恢复到德国统治时期的水平。到1924年,农村地区仅有72所学校,远远少于德属东非时期的规模。随着财政状况不断改善,卡梅伦鼓励通过向教会学校发放补助金的方式扩大政府教育支出。在5年时间里教育支出上升至65 000英镑,但只有极少数的学校能够得到这笔钱。

在唐纳德·卡梅伦爵士任职期间,一个重要的议题就是把当时都处于英国统治下的东非三个殖民地联合为一个"紧密联盟"或联邦。经济利益是最初形成这一动议的主要原因。保守党政府的殖民大臣埃默里(L. S. Amery)是这一联盟的积极倡导者。20世纪20年代,英国向东非派出三个委员会,它们的主要任务就是处理"紧密联盟"的问题。其中的奥姆斯比·戈尔委员会(Ormsby Gore Commission)发现建立联盟的提议并不成熟。不过,埃默里还是任命了爱德华·格里格爵士(Sir Edward Grigg)为肯尼亚总督,期望后者能推动这一联盟的形成。此外,到1925年,在德拉米尔勋爵的领导下,肯尼亚的欧洲人移民开始支持建立"紧密联盟"。他们认为,建立联邦将增加坦噶尼喀的欧洲移民人数,并达到肯尼亚的水平。这将为移民提供更多的机会,实现基于"罗得西亚模式"的最终自治。①

卡梅伦从一开始就反对建立"紧密联盟",因为他认为这会威胁到他重塑坦噶尼喀非洲人行政管理的计划。1927年在英国时,他就反对埃默里的联邦计划,还就此游说议会议员,甚至不惜以辞职相威胁。坦噶尼喀北部的很多移民都支持卡梅伦。卡梅伦1927年向希尔顿—扬委员会(Hilton-Young Commission)、1929年向塞缪尔·威尔逊爵士(Sir Samuel Wilson)都表达了反对联盟的立场。在1931年议会联合特别委员会(Joint Select Committee of Parliament)开会前,他甚至把三个同意其观点的非洲人带到伦敦作证。卡梅伦卸任后,反对联盟的意见也中止了。不过,正如我们将要看到的,卡梅伦并非唯一一个强烈反对联盟的人。他当时的反对意见对于挫败埃默里、德拉米尔的美梦产生了重要影响。

4. 大萧条及以后

1930年年底,"大萧条"的影响开始波及坦噶尼喀。像其他生产初级产品、

① "罗得西亚模式"指在南罗得西亚(今津巴布韦)建立的白人至上的种族主义政权模式。译者注。

依赖世界市场的地区一样，坦噶尼喀由于出口原料价格下跌、市场萎缩而遭受沉重打击。1930—1931 年，主要的出口作物剑麻和咖啡虽然出口总量增长，但收入反而降低了。例如剑麻的价格，从 1919 年的每吨 32 英镑跌至 1930 年的每吨 21 英镑，1931 年甚至只卖到每吨 12 英镑。这一时期的政府税收也减少了 20 万英镑。欧洲移民在“大萧条”中的损失尤为惨重，他们纷纷削减工资甚至解雇了许多非洲工人。

卡梅伦的继任者斯图尔特・西梅斯爵士(Sir Stewart Symes)面对“大萧条”的第一反应就是紧缩开支、鼓励增加农业生产。即使价格低迷，政府还是积极鼓励农业生产，特别是针对非洲农民。与过去相比，政府在改善农业种植技术与调控市场方面做了更多努力。就像在肯尼亚一样，“大萧条”使政府意识到增加非洲人农业生产的需要，但这也带来一些负面影响，如扩大种植是以牺牲对土地的保护为代价的。

到 1933 年年中，坦噶尼喀经济开始复苏。主要作物的价格开始回升，到 1935 年年底，剑麻出口额已超过 100 万英镑。20 世纪 30 年代，棉花种植也开始复兴，另两种新的作物茶叶和蔗糖也被成功引入。这一时期，坦噶尼喀金矿开采在出口中占有一席之地。不过，经济进步不大，仍是以出口导向型经济为主。总之，20 世纪 30 年代是殖民主义在坦噶尼喀失去动力的一段时期。

5. 改良与非洲人政治

在两次世界大战期间的大部分时间里，政治活动主要发生在地方层面而不是全国层面。这是可以预料到的。殖民当局主要考虑的是推动间接统治，而地方事务不单单是英国赋予几个酋长权力让他们维持秩序就可以全部处理的。涌现出大量的竞争性政治活动，它们总的都被称为改良运动，此外还涉及谁应掌控这一运动的问题。

在两次世界大战期间，教育与经济作物问题是改革的主要动力。非洲人若能具备其中一种或两种兼具，那么他就能在物质上改善自己的生活，但是，要获得这两种资源就需要进行艰巨的斗争。那些被殖民当局任命的酋长相对于其他人可以更容易地获得这些资源。作为最初的信息传递者，酋长可以获得经济作物和西方教育带来的好处，实际上，他们是非洲社会第一批步入现代化的人。

然而在一战后，地方酋长的地位遭到了改良受益者的挑战。那些在改良中获得好处的人发现,与之竞争的对手是那些他们憎恨的享受着特权的酋长。冲突经常发生。在查加人、哈亚人地区尤为激烈,因为那里的咖啡种植者组织了种植者协会以更好地保护自身的利益。这些协会成为与酋长竞争、冲突的工具。这并非富人与穷人的冲突,而是农村地区受过良好教育的人与最富有的非洲人的较量。把它定义为一场"相互竞争的现代化者"之间的冲突更准确,这也是坦噶尼喀许多地区地方政治斗争中最突出的特征。

哈亚人地区的这种政治斗争最典型。酋长很早就接触到西方教育,并率先种植咖啡,他们实际上是一个特权集团。1924 年,一批受过教育的哈亚人组织了"布科巴—布哈亚联盟"(Bukoba Buhaya Union),要求在教育及咖啡种植成果上享受平等的权利。他们强烈反对令酋长自肥的土地占有制。在克莱门斯·基扎(Klemens Kiiza)等一些人的领导下,联盟与酋长在地方事务上展开竞争。基扎是一名受过天主教教育的咖啡种植者,他试图拓展咖啡加工业务。1936 年,联盟领导了针对酋长强制推行的新咖啡规则的抗议运动,抗议演变为暴力冲突。1937 年英国行政当局介入,囚禁了运动的领导人。尽管像基扎这样的人在那些年里获得了很多经验,不过殖民当局对他们进行了限制,以抑制进一步的改良运动。

在两次世界大战期间的大部分时间里,非洲人的政治活动与政治利益集中于地方层面上相互敌对的现代化者之间的竞争。不过其中一小部分人建立联盟的视野更广阔,超越了部落或地区层面,并发起了建立更广泛联系的行动。拥有这种视野的人通常都是在英国人主导下的中央政府工作的公务员。其中一个是马丁·卡扬巴(Martin Kayamba)。他接受了英国传教士的教育,曾于一战前在肯尼亚与乌干达工作过。英国占领坦噶尼喀后,他在新建的殖民政府中任职。1922 年他建立了"坦噶尼喀领地非洲人公务员协会"(Tanganyika Territory African Civil Servants Association, TTACSA)。[①] 这并非一个政治组织,而是一个不分部落和地区界限的、由受过教育的非洲人组成的团体。协会创建了图书馆,购买了报纸,组织了一支足球队。尽管卡扬巴及其同伴只是组织了一个共

① 这一协会的名称有另一种译法:"坦噶尼喀领地非洲人文职人员协会"(Tanganyika Territory African Civil Service Association),参见[加纳]A. 阿杜·博亨主编:《非洲通史:殖民统治下的非洲 1880—1935 年》,中国对外翻译出版公司 1991 年版,第 540—541 页。译者注。

同进步的社团，但他们有团结的愿望，并且关注的是中央性的或全殖民地范围的团结，而非地方层面的团结。

成立于1929年的“坦噶尼喀非洲人协会”（Tanganyika African Association）则不仅仅有这些愿望了。“坦噶尼喀领地非洲人公务员协会”的一些成员也参与其中。“坦噶尼喀非洲人协会”与全国许多改良型组织建立了联系，协调它们的目标，使各组织接受将坦噶尼喀作为一个整体而形成的利益。到1939年，该协会已建立了九个分支机构。

经济作物农业与教会学校最初为坦噶尼喀的改良提供了新的机会。20世纪30年代末，非洲人发现这种改良使他们避开了与殖民政府的冲突。二战以后那些超越了地方层面的政治运动才改变了这些年的状况。

二、乌干达

1914—1918年，发生在东非的战争几乎没有影响到乌干达，在那里没有发生战斗。与肯尼亚、坦噶尼喀相比，乌干达也很少有人被征召至军队或运输团。像坦噶尼喀一样，两次世界大战期间在乌干达占主导的是地方层面的政治运动而非全国性的。地方层面的运动在布干达特别突出。英国官员发现他们被《1900年布干达协议》束缚，因为这个与酋长结盟的协议未能给他们的变通留些空间。所有这些特别是促进“紧密联盟”的运动，加剧了布干达的分离主义倾向。

1. 乌干达的小农或种植园农业

一战期间及战后，乌干达殖民当局最关注的一个重要问题是，是否应当鼓励欧洲移民发展种植园农业，并以之作为出口经济的重要组成部分。乌干达行政当局与伦敦的殖民部就是否鼓励种植园的问题争论了数年，非洲人没有参与讨论。实际上，这不仅是乌干达的问题，小农农业与种植园农业对抗的问题在英国的其他殖民地中也很重要。

鼓吹移民与种植园农业的领导者是乌干达保护国首席法官威廉·莫里斯·卡特爵士（Sir William Morris Carter）。作为1911年创立的土地委员会（Land Committee）的主席，他认为政府应当采取措施鼓励种植园农业的发展，并施加压力以解除对欧洲移民转让土地的限制。对于非洲人，与其鼓励他们种植经济作物，不如让他们在欧洲人的庄园里做工。卡特的这些观点赢得了1912—1918年担任乌干达保护国总督的弗雷德里克·杰克逊爵士(Sir Frederick Jackson)的赞同。1918—1922年,保护国总督是罗伯特·柯兰登爵士(Sir Robert Coryndon)。

也有一些政府官员与传教士认为,应该鼓励非洲人而不是欧洲移民从事经济作物农业。这些人强烈支持以下观点:乌干达经济发展的责任由非洲农民承担会更好;棉花种植已经取得成功;任何促进种植园农业的土地与劳工政策都将破坏、阻碍非洲人所取得的进步。

但是,卡特委员会有关支持移民的建议得到了总督杰克逊的批准,并于1915年呈报到伦敦。不过,殖民部不愿接受此建议。殖民大臣在最初几年都否决了这个建议,因为认为这一建议并不符合乌干达及其非洲民众的最佳利益。

殖民部的否决意见并没有结束乌干达官方试图鼓励移民的努力。杰克逊仅仅把此事转回给卡特委员会,此事也搁置了一段时间,但一战后鼓励种植园的新建议又被提出。1919—1920年,英国经济以欧洲人企业为基础,也出现了一个更为有利的环境。在米尔纳勋爵(Lord Milner)领导殖民部、柯兰登爵士担任乌干达总督期间,1916年被搁置的建议似乎要获得赞成了。柯兰登作为总督,在南部和中部非洲积累了很多的经验。1920年,几乎是同样的一份建议被起草并送至伦敦,这一次对建议的听证得到了更多同情。

最终,乌干达想以种植园农业为基础的美梦还是破灭了,主要是因为乌干达农业官员强烈支持小农经济。柯兰登也接受了发展小农经济的意见,而且在1923年殖民部不再支持所有发展种植园农业的建议。鼓励种植园农业的政策也遭到布干达政府与传教士们的反对。其中,可能最具影响的因素是,1920年后在乌干达已建成的种植园经济都崩溃了。咖啡与橡胶价格的下跌使欧洲人种植园中的耕作变得几乎无利可图。此后在乌干达没有移民有兴趣再获得土地建设种植园。因此,从1923年开始乌干达行政当局的政策是,保证非洲人的土地安全,将非洲小农置于首要位置并作为乌干达经济的基础。

2. 非洲人的不满与政治

在两次世界大战期间,大多数非洲人的不满集中在地方事务上。就像在坦噶尼喀一样,在乌干达几乎没有全国性的政治组织,地方的不满经常集中在现代化者之间的竞争上。产生在布干达的大多数政治抗议必定是以反对酋长的特权为焦点。在《1900年布干达协议》的规定中,酋长们享受到了各种特权。

在布干达，争论的一个问题涉及土地。酋长通过《1900 年布干达协议》获得了土地所有权。1918 年，此前被剥夺土地权利的巴塔卡或氏族头人开始激烈地反对这一体制。他们组织了"巴塔卡协会"(Bataka Association)，向卡巴卡达乌迪·奇瓦申诉他们的不满。巴塔卡是真正的、普通民众反对酋长的代言人。在这件事中，奇瓦提出一个妥协方案，但被酋长们拒绝。巴塔卡则继续表达出他们对酋长不断增加传统捐税"布苏鲁"(busulu，劳动义务)和"恩乌乔"(envujo，部落中的生产)[①]的抗议。由于卢基科被酋长们所控制，所以拒绝了他们的申诉，于是巴塔卡就将申诉提交给了英国的乌干达保护国当局。英国人调查了此事，并对巴塔卡表示同情。然而，整个事情最终还是要提交到伦敦去裁决。殖民大臣埃默里批评酋长们滥用职权，但认为如今已不可能重新讨论土地分配的问题，也不可能削减酋长的特权。英国人把自己和酋长们绑在了一起，因为他们觉得不能公开反对自己的利益。

然而，对"布苏鲁"和"恩乌乔"的批评一直持续，在此过程中英国当局与酋长的关系紧张起来。20 世纪 20 年代，主要的土地所有者不仅对粮食而且对棉花征收"恩乌乔"。最终，英国人提出一个妥协案。1927 年，他们迫使卢基科通过了《布苏鲁和恩乌乔法》，限制了酋长征税的权力。强大的压力迫使酋长接受了此法案。

英国当局的这个行动几乎不可避免地引发了与酋长的冲突。20 世纪 20 年代，酋长们感觉到英国对布干达行政管理的干预越来越多，他们的地位被削弱了。双方矛盾在"卡提基罗"阿波罗·卡格瓦爵士与布干达省委员会之间的激烈冲突中爆发出来。双方冲突的实际原因不过是细枝末节，但卡格瓦拒绝接受直接来自英国官方的命令。英国人决定抛弃以前的合作者。卡格瓦的对抗变得愈发激烈，以至于他在 1926 年辞职并成为一个尖刻的人。

在已描述过的政治活动类型中，普通民众在反对酋长时经常会向殖民官员申诉。而在另一些例子中，酋长和民众则站在了一条阵线上，共同要求改变普遍不受欢迎的殖民政策。一个很好的例子就是在乌干达北部地区反对干达人代理人的骚乱。英国人通常都会在这类由传统权威所领导的抗议中做出退让。

---

① 在原著最后的"非洲术语"中，作者将"布苏鲁"解释为在布干达传统的为酋长劳动的义务；将"恩乌乔"解释为在布干达传统的交给酋长的生产贡赋(见原著 319 页)。乌干达史学家乔根森在《乌干达现代史》中对这两种捐税的解释是："布苏鲁"是租金；"恩乌乔"是十一税。Jan Jelmert Jürgensen, *Uganda: A Modern History*. London: Croom Helm Ltd., 1981, p. 85. 译者注。

在这一类型的政治活动中，或许最大的不满是英国人也无法解决的。这就是布尼奥罗要求归还“失地”的问题。对布尼奥罗的敌视已不再是英国政策的一部分。1933 年英国与布尼奥罗签署了和安科莱、托罗此前签署的类似的协议，使布尼奥罗与殖民当局的关系步入正轨。不过，“失地”问题也是布干达协议中的一部分内容，英国人无法在这个抗议中做出任何协调。

正如此前指出的，这一时期在乌干达几乎没有任何全国性的政治运动。英国人推行“分而治之”的政策，并不鼓励乌干达国民意识的形成。当 1921 年在乌干达成立立法委员会的时候，没有一个非洲人被任命，直到 1945 年都没有非洲人代表。尽管在理论上说它是国家的立法机构，但它几乎没有为非洲人的政策和利益做过什么。大多数涉及非洲人事务的法令不经辩论就予以通过。这种做法压抑了对国家的忠诚感与国民意识。

这一时期，宗教也许是非洲社会中唯一非传统的忠诚归属。不过，天主教和新教的分歧所导致的政治敌意也是极为重要的。在布干达和其他地区，这两种宗教继续在不同的社区分别发展。学校要么是天主教会的，要么是新教教会的。婚礼的模式也强化了宗教分歧。不过应该指出，在乌干达大部分地区新教势力控制着地方政府。在四大主要王国中，统治阶层完全都是新教徒。如果说天主教是政治中的“出局者”，那么穆斯林甚至可以说完全不可能接近权力，他们没有政治影响力，也几乎没有获得中央政府教育资助的渠道。这种宗教分歧将继续成为乌干达政治中的重要因素。

“紧密联盟”或建立一个东非联邦(East African Federation)的可能性，在乌干达尤其是在布干达激起了大量的抗议活动。但不幸的是，这不仅没有促进国民意识，反而刺激了部落意识的发展。干达人，无论是酋长还是民众，都强烈反对建立任何联邦。他们的看法无疑是正确的，这样一个联邦将被肯尼亚移民掌控。他们也不愿成为可能形成的经济和社会体系的一部分。总之，他们担心，一旦“紧密联盟”建立将失去自己的土地，而被白人移民所占据。

然而，在反对联邦的过程中，干达人过分强调了《1900 年布干达协议》赋予自身的独立地位。他们不是以乌干达人的身份而是以干达人的身份去反对“紧密联盟”。他们坚持 1900 年的协议，维护自身特殊、独立的地位，让他们适应一个联邦计划似乎不容易做到。布干达的反对是联邦计划最终失败的关键因素。

英国官员不能去挑战布干达的分离主义，这在干达人拒绝在他们的学校里使用斯瓦希里语这一问题上也表现出来。在未来，这将是一个极其重要的发展变化。二战后可能没有什么政治问题比布干达的分离主义还要棘手。

3. 教育

一战以前，乌干达教会提供的几乎都是西式教育。战后，政府通过向教会提供“一揽子”拨款的方式为教育提供资金支持。1924 年，保护国任命了一名教育主管，同时开始建设政府支持的统一教育体系。学校仍处于教会的控制下，因为政府不想建立自己的学校。不过，这些学校仍要遵照政府制订的教学大纲并接受检察。天主教学校与新教学校的发展服务于各自的宗教。省级和地区的教育机构是在行政当局监管下建立起来的，负责监督所有的学校。

教育部门还开设了技术学校，提供贸易与工艺的培训。其中最重要的是一所培养木匠与技工的学校，位于坎帕拉的麦克雷雷(Makerere)。政府试图建立技术学校，却遭到来自教会和非洲人的反对。反对意见的核心是学术教育与技术教育的对抗——非洲殖民时期一个最基本的教育问题。传教士和非洲人认为，强调技术教育是次等地位的反映。他们希望非洲人能按照英国公学传统接受学术教育；希望非洲人享有和欧洲人一样的教育机会。

1935 年，菲利普·米歇尔爵士(Sir Philip Mitchell)担任乌干达总督，他以对学术教育的偏好扩大了中等教育和高等教育的规模。长远来看，米歇尔的教育改革比他创设的地方政府更重要。殖民当局期待这样一批接受了良好教育的非洲精英比他们的先辈少一些敌意。1936 年，总督成功得到了德·拉·沃尔伯爵(Earl De La Warr)下属的一个委员会的任命，为东非未来高等教育的发展提供建议。于是就有了将麦克雷雷技术学校最终发展为一所大学的议案。米歇尔也扩大了中等教育，这使得政府活动大量增加。在 20 世纪 30 年代的最后四年里，中等学校的入学率从不到 250 人猛增至超过 1 300 人。

4. 乌干达的亚洲人

殖民行政当局鼓励亚洲人到乌干达，但对亚洲人在这个国家的事务不感兴趣。例如，1921 年首个立法委员会成立的时候，只有一名亚洲人被任命为非官方委员，而欧洲人的非官方委员有两名，虽然在乌干达的亚洲人数量远多于欧洲人。结果，亚洲人的领导们抵制这个委员会长达五年之久。在另一些方面，英国人的态度甚至是带有偏见的。亚洲人被视为保护国中的临时性居民，他们的存在将是非洲人未来发展商业、贸易以及公共服务的阻碍。英国人从不想把亚洲人整合进乌干达，所以非洲民众对亚洲人带有偏见也就不足为奇了。

另一个滋生对乌干达亚洲人怨恨的领域是棉花工业的组织领域。1916年后，印度商人、公司逐渐进入并占据了棉花工业中间商的位置。印度资本流入乌干达是为了满足印度国内纺织工业对棉花日益增长的需求。到1925年，印度人控制了乌干达3/4的轧棉厂。非洲种植者对棉价和棉花收购的垄断性产生不满，并在很大程度上将问题归咎于印度人。尽管这对印度人而言并不公道，世界棉价不是中间商所能控制的。可是非洲人还是憎恨这些亚洲人所扮演的经济角色。

5. 殖民地经济

一战后，棉花仍然是乌干达最重要的出口商品。尽管有诸如中间商与轧棉厂的问题，但在两次世界大战期间乌干达的棉花种植业还是能比较灵活地适应不断变化的经济环境。确实，乌干达与它的两个姐妹殖民地坦噶尼喀、肯尼亚相比较少受到大萧条的影响。东部省的植棉面积大幅增长，交通状况的改善也刺激了植棉区在其他区域的扩大。

一战后，乌干达成功引进了其他经济作物。20世纪20年代，亚洲企业家梅塔(N. K. Mehta)和马德哈万尼(M. Madhvani)建立了大型甘蔗种植园和加工厂。相对于棉花和咖啡而言，蔗糖具有一个优势，即它有一个现成的并不断扩大的本地市场，而无需依赖向遥远市场的出口。因此，蔗糖工业取得了快速的发展。

一战后，咖啡也成为一种可行的经济作物。从20世纪20年代初开始，非洲农民种植咖啡的面积就迅速扩大。20世纪30年代，咖啡已成为仅次于棉花的第二大出口产品。在乌干达种植的大部分咖啡是“罗布斯塔”(robusta)这种本土作物。一个重要的例外是基苏人在埃尔冈山坡地种植的“阿拉比卡”(arabica)，那里的作物生长繁盛。[①] 到二战爆发时，基苏咖啡农每年可以生产出约4 000吨咖啡。

农民通过种植经济作物获得财富增长，这又进一步刺激了经济作物的种植，交通状况也得到了极大改善。修建了新道路，旧道路也得到更新。20世纪30

① 咖啡树的品种主要有四种，其中以罗布斯塔、阿拉比卡最为常见，此外还有市场上不多见的利比里卡(liberica)和阿拉布斯塔(arabusta)。译者注。

年代中期，几乎所有的主要城镇与经济中心都被良好的道路连接在一起。铁路也经由肯尼亚西部延伸至坎帕拉。

值得强调的是，在两次世界大战期间乌干达的财政收入与出口额都一直高于它的邻居肯尼亚。尽管欧洲移民有各种辩解，但以非洲小农为基础的乌干达经济比肯尼亚经济更强劲、更活跃。另一方面，乌干达经济没有经历根本性的变革，仍然继续依赖出口市场。经济作物种植只不过是附属于传统的维持生存型的经济，而乌干达农民享受到的生活是“在安逸中的贫困”——一种极富洞察力的描述。

三、肯尼亚

“东非保护国”在 1920 年 7 月被更名为“肯尼亚保护国”。在一战期间，肯尼亚比乌干达遭受了更大的破坏；在两次世界大战期间，相比坦噶尼喀、桑给巴尔或乌干达而言，肯尼亚是殖民当局更加关注的重心。一战中，为了军事进展，肯尼亚的非洲人被征召为搬运工。这一时期不断增加的移民支配了肯尼亚的政治与经济。20 世纪 20 年代初，欧洲人对肯尼亚的支配达到很强的程度，移民实现非正式多数派政府并最终建立自治政府的目标似乎触手可得了。然而，来自殖民地内非洲人与亚洲人的强大政治压力阻止了欧洲移民的野心。

像在乌干达一样，肯尼亚非洲人的政治利益集中于地方性竞争。不过，在肯尼亚非洲人面临着巨大的不利因素，甚至是白人支配这个国家的威胁，这个威胁如此真实，使得非洲人有时会卷入围绕中央政府的活动，有时甚至要去伦敦申诉。然而这样的行动并不能根本地改变殖民地的经济结构。在两次世界大战期间，这个殖民地明显地偏向于移民的利益。

1. 肯尼亚的非洲人与一战

1914 年德国人的最初入侵以后，东非保护国境内几乎没有什么战事。可这并不意味着战争对肯尼亚民众的影响很小。事实上，对肯尼亚的影响是非常深远的。1914—1918 年，成千上万的非洲人被征召加入“运输军团”作为搬运工为英军服务。

起初并没有征召搬运工，因为战事很大程度上都局限在肯尼亚境内。一开始征召都是自愿的。然而到 1915 年，没有足够的志愿者加入“运输军团”，于是开始了强制性征召。酋长及其助手完全以武力的形式迫使非洲人为战争服务。

1916—1917年，协约国军队已推进至德属东非，对搬运工的需求增加了，因此在非洲人地区的管理机构更加积极地搜罗体格健全的非洲人。

对非洲人而言，在战争中的服务是一段痛苦的经历。他们先被牛车装载运至蒙巴萨，然后坐船到德属东非。许多人在战争中死亡或致残。到1918年，持续的军事劳力征召导致肯尼亚严重的人口损失与失衡。在家的男人很少，因此无法进行足够的耕作，导致了饥荒与社会贫困。许多人再也没能回去，他们死于战争，但几乎没有人关心他们。

2. 走向欧洲人统治

在一战期间及战争刚结束那段时期，欧洲移民在肯尼亚获得了巨大的经济与政治优势。对非洲人而言，有一些是间接的消极影响，而另一些影响是直接的。与1914年的情况相比，累积效应使肯尼亚在白人至上的道路上越走越远。

欧洲移民通过牺牲非洲人的权利而得到的第一笔收获是1915年《皇家土地法令》(Crown Lands Ordinance)的颁布。这满足了许多移民长期被殖民当局与伦敦方面压抑的要求。这项法令为欧洲移民提供了租赁期为999年的土地，而当下所有的土地，包括非洲人保留地(在理论上只能由非洲人占据)，都属于王室。该法令也赋予了"白人高地"概念合法地位，总督对这个地区的任何土地买卖都有否决权。

1915年还通过了《土著人登记法令》(Native Registration Ordinance)，由于战争，法令推迟到1919年才开始实施。它提供了一种非洲人登记制度，这是欧洲人一直要求的。根据该法令，将发给每个非洲男子一张身份纸片"基潘德"(kipande，在斯瓦希里语中是"一张纸"的意思)，要求非洲男子将"基潘德"放在一个金属盒子里随时携带，通常要挂在脖子上。"基潘德"是政府为了满足欧洲移民的要求而做出的最令人厌恶的改革之一，它主要是为了帮助欧洲移民获得不断增加的非洲劳动力供应。

一战期间，移民在政治上获得了很大的影响。早在1914年前欧洲移民就呼吁增加他们在立法委员会中的代表、垄断选举权。那时，这些要求未被伦敦方面批准。但是一战给了移民一个在处理保护国事务中要求更多参与权的机会——实际上是对殖民地的控制。移民的压力迫使软弱平庸的总督贝尔菲尔德爵士(Sir H. C. Belfield)于1915年成立了"战争委员会"(War Council)。尽管这个委员会只是咨询性机构，不过还是发挥了作用与影响，有助于增强移民在战时行政当局与殖民地政府中的声音。由于这样一些影响，总督才成功地迫使殖民部接受了由欧洲移民选举立法委员会的原则。在战时，这一选举一直被搁置。1920年进行了第一次选举，当时只允许白人选举立法委员会成员。这令亚洲人非常愤怒，毕竟他们的选举权和平等代表权都被否定了。

在总督爱德华·诺西爵士（Sir Edward Northey）统治时期，移民获得了更有利的地位。诺西是一战期间东非战役中的一位将军，他于1919年1月接受了肯尼亚总督一职的任命，这也是对欧洲移民要求一位军事总督的回应。他上台后立刻表现出了偏见，支持欧洲移民，反对殖民地中亚洲人、非洲人的诉求。1920年，他将“东非保护国”更名为“肯尼亚殖民地与保护国”（Colony and Protectorate of Kenya）。这种名称和地位的改变（保护国仅指沿海10英里的狭长地带，严格地讲这是桑给巴尔素丹的领地）似乎是要建立一个移民自治的政府，就像在南罗得西亚那类殖民地中所做的一样，这一点非常有可能。诺西甚至满足了移民有关劳工招募的愿望。他命令非洲人开始登记，1919年10月还发布了劳工通知，呼吁行政官员积极帮助私人企业进行劳工招募的工作。诺西还迅速实施了“士兵安置”（Soldier Settler）计划，通过向欧洲退伍兵提供获得土地的宽松条件吸引他们大批来到肯尼亚。

诺西在执政期间实施的其他措施也都是更有利于欧洲移民而非其他群体的利益。这在他于1920—1921年倡导的货币改革中得到了充分体现。在实际执行中，货币从“卢比”（rupee）变成“弗罗林”（florin）、又变为“先令”（shilling），这一改革反映出殖民政府中部分人的明确偏见，他们扶持移民的而不是非洲人的经济利益，后者面临着手中持有的辅币价值缩水一半的可能性，直到殖民政府干预并强迫废弃了“先令骗局”。一战期间及战后，非洲人的缴税额上升了，而欧洲移民成功地抵制了对个人所得税的征收，他们要缴纳的税额微乎其微。此外，一战后在殖民政府的支持下欧洲雇主能够削减非洲人的工资。

很明显，在一战期间及战后时期非洲人、亚洲人在政治与经济领域的利益都被欧洲移民侵蚀。一战期间，非洲人农业在很大程度上被忽视了，战后也是居于次要地位。这是因为诺西过分强调了欧洲农场对非洲劳动力的需求，而不是非洲人的农业。因此，20世纪20年代初欧洲移民已经得到了太多好处，看来已快要实现他们的最终目标，即白人作为少数人控制对政府的管理，就像在南部非洲一样。但这种情况终未发生，这不仅是由于来自肯尼亚亚洲人和英国人道主义者的抗议活动和政治阻力，更是因为殖民地财政状况的极其重要的影响以及非洲人抗议活动的出现。

3. 亚洲人问题

一战后，在肯尼亚的亚洲人(那一时期主要是印度人)展开的澎湃的政治斗争最引人注目。在总督诺西的公开支持下欧洲移民获得了大量的利益，这激起了亚洲人要求获得与欧洲人平等待遇的斗争。尽管在肯尼亚印度人的数量比白人多得多，但他们在立法委员会中的席位却很少，而且没有选举权。亚洲人的领袖要求投票权以及全民普选；有资格的选民是亚洲人与欧洲人，他们将在共同的候选人名单中进行投票选择，而非欧洲移民所期待的分别选举。亚洲人还呼吁结束白人高地中的保留地，废除城镇中的种族隔离制，允许所有人在殖民地中自由移民。

20 世纪 20 年代前半期，连续几任英国殖民大臣都卷入肯尼亚亚洲人与欧洲人之间的相互冲突的利益诉求。亚洲人与欧洲人动员各自的影响力，试图在这场斗争中影响英国政府的决策方向，使之偏向自己一边。欧洲移民获得了在英国“帝国圈子”里的许多人以及在肯尼亚的传教士的支持；亚洲人得到了来自印度殖民政府的强烈支持，后者强调对东非亚洲人的消极政策意味着英国在印度的统治将难以为继。

在米尔纳勋爵和温斯顿·斯宾塞·丘吉尔两任殖民大臣期间只采取了一些有利于欧洲移民的措施，所以没有找到矛盾的解决方法。为了回击亚洲人的诉求，1921 年欧洲移民通过他们的主要政治组织“联合大会”(Convention of Associations)推出了一个“最低限度”(irreducible minimum)方案，呼吁严格控制亚洲移民，在立法委员会中只任命两名亚洲人代表，在城镇中实施居住隔离，白人高地神圣不可侵犯。1921 年，双方分别派出代表赴伦敦申诉。1922 年 1 月，丘吉尔在伦敦一次东非各界人士参加的宴会上发表演说，指出英国政府将规范对亚洲移民的管理，维持白人高地，期待出现自治政府并以之作为殖民地的理想典范。在这段演说中他暗示了对欧洲人诉求的偏袒。这些表态加之总督诺西对欧洲移民的优待，使亚洲人加倍努力去斗争。

然而，1921 年年底白人进一步扩大其优势的运动逐渐减缓了势头，这在最初实施劳工政策的地区最明显。丘吉尔受到英国教会与人道主义者的压力，在与肯尼亚行政当局磋商后决定废除诺西于1919年颁布的呼吁政府帮助移民征募劳动的劳工通知及其修订版，因为诺西在亚洲人问题上持同情欧洲移民的立场，而他的经济政策是用国家资源支持移民的生产，完全损害了非洲人农业，这产生了灾难性的影响，因此在1922年6月他被撤销了总督职务。他的继任者、乌干达前总督罗伯特·柯兰登爵士则毫不犹豫地支持扩大非洲人的农业，是"双重政策"的强烈鼓吹者。这一政策在诺西时期就曾被勉强提出，它要求国家对欧洲人与非洲人的农业同样都支持。

诺西被撤职后不久，移民遭受了另一个打击，即根据"伍德—温特顿建议"的形式解决亚洲人问题。伍德(Wood)和温特顿(Winterton)分别是殖民副大臣和印度副总督。虽然这个建议未能完全满足亚洲人的诉求，但与他们的诉求在很大程度上是一致的。"伍德—温特顿建议"也代表了伦敦的意见，要鼓励非洲人农业就要支持亚洲商人为这些商品提供出口。殖民部也关注并尽量避免再次发生任何非洲人的抗议，此前于1922年3月在内罗毕要求释放哈里·图库(Harry Thuku)的示威抗议活动以暴力镇压告终。[①] 尽管欧洲移民最初拒绝接受此建议，但1922年10月取代丘吉尔接任殖民大臣的德文公爵(Duke of Devonshire)还是向总督柯兰登施加压力，迫使移民接受。柯兰登与移民之间的互动表现为伴有武装抵抗的激烈谈判。总督还一度被劫持。

面对可能的移民叛乱，政府尚未做好镇压的准备，最终伦敦官方决定邀请总督以及亚洲人和欧洲人领袖的代表于1923年年初赴伦敦，讨论并致力于达成双方都同意的解决方案。德文公爵及其殖民部同僚已完全改变了立场，既不站在欧洲移民一边，也不支持亚洲人，而是决定围绕非洲人对肯尼亚的主权这一观念寻求解决方案。英国政府成了肯尼亚非洲人的受托人，这种观念倒像是英国人具有了一种美德一般。1923年7月，殖民部发布了通常被称为"德文宣言"(*Devonshire Declaration*)的白皮书，其中强调了肯尼亚首先是一个非洲人国

① 哈里·图库在1921年成立"青年基库尤人协会"，以保卫土地和劳工为目的；此后发展为"东非协会"，致力于反对基潘德制度、强迫劳动等问题，并发展同干达人的联系，他还同美国人如杜波依斯等建立联系，请求美国黑人的支援。肯尼亚殖民当局认为图库是一个威胁稳定的因素，于1922年3月14日逮捕了他并准备押送出境。当他被关在内罗毕警署的时候，3月16日，其支持者举行了罢工并与警察发生了冲突。警察在冲突中打死21人。此后，图库被放逐到基斯马尤。译者注。

家，本土民众的利益才是最为重要的。无论亚洲人还是欧洲人，都不能完全满意这样的说法，但他们都争着说自己才是引导非洲大多数人实现发展的最好的受托人，因此双方都没有公开表示对白皮书的反对。

在这个欧洲移民与亚洲人矛盾的解决方案中，双方都称不上是胜利者。白人高地保持封闭，也不会进行全民普选。亚洲人可以通过单独选举选出立法委员会中的五个议席。城市居住区隔离制度没有废除，对亚洲人移民的控制也未放松，许多亚洲人对此感到失望。“德文宣言”的重要意义在于，尽管亚洲人在许多年里都抵制立法委员会的选举，但这个宣言结束了亚洲人与欧洲人之间激烈的政治斗争。观察同一时期南罗得西亚所发生的(移民建立自治政府)就会清楚地发现，在肯尼亚的欧洲人遭到了失败；英国政府关于非洲人主权的宣言消除了欧洲移民团体试图对殖民地进行政治控制的可能性。在肯尼亚的白人移民远少于南罗得西亚的，亚洲人和非洲人的反对对肯尼亚的殖民政策产生了更大的影响。

4. 一战后非洲人的政治激进主义

欧洲移民在殖民地政治、经济生活中日益占有优势，加之行政当局常颁布一些对非洲人产生消极影响、满足欧洲移民需求的措施，这刺激了非洲人的政治运动。不过，这些抗议活动通常都不包括大多数非洲人。抗议活动的组织者和参与者多是受殖民体系影响较大的人——殖民地酋长和受过教会教育的人。而且，像在其他东非殖民地一样，这两个群体虽然有时会合作共同对殖民政府施压，但也经常相互竞争在地方事务中的支配权。

哈里·图库在内罗毕及周边基库尤人地区的政治抗议活动就是一个很好的例子。图库在年轻时加入了基安布地区的基督教会，并最初接触到西方教育。几年后他离开教会到内罗毕找工作。在那里，他尝试了各种工作，特别是为一份移民报纸《英属东非领导者》(*The Leader of British East Africa*)做排字工与印刷工。他得以直接观察在移民政治中的组织与宣传。一战后，他在殖民地财政部门中获得一个办事员、话务员的工作。这成为他政治生涯的起点，此后他开始从事反对行政当局、反对欧洲移民以及1921年成立的“基库尤协会”(Kikuyu Association)的运动。基库尤协会在一战后成立，是由政府任命的酋长领导的一个抗议性组织。他们主要的不满是，基库尤人的大量土地被剥夺，面临着土地短缺的问题。酋长们发起这一运动主要是为了获得更多土地，并确保获得土地的人(酋长自己以及一些富裕的基库尤人)有安全的使用权。

尽管图库涉足政治的直接原因是1921年削减非洲人工资,但他所领导的抗议活动不仅针对某些特定的殖民政府可以纠正的滥权行为,而且反对酋长作为生活悲惨的基库尤人的代言人。图库于是组织了后来发展为"东非协会"(East African Association)的"青年基库尤人协会"(Young Kikuyu Association)。在此过程中,他还受到了围绕着亚洲人问题的政治煽动的影响。图库与亚洲人的领袖们联合起来,并接受了后者的建议和物质支持。在1921年6月"基库尤人协会"举办的一次会议后,图库未与协会领导人商议就向殖民部发电报表达了在会议上讨论的那些悲惨问题。这就使图库和那些酋长以及一些传教士之间势同水火。他在电报中声称,亚洲人是仅次于传教士的、非洲人的"好朋友"。图库还试图发展与其他居住在内罗毕的不同部落成员间的联系,包括干达人。他将组织的名称改为"东非协会"就是一个明证。他还试图吸引穆斯林、基督徒以及传统宗教的追随者。

1921年年底,图库开始建立一个抗议性的政治组织。他发布了一份传单,其中表达了对土地、劳工以及受过教育的非洲人在政治上沉默的不满。受干达人朋友的影响,图库还呼吁在基库尤人中设立一个最高酋长。图库影响到了在教会学校中受教育的新一代非洲人,到1922年年初,他在内罗毕以及基库尤人的农村地区赢得了民众的支持。

图库还呼吁非洲人采取行动,如丢弃"基潘德"并拒绝为欧洲人工作,这被政府解读为不合作主义。1922年3月,他由于这些行为被捕。图库被关在内罗毕监狱中,而一大批非洲人支持者与同情者聚集起来要求释放他。守卫监狱的警察开火,导致很多非洲人被杀或受伤。图库的"东非协会"被封禁,在数年中,他也被拘留在殖民地北部地区。不过在一段时间后,另一位非洲领导人仍试图通过团结不同的族群,敦促殖民政权进行改革。上文已述,这次抗议活动产生了一个非常重要的影响:英国政府决定解除诺西的总督职务,接纳肯尼亚主权属于非洲人的政策。

一战后,在肯尼亚西部的卢奥人与卢西亚人中也出现了政治抗议运动。在这里,传教士的教育也产生了巨大的影响。起初,两个族群的酋长都是由殖民统治者任命,而受过教会教育的精英联合起来对此进行抗议。殖民行政当局将酋长视为收税人与劳工招募人。一战后，酋长感到自己的职责增多、而独立性却减少了。这使得他们与那些本该进行沟通的民众产生越来越多的争执。他们与许多受过教会教育——几乎都是“圣公会传教团”培训——的年轻人在反对欧洲移民过分攫取利益、促进非洲人进步等问题上意见一致。受到布干达这一榜样的影响，这些年轻人也期望创设一个最高酋长，在面对欧洲移民对土地、劳工和税收的越来越大的需求时最高酋长可以保护非洲人利益，并管理当地事务。

1921年年底，一群受过教会教育的、年轻的卢奥人召集了一次会议，并成立了“青年卡维龙多协会”(Young Kavirondo Association)。协会起草了一份备忘录，并送给殖民当局。在备忘录的第一部分中敦促设立一个最高酋长。由于这些会议以及抗议者的决心，行政当局做出了一定让步，包括降低人头税、解除劳工招募、设立卢奥人酋长会议。同时，当局向教会施加压力，要求教会控制、约束其信徒的政治活动。在领班神父欧文(Archdeacon W. Owen)领导下的“圣公会传教团”，试图找到一种能够影响、控制其信徒的方式。“青年卡维龙多协会”中的大多数成员都是其信徒。

与其他传教士不同的是，欧文神父并不畏惧站在非洲人一边。他与“青年卡维龙多协会”紧密合作，并于1923年与协会中的卢奥人、卢西亚人一起将协会改造为“卡维龙多纳税人福利协会”(Kavirondo Taxpayers Welfare Association)。欧文自己担任会长。在他的影响下，协会从一个政治组织逐渐转变为一个关注社会改良和福利事务的组织。

“卡维龙多纳税人福利协会”在1922年后成为推动非洲人地方政治发展的典型。在欧文的引导下，协会避免被煽动，也不关注中央或国家的事务，而是专注于福利问题；至于政治问题，就像欧文所说的，“把它们放在一个合适的地方”。协会成员不得不从事这样一些活动，如植树、改善公共卫生、使用西式餐具等。协会还试图寻求促进与行政当局的更密切的合作，其主要诉求是在地方层面获得更多的政府服务。

1924年后，殖民政府决定在殖民地内建立“土著人地方委员会”(Local Native Councils)，这增加了对地方问题的关注度。肯尼亚西部的非洲人对这种地方代表机构抱有很大的期望。受过教育的非洲人希望借此机构促进地方发展，但他们最终失望了。这主要是由于委员会几乎没有什么权力和影响力。“土著人地方委员会”由当地的地区专员领导，很大程度上受其控制。

“卡维龙多纳税人福利协会”在1925年以后逐渐衰落。在协会中，酋长与其他成员的分歧、卢奥人与卢西亚人的分歧导致他们建立了各自的组织。此外，20世纪20年代末卢奥人、卢西亚人并不觉得土地短缺是一个重要的问题。加之对劳工招募的强调不断减少，民众参与政治活动的兴趣变小了。欧文想要缩小非洲人期望改良与行政当局持续强调白人至上之间的差距的努力也最终失败了。

图库被捕后，在肯尼亚中部地区政治活动的兴趣明显转向地方领域。土地问题仍然激起了不满。1924年年中，一群受过教育的基库尤年轻人组织了“基库尤中央协会”(Kikuyu Central Association，KCA)。1925年总督爱德华·格里格爵士视察基库尤地区时，协会成员向总督表达了他们的关切点。他们抱怨失去了土地和对土地的权利，呼吁释放哈里·图库，批评酋长们滥用权力，申诉非洲人缺乏种植经济作物如咖啡的机会。行政当局并不同情“基库尤中央协会”。尽管协会成员赢得了成立于20世纪20年代的“土著人地方委员会”的选举，但英国官员仍然认为“基库尤中央协会”是一个不负责任的组织。

不过，“基库尤中央协会”还是得到了来自基库尤人地区和内罗毕的受过教会教育的人的支持。协会从一开始就从所谓的基库尤中产阶层中吸引追随者，包括那些拥有自己店面、推车、卡车的个体户，商品农业的生产者，经营磨坊生意的商人。还有许多协会成员来自教师、文员。作为协会成员，在地方层面上他们都努力使自身利益最大化。他们发现，他们与另一个现代化的群体产生了竞争，就是那些国家任命的基库尤人酋长群体。酋长有国家支持的优势。20世纪20年代，酋长们利用“基库尤协会”作为与“基库尤中央协会”竞争并促进他们自身政治、经济利益的工具。

“基库尤中央协会”中一位最重要的成员是在苏格兰教会(Church of Scotland)受过教育的年轻人约翰斯顿·卡马乌(Johnstone Kamau)，也就是后来的乔莫·肯雅塔(Jomo Kenyatta)。他1928年担任“基库尤中央协会”的总书记，兼任同年创办的协会刊物的第一任编辑。肯雅塔还被选为协会的代表赴伦敦去申诉他们的不满，并在殖民大臣做出裁决前提出自己的要求。在伦敦，肯雅塔表达了“基库尤中央协会”对土地问题的立场，呼吁在立法委员会中赋予非洲人代表权。然而，他未得到官方足够的注意。1930年，肯雅塔几乎一无所获地回到肯尼亚。

从1928年起，另一个问题极大地影响了“基库尤中央协会”，并把它推到有时可以称为“文化民族主义”的范畴。面对欧洲传教士的攻击，协会越来越拥护基库尤人的传统价值观。其中争议最激烈的问题是女性的割礼。部分是出于健康原因，在苏格兰教会领导下各派新教教会试图禁止这一重要的、标志着女孩变成女人的传统惯例。不顾政府提出的慢慢来的建议，传教士开始强迫其信众要么抵制这个习俗，要么退出教会。许多基库尤基督徒在“基库尤中央协会”的支持下选择离开教会。这场争论也促进了20世纪30年代独立教会与学校的发展。

5. 移民政策、紧密联盟和殖民当局

即使在1923年以后，多数欧洲移民仍继续要求获得非正式（移民）多数派政府，并最终建立自治政府。1925年后，这一努力与东非三个殖民地建立“紧密联盟”的问题相联系。在1924—1929年的大多数时间里，保守党埃默里担任殖民大臣；欧洲移民提出的问题切合了这一时期政府的政策。1925年，他任命爱德华·格里格为肯尼亚总督，希望后者能促进联盟的形成。格里格也对移民非正式多数派政府的要求表示同情。在德拉米尔勋爵的领导下，移民对格里格的同情也做出了回报，同意向坦噶尼喀、乌干达增加更多移民，以促使统一英属东非的形成，而这样也能强化他们有关建立自治政府的主张。德拉米尔尽管此前反对联盟，但还是于1926—1927年召集了来自东部非洲和中部非洲的移民开会，以寻求他们对建立“紧密联盟”的支持。

格里格推动扩大欧洲人对肯尼亚事务的影响，但并不容易实现。亚洲人持续抵制欧洲移民影响的扩大，而在乌干达、坦噶尼喀对“紧密联盟”的反对也很强烈。而且，埃默里任命的希尔顿—扬委员会对未来英国在东非的政策提出的建议没有达到埃默里与格里格所希望的、能够支持其观点的程度。委员会访问东非以后，其中大多数人与爱德华·希尔顿—扬爵士（Sir Edward Hilton-Young）的意见不一。1923年发布的“德文宣言”强调应坚持非洲人利益的最高权威，欧洲移民只能期望“参与而非控制”这个殖民地。只有当非洲人的利益被充分代表以后，所谓的非正式多数派政府问题才会被考虑。希尔顿—扬委员会对任何有关“紧密联盟”的实施方案都泼了冷水，埃默里于1929年派出常务殖民副大臣塞缪尔·威尔逊爵士去东非都无法挽救这个计划。

就在威尔逊就东非问题做报告时，工党政府开始在英国执政。接替埃默里的殖民大臣帕斯菲尔德勋爵西德尼·韦伯(Lord Passfield, Sidney Webb)改变了其前任过分偏袒欧洲移民、热心“紧密联盟”的政策。尽管帕斯菲尔德勋爵不是一名殖民地专家,但他要求格里格不要过分蓄意阻挠非洲经济的发展,还于1930年通过了一个肯尼亚的欧洲政客很不喜欢的《土著人土地信托条例》(Native Lands Trust Ordinance)。1930年7月,帕斯菲尔德发布了两份白皮书,表明了工党政府对“紧密联盟”与非洲政策的立场。肯尼亚未来的目标是建立一个负责任的政府,非洲人无疑将成为该政府的代表。此外,在有关非洲政策的备忘录中他还强调,委托的责任仅取决于英国政府。

这些政策声明引起了移民的强烈反对。加之英国国内对移民的同情势力,弱势的工党政府不得不将这些白皮书提交给“国会联合委员会”(Joint Select Committee of Parliament),由其讨论并决定对东非的政策。委员会在伦敦举行听证,听取了来自每个不同殖民地的官员、传教士、移民以及三名非洲人的意见。1931年,他们的报告最终埋葬了争论十余年的“紧密联盟”问题,粉碎了移民组建非正式多数派政府以及最终建立欧洲人自治政府的任何希望。该报告结束了乔治·班尼特(George Bennett)所说的肯尼亚政治史中的首要问题,即“建立独立的由移民管理的国家的直接可能性”。委员会还呼吁重视一些非洲人的不满,如禁止非洲人种植咖啡、基潘德制度、土地问题等,同时敦促成立一个详细调查土地问题的委员会。

6. 殖民地经济

整个20世纪20年代,在肯尼亚的欧洲人取得了骄人的农业成绩。一战前,非洲人生产的粮食是重要的出口产品,一战后这种重要性多少有些下降了。随着战后衰退期的到来,1922年后欧洲人农业获得了更稳固的基础。不过,在殖民地中仍有许多大农场中的大片土地闲置,未种任何作物。当时,对大多数欧洲人农场而言最重要的作物是玉米。玉米和小麦的产量增长十分迅速,但是把精力集中在单一种植这几种作物上并不明智。而且,若没有政府的高度支持,这些作物将无法稳定赢利。例如,玉米的出口主要依赖政府将铁路运价降至盈亏临界点甚至其下的水平。另一方面,在两次世界大战期间很高的保护性关税也是必要的,因为要保护移民刚起步的重要的小麦、面粉工业。本地以及东非地区的乳制品市场只能依靠政府大量不划算的投入才能得以保全。

在工业领域，食品(谷物、乳制品)加工是肯尼亚主要的制造业部门。由移民个人或团体开创的工业一般规模较小，它们依靠很高的保护性关税以及其他优惠政策才能取得一点点成绩。不过，肯尼亚的工业还获得了在乌干达与坦噶尼喀的额外市场，在肯尼亚生产的商品能够免税进入邻近的这两个殖民地。几个大的英国贸易公司也利用关税壁垒的保护在肯尼亚开展经营活动。这有助于肯尼亚工业取得相对于其他两个殖民地的领先地位。

肯尼亚最重要的出口商品是种植园作物，即咖啡和剑麻。这些产品到 20 世纪 20 年代末占肯尼亚出口额的近 50%。尽管价格受到了“大萧条”的严重影响，不过咖啡在 20 世纪 30 年代仍是肯尼亚最重要的出口商品。同时，茶叶作为一种重要的种植园作物也被引入了肯尼亚。

由总督柯兰登提出的“双重政策”在理论上要求政府对欧洲人与非洲人的农业给予同样支持。但实际上，20 世纪 20 年代欧洲人的生产明显得到优待，更多的政府税收用于改善移民区的交通，并为白人农场主提供专业的农业、兽医服务。而且，只要法律不予禁止，像咖啡这样的经济作物就不允许在非洲人保留地内种植。从非洲人地区向移民农场输出劳工仍被继续强调。这导致在大部分地区从非洲人保留地中卖出的农产品几乎没有实现任何增长，还停留在 1914 年以前的水平。

从 20 世纪 20 年代末开始，肯尼亚的经济形势日益恶化。1928 年、1929 年的蝗灾导致农作物普遍被毁。此后的两年中在肯尼亚一些地区又发生了旱灾。与此同时，世界大萧条导致出口农产品的价格急剧下跌。移民遭受了严重打击，因为此前他们大量举债；在很大程度上讲，也是由于他们未能实现多样化经营。20 世纪 30 年代初，欧洲移民的农业耕种面积下降了差不多 15 万英亩。只有政府的强力支持才能拯救完全破产的移民经济。政府非常慷慨地向移民提供了贷款、退款、回扣以及价格支持。新的经济作物如除虫菊也被引进，以促进多样化经营，抛弃此前单一种植玉米的农业模式。殖民政府试图拯救移民农业产生了一个重要的后果——刺激了非洲人的生产。

政府希望非洲人能从事经济作物种植以增加出口，从而帮助殖民地走出萧条。殖民政府也希望看到日益增收的非洲农民大量购买欧洲移民生产的面粉与奶制品，为移民农业开拓出市场。为了实现这个目标，政府向非洲人保留地提供了更多的农业、兽医服务，不过这些服务还是无法与提供给欧洲移民区的相提并论。1934 年年初，尽管遭到了移民的强烈反对，咖啡还是被引入到一些选定的非洲人地区(不包括“基库尤兰”，Kikuyuland)进行种植。

20 世纪 30 年代是一个过渡期。虽然非洲人的农业产品在殖民地的主要出口中还不足以挑战欧洲人生产的作物，不过殖民地还是发生了一个重要的转变，即不再单一地强调发展移民农业了。

7. 20 世纪 30 年代非洲人的抗议活动

在基库尤人中，“基库尤中央协会”继续得到民众的支持。它强烈要求进行土地改革，要求允许非洲人种植经济作物以及更多的政治参与。不过这并不是一个真正的群众性运动，“基库尤中央协会”之所以得到整个肯尼亚中部地区的支持，主要是因为它在女性割礼问题上的立场。肯雅塔 20 世纪 30 年代在伦敦，他为“基库尤中央协会”到处游说，同时不断学习。1938 年，他在《面向肯尼亚山》(*Facing Mount Kenya*)一书中为基库尤人的文化进行了重要的说明与辩护。

20 世纪 30 年代，基库尤人的一个重要发展就是出现了独立学校和教会。这是他们与新教教会在女性割礼问题上发生冲突的直接后果。被逐出教会的基督徒建立了自己的教堂和学校。“基库尤独立学校联盟”(Kikuyu Independent Schools Association)就是一个在各类学校之间起着纽带作用的组织。这个组织有着强烈的反教会倾向，也是反殖民主义的。

20 世纪 30 年代“基库尤中央协会”和基库尤人面临的主要问题仍然是土地问题。他们想要更多的土地，并把控制保留地内的土地视为基库尤人的责任，而且对此前数十年中他们因欧洲移民而失去的土地进行索赔。许多基库尤人尤其是裂谷地区的基库尤人都是依附于移民农场才得以生存的“棚户民”。1932 年，当局任命了一个“肯尼亚土地委员会”(Kenya Land Commission)，这燃起了一些基库尤人实现自身诉求的希望。委员会的主席是威廉·莫里斯·卡特爵士(Sir William Morris Carter)，他早年曾倡导欧洲移民定居乌干达。“肯尼亚土地委员会”1934 年发布了一份报告，令那些燃起希望的人又再次失望了。尽管委员会进行了许多听证并收集了大量的证词，但委员会的建议还是忽视了基库尤人的许多要求，同意的土地赔偿数额也远少于基库尤人的预期。委员会还建议，在白人高地上的欧洲人应获得更大的安全保障，这看上去是要牢固地确立占有土地的隔离原则了。

20世纪30年代，在康巴人地区发生了一场重要的农村抗议活动。行政当局认为康巴人保留地中的水土流失与过度放牧问题需要采取严厉的对策。1937年年底，颁行了一项强制性的削减牲畜政策，康巴农场主被迫把他们的牲畜卖去屠宰。康巴人的领袖们起草了一份抗议请愿书并呈给殖民大臣，同时给了肯雅塔一份。这次抗议活动的最重要的领导人是塞缪尔·姆因迪(Samuel Muindi)，即后来众所周知的姆因迪·姆宾古(Muindi Mbingu)。

随着大量牲畜被卖出，民众的不满情绪增加了。姆因迪与其他领导人组织了“乌坎巴成员协会”(Ukamba Members Association)。他们筹集资金，并发誓对当局采取不合作的态度。1938年7月底，数千抗议者到内罗毕游行示威，并拒绝在见到总督之前离开。总督并不见得同情这些人，但他还是做出了让步，结束了强制性牲畜销售的政策，而代之以自愿性买卖。不过，姆因迪却被逮捕，并拘押在沿海地区。在二战后的那些年里，康巴人在农村发起的这种激进性示威行动将反复上演。

20世纪30年代后期，出现了城市中不满情绪的第一个强烈信号。1939年7月底，蒙巴萨的工人因不满低工资以及恶劣的工作、居住条件而举行罢工。当局调来警察，驱散并逮捕了许多参与罢工的人。这样的城市骚乱还将不断出现。

四、桑给巴尔

最初，英国几乎没有调整桑给巴尔在殖民前就已形成的基本政治与社会模式。在这种模式下，阿拉伯人控制着当地行政以及土地所有权。桑给巴尔和奔巴的亚洲人控制着商贸，而非洲人主要在种植园和城镇中做工。在政治上，英国当局首先将桑给巴尔视为一个阿拉伯人定居地，虽然从人数上讲阿拉伯人并不占多数。殖民政权既不希望也无能力去改变这种普遍流行的社会模式，建立于1926年的“立法与行政委员会”(Legislative and Executive Councils)也只不过是对这种现状的强化。素丹和其他几名政府官员都是行政委员会的成员。在立法委员会中，只有6名非官方成员(此外还有10名官方的成员)——3名阿拉伯人、2名印度人和1名欧洲人。直到1945年都没有一个非洲人被任命进入立法委员会。

种族群体的隔离并不仅仅局限于政治体制。例如，在教育领域有阿拉伯人的学校、印度人的学校、非洲人的学校，它们采用不同的语言，教育的侧重点也有所不同:阿拉伯人学校侧重农业;亚洲人学校侧重商业;非洲人的学校则侧重工业培训。

一战期间及战后一段时期,桑给巴尔的两种主要出口商品丁香与椰肉干销量很好。价格上升,意味着阿拉伯地主们的利润增加了。英国当局特别注意保护这一群体的经济利益,其中就包括1927年成立"丁香种植者协会"(Clove Growers Association)的阿拉伯人。

1929年开始,桑给巴尔遭受了"大萧条"的冲击。丁香价格急剧下跌,阿拉伯种植者损失惨重。"丁香种植者协会"要求英国当局给予保护。当局通过财政补贴和新的出口关税政策,为丁香种植者提供了优惠待遇。而那些销售几乎所有丁香的亚洲商人要支付这种关税,因为他们没有从这一措施中直接获益,所以对此感到不满。1937年,亚洲商人宣布抵制丁香销售,并威胁说各岛的经济将因此走向崩溃。英国公使介入此事,并商量出一个妥协方案,从而使贸易得以正常进行。此事说明亚洲商人已有了超越经济以外的巨大力量。尽管政府做出了努力,但二战以前丁香业都未能真正恢复繁荣。

像在大陆的殖民地一样,两次世界大战期间的桑给巴尔几乎没有产生任何经济的主动性。尽管新的经济作物被引进,殖民官员也开始尝试多样化经营,但形成于一战前的依附性出口导向型经济结构并没有变化。这就像肯尼亚的移民农场主、乌干达的非洲生产者对出口的依赖一样。当"大萧条"使东非大部分出口工业陷入严重困境时,地方与殖民当局的第一反应就是节省政府开支,随后便努力刺激商品出口。他们不愿尝试彻底摆脱旧发展模式,因为这有可能损害到帝国的利益。

另一方面,一个重大的政治变化是英国托管了德属东非(这一殖民地现已改称为坦噶尼喀),特别是在卡梅伦担任总督时期,英国人改变了此前由德国人建立的行政管理模式。但这些改革并没有看起来那么伟大,因为那种通过非洲人作为信息传递者的权力统治模式很大程度上是德国统治时期的延续。

东非大陆三块殖民地的殖民当局都试图扩大非洲人在地方层面而非国家层面进行政治参与的范围。这实际上是在地方事务中产生了非洲人利益的一种表现。一战后,新的具有竞争性的现代化精英阶层或者一些作家所说的小资产阶级出现了。他们挑战官方任命的酋长的支配地位。这些地方精英受过一些西方教育(至少是在乌干达和坦噶尼喀),大多参与经济作物农业的生产。作为一种在地方政治斗争中相互支援的手段,他们常常成立协会。这些协会所代表的只是农村中一小部分相对富裕的人,而不是大多数非洲人的利益。他们的努力通常被引导不去反对殖民体系,而是在这一体系内获得更多的实际利益,例如就业、经济作物种植以及教育。

在两次世界大战期间很少能听到要求结束殖民统治的呼声。在地方政治中,大多数非洲人关注的兴趣点并不是民族主义。然而到 20 世纪 30 年代末,地方政治对非洲精英而言已产生了不平衡的后果。那种能产生有意义的变革的力量取决于中央政府。二战后希望在政治上获得更大发言权的非洲人逐渐将中央政府作为他们的关注对象。

阅读建议

Bennett, George, *Kenya: A Political History*. London, 1961.

Brett, E., *Colonialism and Underdevelopment in East Africa*. London, 1973.

Coulson, Andrew, *Tanzania: A Political Economy*. Oxford 1982.

Harlow, V., and Chilver, E. M. eds., *History of East Africa. Vol. II* Oxford, 1965.

Iliffe, John, *A Modern History of Tanganyika*. Cambridge, 1979.

Ingha, Kenneth, *The Making of Modern Uganda*. London, 1958.

Kitching, Gavin, *Class and Economic Change in Kenya*. New Haven, 1980.

Mamdani, M., *Politics and Class Formation in Uganda*. New York, 1976.

Maxon, Robert M., *Struggle for Kenya: the Loss and Reassertion of Imperial Initiative*. London, 1993.

Ochieng', W. R. ed., *A Modern History of kenya*. Nairobi, 1986.

Temu, A. J. and Kimambo, I. eds., *A History of Tanzania*. Dar es Salaam, 1969.

第十章 东非民族主义的兴起与取得独立:1939—1963年

本章叙述的时期始于第二次世界大战,持续约20年,最终以一件对整个东非都意义重大的事件作为结束。在这些年,英国开始了它雄心勃勃的努力,致力于殖民地的发展。许多学校、医院、保健中心在这一时期开办起来。与此前几十年相比,殖民当局在促进非洲农场主的农业生产上投入了更多的精力。

这一时期,各级学校都有了增长,但或许最重要的是中等教育与大学教育的扩大。二战前,东非地区的中等学校寥寥无几。1945年后尤其是20世纪50—60年代中等教育迅速发展,不过还远不能满足所有的适龄学生。二战后,随着麦克雷雷学院(Makerere College)与伦敦大学(University of London)联合办学,大学教育在东非变得有可能了。此后在内罗毕建立的皇家技术学院(Royal Technical College)是东非地区第二所高等教育机构。最后,达累斯萨拉姆大学学院(University College at Dar es Salaam)成为东非地区的第三所大学。

二战后,殖民当局设想逐步过渡到自治政府。不过,大多数英国官员都不希望在20世纪结束前看到这样的发展。然而,在不到20年的时间里,随着东非大陆殖民地的独立政府取代了殖民政府,政治权力也转移到了非洲人的手中。东非以及非洲其他地区快速的去殖民化,是殖民地、宗主国以及国际环境这三个不同却又相互联系的因素共同作用的结果。那时最具影响力的因素是东非殖民地内部出现的日益增长的不满情绪以及作为一股强有力的政治力量的民族主义的发展。

为了制定出适应二战后形势发展的新政策,伦敦的政策制定者不得不考虑到上述三个因素。因此,1945年以后的殖民部官员致力于去殖民化这一工作,但这仅是一个长远目标。虽然没有太大的紧迫感,不过殖民部还是希望促进政策的发展,以选择、吸收非洲的政治活动家,并以此作为最终实现英国模式的稳定政治体系的前奏。同时,英国人还将促进经济发展与殖民地的福利作为二战后的新举措。

然而,这些新政策的实施从来都与殖民部政策制定者的设想不同。一个原因是,殖民地总督与欧洲管理人员对新变化的敌对情绪使伦敦方面退缩了。更重要的原因是,在实际情况中促进经济增长和发展的需要远比推进福利与民主化更有意义。这在很大程度上是由于二战后英国经济极度困难,非洲也要支持英国经济复兴的努力。同样令人担忧的是,特别是在肯尼亚和坦噶尼喀部分地区的行政管理机构仍在维护他们认为极其重要的欧洲人的经济,并避免刺激移民发动叛乱,因而在这些地区没有什么机会去促进非洲人的政治进步。

这些因素导致宗主国与殖民政府以不同程度的热情在 20 世纪 40、50 年代采取了一项被称为"多元种族主义"(multiracialism)或"伙伴关系"(partnership)的政策。这一政策认为,东非未来的繁荣依赖于那里的欧洲人和亚洲人,他们将继续发挥重要的经济作用。在政策的实际推进过程中,将通过保留立法委员会中的席位以及在代表权上的虚假平等维持这些人的政治影响力。不过,所谓"多元种族主义"基本上是非民主的。由于占人口多数的非洲人几乎全体一致地反对,这一政策最终失败了。

长远看来,殖民当局强调经济增长与发展的意义更为深远:一方面,它扩大了每个东非殖民政府的管理范围与职能;另一方面,该政策旨在促进农村的发展,而不是鼓动农村人口中的巨大不满和骚动。

促进经济快速发展的愿望直接导致了所谓的对东非"再殖民"或第二次殖民占领。这在很大程度上强化了政府的活动,在东非的欧洲行政官员人数显著增加。殖民当局比以往任何时候都更加致力于促进发展农村以及对殖民地经济的总体管理。三个殖民地的政府都开始认真着手实施一些项目以控制农民,这些项目主要包括农作物与技术创新、提高土地利用率、改进土壤保护技术、改善交通运输、开办作为销售机构的合作社。这些措施促进了经济发展,更有助于强化政府的控制。二战期间,殖民当局开始扩大对农产品销售的控制。结果,东非各殖民地政府的规模、管理领域都得到了极大的扩充，同时强化了它们作为经济管理者、改革者以及社会工程师的角色。

同时，第二次殖民占领再次强化并加深了殖民统治的独裁性质。一些必要的发展直接导致了运用各种强制性手段来保证抗侵蚀措施的实施，如给家畜进行药浴和进行农作物创新，而农民并不总是愿意去做这些。因此这些措施经常激起农民的怨恨和反抗，政府的反应则是依赖行政机构的权力，赋予欧洲管理者及非洲酋长更多的权威加以控制。20 世纪 40、50 年代，为了加快发展的步伐而调动、控制农民的做法，使地方的民主化进程先于中央政府的民主化。

试图控制农民所引起的敌对与反抗并不是唯一造成东非地区非洲人不满的原因。农村的非洲人中产阶层对政府政策也越来越感到不满。和农民一样，中产阶层也反对当时由政府主导的、高压性的发展项目。只不过农民希望政府放松对他们的控制，而中产阶层则期待获得更多的发展机会与政府资助。由于担忧农村地区日益分化所带来的危险，中产阶层既不愿意像殖民政府那样继续支持亚洲商人，也不愿遵从那些阻碍资本主义发展的政策。殖民当局在某种程度上对中产阶层的发展造成阻碍，后果是殖民政府把非洲小资产阶级推向了自己的对立面。

二战后，对殖民政策与发展项目的敌对不仅局限于农村地区。随着二战前后工业化进程的开始以及城市化进程的加速，城市工人的反抗与罢工一直持续到 1945 年以后。殖民政府起初试图通过暴力镇压与小的经济让步相结合的办法来处理这些抗议活动；20 世纪 40 年代末、50 年代初，在伦敦方面的敦促下殖民当局转而试图通过允许建立国家监控下的工会组织的方式来控制工人的抗议活动。然而，这种建立并控制工会运动的做法并不成功。一些人的要求变得相当激进，而大多数人则变成反殖民主义抗议活动的工具。

受过教育的精英构成了战后东非最后一支心存不满的群体。1945 年以前，他们的人数不多；随着战后中等及大学教育的发展，这一群体的规模稳步扩大。尽管这些受过教育的精英是殖民统治的受益者，但他们对自己在战后东非的地位越来越不抱幻想。殖民政府并不愿付出太多努力去接纳这个群体。政治影响、经济发展、社会平等等渠道对这些精英很少开放或直接就是完全关闭的。于是,受过教育的精英们扮演了反对并终结殖民统治的领导角色。20世纪40年代末,他们确实是在东非各个殖民地中产生的新的民族主义政党的有力领导者。

尽管许多反对殖民主义的抗议活动采取了两次世界大战期间的形式,如地方政治协会、千禧年宗教运动,不过在1945年后最重要的抗议形式是民族主义政党。这类政党与两次世界大战间的抗议活动相比代表着一种不同的力量,尤其是在组织的目标和成员方面。在东非殖民地中的民族主义政党将“自治政府”和“乌呼鲁”(uhuru,自由)作为其主要目标。在实践中,这意味着夺取殖民政权特别是中央管理权以及由本地人掌握国家权力。这些目标通常用一些民主、自由的措辞表达出来,如“一人一票”或“多数人的统治”。起初,民族主义政党所代表的成员相对狭窄,大多局限于受过教育的精英与小资产阶级。不过在20世纪50年代,这些政党赢得了工会以及农民的支持。政党领导人有效地引导了农民的不满情绪,使之与政党目标相契合。农民通常关注的是地方性或经济事务,而非政治性的问题。然而,各种原因导致的不满越来越多,从渴望种植更多的经济作物、赚取更高的工资到解除发展项目给农村贫困人群带来的压力;这些诉求都被包装进了“乌呼鲁”或从殖民统治下取得独立的号召中,使之既成为获得更多经济、政治与社会机会的手段,也释放了对国家政权的要求。

非洲民族主义之所以能够克服殖民统治以及多元种族主义政策的不利影响,原因在于人数不断增加的受过西方教育的精英与未受教育的民众联合起来,并建立了得到广泛支持的政党,呼吁成立自治政府。面对这种形势,加之因镇压“茅茅叛乱”(Mau Mau Rebellion)而造成的财政压力,极为虚弱的英国政府不得不在20世纪60年代初作出让步,批准成立自治政府,东非各国最终独立。英国这样的处理有利于使东非殖民地维持与英国的紧密经济联系,并在冷战中与英国站在同一阵线。独立前的社会、经济结构在独立后将在很大程度上被原封不动的保留下来。

一、第二次世界大战与东非

相对于一战而言,二战对东非的影响不大。战争只发生在与东非接壤的一些地区,即意大利的索马里与埃塞俄比亚殖民地。1940年意大利卷入大战后,英军以肯尼亚作为军事基地迅速占领了意属殖民地。无疑,二战对东非最直接的影响是大量东非人加入军队服役。服役的地方远离东非,如埃塞俄比亚、埃及、缅甸、马达加斯加、印度以及英国本土。服役的人开阔了视野,了解到欧洲不同阶层民众的情况,发现欧洲一些工人的境况还不如东非工人,看到欧洲强权是如何被日本挑战和践踏的。他们还直接感受到了印度和埃及的民族主义。许多士兵回到东非后便不肯轻易接受把他们置于东非等级制度中的二等、三等的地位,他们成为二战后政治、工会抗议活动及大规模民族主义的重要组成部分。

二战对东非殖民地的另一个重要影响是,促进了繁荣与收入的增长。战争期间,大英帝国不断增长的需求以及丧失了东印度群岛的剑麻、丁香等热带作物产地,都刺激了东非农业生产的发展。粮食生产顺利,移民农业第一次在肯尼亚有利可图。由于价格上涨、产量增加,坦噶尼喀的收入在1939—1945年增加了一倍。对日益增长的农产品输出的关注使交通状况得到了改善,铺设了新的公路。一个最好的例子就是意大利战俘修建的穿越白人高地的"内罗毕—纳库鲁公路"(Nairobi-Nakauru road)。

《殖民地发展与福利法案》(Colonial Development and Welfare Acts)的最初颁布标志着英国艰难地迈出了促进殖民地发展的第一步。这一政策转变的目的是为二战期间及战后深受批评的殖民主义披上华丽的"外衣",也是帮助恢复破碎的英国经济。1940年第一次颁布的法案虽然提供的资金不多,但确立了殖民政权应资助殖民地发展的原则。1945年后,为殖民地提供了更多的资金,殖民地行政当局也被要求起草发展的计划。

二战期间及战后,"紧密联盟"的议题再次被提起,这次是因为协调防务、人力资源调配以及食品生产的需要。1940年的"东非总督会议"(East African Governors Conference)决定建立一个"东非经济委员会"(East African Economic Council),就经济事务而言,三个东非殖民地被当成一个整体来考虑。

前乌干达总督菲利普·米歇尔爵士被任命为该委员会主席。米歇尔这时是联盟强有力的拥护者，正是他主要负责起草了1945年英国政府发布的倡议三个殖民地加强联合的白皮书。

那时米歇尔已被任命为肯尼亚总督，这一有利地位使他在1948年创设"东非高级委员会"(East African High Commission)的过程中发挥了重要作用。尽管距形成联盟还很遥远，不过该委员会已着手为东非国家提供各种服务，包括铁路和港口、邮政电信、货币、科学研究以及一个档案局。所有这些服务都由东非三国总督以及代表三个殖民地的中央立法议会控制。

毫无疑问，二战对东非影响深远，它削弱了殖民主义，增强了民族主义，使联盟破裂。战争及其后果严重地削弱了英国的实力及其控制殖民地的能力。英国虽然是战胜国，但比以前虚弱了。英国之后几十年的经济更加脆弱。考虑到国内社会改革的需求，英国可用来控制殖民地的资源也远没有过去那么多了。而且，英国反对希特勒并为防范希特勒在东非的殖民力量反弹而进行宣传，使受过教育的非洲人不禁发问，为何英国人在欧洲要为民主、自治及反对种族主义而战，但在自己国家中，他们却在统治着他们的政府中没有发言权，而种族主义显然依旧存在。此外，在英国支持殖民统治的人越来越少。1945年工党在选举中获胜以及英国在印度统治的终结，[①]其结果不可避免地蔓延到了英国在非洲的殖民地。

如前所述，非洲士兵走出了东非，开始对自身处境有了新的认识。他们中的许多人在服役期间接受了学术和政治教育，这些经历为战后非洲政治注入了新的动力。教育、经济的发展也激发了由民族主义引导的政治活动的兴趣。

二战后，殖民主义成为一个不再流行的信条，尤其是遭到了在战争中形成的新的超级大国的反对。美国、苏联在联合国和其他场合都普遍采取了反殖民主义的立场。并且，联合国接替了对国际联盟委任统治地的管理；它也证明了，在促进让更多非洲人参与到殖民地管理这一进程中发挥出比国联更大的作用。由于各种原因，二战期间及战后是一个殖民统治开始衰落，非洲民族主义强势崛起的时期。

① 1947年，印巴分治，印度从英国取得了独立。译者注。

二、坦噶尼喀

坦噶尼喀将是东非殖民地中第一个取得独立的国家。不过在1945年的时候，对于大多数殖民地官员与非洲民众而言，实现独立似乎还有很长的一段路要走。行政当局面临的首要任务是改善经济。被欧洲人与亚洲人影响的行政机构仍掌控着政权。尽管“坦噶尼喀非洲人协会”(Tanganyika African Association, TAA)努力为受过教育的非洲人提供一个全国性论坛，但非洲人的政治活动仍主要集中在地方层面。

1. 战后经济发展

战后最初五年，坦噶尼喀的财富不断增长。1946—1949年，欧洲对农产品的巨大需求，使坦噶尼喀的贸易额增长了三倍。尽管如此，英国官员并不愿把坦噶尼喀看作与乌干达、肯尼亚一样蕴含着巨大潜力的地区，外国投资者对坦噶尼喀的兴趣也不及其他两个殖民地。

战后，殖民当局日益重视农业及相关部门的有计划的发展，农业部门官员人数不断扩大。许多欧洲专家被派往农村地区培育新作物并推动农业变革。官员们认识到，在农业技术领域进行一场革命对有效增加粮食作物和经济作物的产量非常必要。采用了新的、更先进的耕作技术。这场革命不仅包括改良的种子与农具；此外，土地占有制度的变革、等高耕作[①]以及土壤保护也强加给了非洲人。并不是所有的努力都取得了成功。例如，在坦噶尼喀东南部地区实施的“花生计划”(Groundnut Scheme)，试图使用机械进行大规模的花生种植最终遭到惨败，英国纳税人的数百万英镑打了水漂。失败原因是计划设计不完备以及缺乏对当地情况的了解。

农业官员及行政当局强迫进行农业变革、加快发展步伐的努力，经常在地方上引起不满和怨恨。20世纪40、50年代，酋长在加速实现发展、惩罚落后者方面的权力得到了极大的增强。因为酋长要对不服从的人征收罚款，在某些地区也进行强迫性的耕种，所以他们也首当其冲的遭到了敌视。因而，在农业领域强

① “等高耕作”也叫“横坡耕作”，即沿等高线方向用犁开沟播种，利用犁沟、耧沟、锄沟阻滞径流，增大拦蓄和入渗能力。译者注。

调快速发展，导致了一个意想不到的后果，那就是在农村地区兴起了对政府政策的激烈反对，酋长们的权威也被削弱了。

2. 战后的殖民政策与非洲人政治

二战期间及战后，非洲人的注意力继续集中于地方性事务，这些事务以酋长与受过教育的、主张现代化的年轻人之间的竞争为特点。后者在地方或部落组织中很活跃，这些组织的目标常常是经济性的，也有政治目标。战后，在对地方权力、影响的竞争中产生了一种新的因素——对酋长与农业官员强迫加快农业发展步伐的努力产生出普遍的不满。现代化者发现他们能团结那些因强迫发展农业而产生不满的农民大众。20 世纪 50 年代农村地区日益增长的不满情绪，成为大规模民族主义产生的一个重要因素。

"坦噶尼喀非洲人协会"在二战期间及战后一直都很活跃，其分支机构遍布殖民地各处。不过这个组织仅代表着一小部分受过教育的精英（多数是公务员）的利益：教师、城镇居民、贸易者。他们的目标并不是推翻殖民统治，而是在殖民体系内为自身创造更好的条件。1940 年"坦噶尼喀非洲人协会"发布的一份备忘录中呼吁，为非洲人提供更多的教育机会，在立法委员会中非洲人的代表权问题。殖民地会议被作为一个阐述其要求的论坛。在 1946 年达累斯萨拉姆召开的会议中他们提出了一项新的倡议。首先他们批评了坦噶尼喀欧洲移民的观点，指责非洲人缺乏受教育的机会，接着呼吁非洲人选出有自己代表的委员会，最终建立自治政府。

二战后，坦噶尼喀归"联合国托管理事会"（United Nations Trusteeship Council）管辖，这对其政治发展产生了影响。托管协议中特别指出，英国要促进以坦噶尼喀独立为目标的发展。与国联托管委员会相比，联合国托管理事会更有活力，也能做更多影响这个殖民地的事情。联合国托管理事会每三年都派出访问代表团，代表团最后还会向英国提出进行宪政改革的建议。1948 年，第一批代表团访问坦噶尼喀。"坦噶尼喀非洲人协会"向代表团提出了在政府中要有更多非洲人代表的主张，这得到了代表团的支持。代表团提出，要引入新的选举，使立法委员会中不仅有欧洲人与亚洲人的席位，也要设立非洲人的席位。

殖民行政当局对此主张做出回应，提出了自己的建议。1945 年，两名非洲人酋长通过任命而非选举进入了立法委员会。1948 年又增加了两名。这些非洲人代表与七名欧洲人代表，三名亚洲人代表共同组成立法委员会中的非官方成员。1948 年，非官方代表也被增补进执委会，但其中没有非洲人。

部分是由于联合国代表团对开展选举的呼吁，行政当局开始起草一份推动实现更大程度的自治政府的计划。1949 年，刚刚担任坦噶尼喀总督的爱德华·特温宁爵士(Sir Edward Twining)任命了一个委员会，以寻找宪政改革中的问题并提出修正建议。1951 年该委员会的报告强调要采取循序渐进的改革方式，建议扩大立法委员会，但要保持非官方代表的多数地位。特温宁认为，坦噶尼喀更需要的是良好的管理、经济的发展，而非政治，因为选举并不能满足管理与经济发展的需求。委员会还建议立法机构中的非官方席位在三个种族间平均分配(每个种族七名代表)。作为避免"间接统治"的一个步骤，委员会还建议创设一个可充当地方政府工具的多种族参与的县议会。

这就为多元种族主义的理念提供了一个具体的形式，也特别符合总督特温宁的心意。平均分配议席的做法被期待用以维持不同种族间的协调与合作，同时发挥受过更多教育的欧洲人和亚洲人群体的优势。从更广泛的层面来看，这一政策力图避免极端白人至上的南非模式，也不愿发展为在西非出现的那种由非洲人多数派统治的模式。不过，无论意图是什么，多元种族主义都很难站稳脚跟。与非洲人相比，亚洲人和欧洲人的数量上极少，因此这种脱离现实的权力分配很难行得通。非洲人必定会抵制这种强制性的权力分配。

1953 年，政府聘请了曼彻斯特大学(Manchester University)的麦肯兹(W. J. M. MacKenzie)教授进一步调研有关选举的问题。麦肯兹支持种族间平均分配代表权的理念，并建议非官方代表的选举以共同选民为基础。他提议，每个选区应有 3 名代表，来自 3 个不同的种族，尽管选举资格限制将使大多数非洲人无权投票。特温宁接受了他的建议，1955 年，由 32 名官方代表、30 名非官方代表(每个种族 10 名代表)组成的立法委员会成立了。同时，执委会中包含了更多的非官方成员，而且机构成员有可能成为主管各部门的部长。

3. "坦噶尼喀非洲民族联盟"与民族主义的胜利

大多数非洲精英对这些建议不满，领导和组织了反抗活动，最终加快了建立自治政府的进程。在此过程中，非洲精英利用多元种族的选举体系击败了此前的政策，实现了非洲人对政治结构的支配。正是依靠"坦噶尼喀非洲民族联盟"

(Tanganyika African National Union，TANU)才完成了这一任务。

毫无疑问，朱利叶斯·尼雷尔(Julius K. Nyerere)是斗争的领军人物。尼雷尔是维多利亚湖东部一个扎纳基人(Zanaki)酋长的儿子，曾就读于一所天主教会学校。此后他进入麦克雷雷学院学习，毕业后在塔波拉教书。1949年，他考入爱丁堡大学。1952年，他获得硕士学位，这是当时非洲人所取得的最高学位。之后，他离开英格兰回国，当了一名教师。不过，很快他就重燃此前对政治的兴趣了，并深入参与"坦噶尼喀非洲人协会"。1953年，他当选协会主席。

尼雷尔试图将"坦噶尼喀非洲人协会"改组为一个严格意义上的政党。1953年10月，他和其他人一起决定建立一个新的政党，其目标无疑是民族主义的：为自治政府和取得独立而战斗。做出此决定后，尼雷尔走访了全国各地的"坦噶尼喀非洲人协会"分支，旨在贯彻这一理念。在1954年7月7日①的达累斯萨拉姆年会上，"坦噶尼喀非洲人协会"改组为"坦噶尼喀非洲民族联盟"。尼雷尔成为联盟主席，时年32岁。

尼雷尔及其同事意识到，一场成功的政治运动不能仅仅依靠精英阶层，而必须将农村地区的地方政治领袖以及广大的未受过教育的农民动员起来。在"坦噶尼喀非洲民族联盟"成立之初，全国农村地区存在着大量的不满情绪，这很大程度上是因为殖民政权强迫农村发展的政策以及酋长强制推行的发展项目。"坦噶尼喀非洲民族联盟"利用了农村地区的这种不满情绪(对失去土地的担心)，支持推动农村现代化者及农场主所希望的不受地方官员干扰的意愿。通过动员农村地区其他对农业发展不满的群体，"坦噶尼喀非洲民族联盟"得到越来越多的支持。

有两个例子可以说明农村地区的不满是如何支持"坦噶尼喀非洲民族联盟"呼吁的自治政府的诉求。"梅鲁土地案"(Meru Land Case)虽是一起地方案件，却因其反映出殖民统治下对非洲人土地的威胁而被广泛关注。1951年，政府决定将一些梅鲁人从其土地上迁出，为增加的欧洲移民腾出地方。梅鲁人就此向

---

① 当天正值"萨巴萨巴节"(Saba Saba Day)，即"七月七日节"。"萨巴"(Saba)在斯瓦希里语中是"七"的意思。这个节日是为了纪念"坦噶尼喀非洲民族联盟"的成立。过去，"萨巴萨巴节"前几天要在坦噶尼喀非洲人协会诞生地塔波拉点燃火炬，然后由运动员按特定路线接力，于7月7日到达达累斯萨拉姆，将火炬交给总统。同时，从7月7日开始在达累斯萨拉姆举办为期一周或十天的国际贸易博览会。2004年，政府将"萨巴萨巴节"改名为"工业节"。译者注。

法院起诉，同时向联合国申诉，但都未能成功保住其土地。他们也向“坦噶尼喀非洲人协会”即后来的“坦噶尼喀非洲民族联盟”寻求帮助。非洲农民开始认识到，政府不可能采取有利于他们的行动，因为政府并不代表非洲人的利益。土地案引起农民的巨大不满，也使他们对国家政治产生了兴趣。梅鲁地区以外的民众也意识到，梅鲁人所遭遇的不公也很容易落在他们自己身上。

同时发生了第二个案例。地方改良性组织尤其是合作社发现它们日益受到政府调控的限制。这些合作社的领导人，如苏库马地区的“维多利亚合作联盟”(Victoria Federation of Cooperative Unions)领导人保罗·博马尼(Paul Bomani)，被“坦噶尼喀非洲民族联盟”吸引，并依靠后者作为更有效的反对殖民政府经济政策的手段。这些领导人将“坦噶尼喀非洲民族联盟”视为一个表达不满、以自治政府的方式解决自身问题的媒介。

尼雷尔的精明领导可以从他认可的一项措施中反映出来。他认定，有一个单独的议题会吸引所有的人，这就是“乌呼鲁”(通过独立实现自由)的号召。这是一个简单的目标，能够令所有对殖民政策某些方面不满的人所接受。

但这并不意味着尼雷尔及其同事能够建立一个没有任何问题的政党。坦噶尼喀面积广阔、情况复杂，很不容易开展工作。殖民当局对它怀有敌意，维持民众对国家政治的兴趣的难度也很大。“坦噶尼喀非洲民族联盟”依托“坦噶尼喀非洲人协会”此前形成的基础组织了新的分支机构，支持者可以登记成为正式成员。在尼雷尔和总书记奥斯卡·坎伯纳(Oscar Kambona)的领导下，该党越来越受欢迎。虽然“坦噶尼喀非洲民族联盟”反对政府的多元种族主义政策，不过尼雷尔也宣布对欧洲人与亚洲人不会采取歧视政策。

1954 年的联合国代表团对“坦噶尼喀非洲民族联盟”非常友好，为了回应尼雷尔对殖民政权的强烈不满，呼吁英国制订一个让坦噶尼喀在 25 年内实现独立的时间表。受此鼓舞，“坦噶尼喀非洲民族联盟”于 1955 年派遣尼雷尔赴纽约向联合国介绍党派情况。他做得很成功。回国后，尼雷尔辞去教职，专注于动员在坦噶尼喀日益增长的政治觉悟。

总督特温宁并不喜欢“坦噶尼喀非洲民族联盟”，认为该党领导人只是滋事者，并不代表非洲人的意见。“坦噶尼喀非洲民族联盟”对多元种族主义的反对让特温宁不喜欢它。特温宁执行了一项扰乱“坦噶尼喀非洲民族联盟”和尼雷尔的政策。1956 年，他发起了一个与之敌对的政治组织“坦噶尼喀统一党”(United Tanganyika Party，UTP)。不过，坦噶尼喀统一党因表现出一种家长制作风的理念，没有得到像“坦噶尼喀非洲民族联盟”那么多的民众支持。

1957—1958 年是为“乌呼鲁”而奋斗的“坦噶尼喀非洲民族联盟”的关键发展期。选举最终定在了 1957 年，凡是教育、财产及收入条件合乎资格的人皆可参加。每个选区选出三名代表，选民投三票，每个种族群体有一名候选人。一些人认为“坦噶尼喀非洲民族联盟”不应该参加以多元种族主义为基础的选举，不过尼雷尔最终还是决定参选。1958 年年初，尼雷尔带着党员们作为构成多数的非洲人选民参加了选举。这是一个意义深远的决定，它意味着实现自治政府的宪政进程加快了。但是，并非所有的“坦噶尼喀非洲民族联盟”党员都赞成这一决定，一些人脱离出去并成立了“非洲人国民大会”(African National Congress)，采用了“非洲人的非洲”这一口号，他们认为在这个国家中不应该有容纳移民群体的空间。

1958 年，“坦噶尼喀非洲民族联盟”遇到了另一个障碍，政府以尼雷尔在党报上用过分的言辞诽谤了两名政府官员为由对他提起了刑事诉讼。尼雷尔被判有罪，要么接受罚款，要么进监狱，这令他处境艰难。他选择用支付罚款的方式与政府实现和解。这可能是因为特温宁在审判前已经离职，理查德·特恩布尔爵士(Sir Richard Turnbull)成为新任总督。特恩布尔在审判结束前就在政府大楼里接见了尼雷尔。两人表示将合作，使坦噶尼喀沿着一条和平的道路快速建立自治政府。

立法委员会选举在 1958 年 9 月和 1959 年 2 月分两阶段进行。“坦噶尼喀非洲民族联盟”任命了自己的候选人，联盟也感到欧洲人和亚洲人都非常支持非洲人的愿望。1958 年 9 月，在竞选的五个选区中“坦噶尼喀非洲民族联盟”赢得了 67％的选票，而“坦噶尼喀统一党”一个席位都未获得。“坦噶尼喀非洲民族联盟”利用自身体系取得了胜利。作为对联盟压倒性胜利的回应，特恩布尔正式取消了多元种族主义政策，以支持非洲人的优势。在 1959 年年初的第二阶段选举中，“坦噶尼喀非洲民族联盟”几乎无异议地赢得了全部席位。这为它控制国家政权铺平了道路。五个当选的党员都加入了部长委员会，但其中没有尼雷尔。

紧接着 1959 年选举胜利的是同年提出的建立自治政府的要求。总督特恩布尔提出一个迅速向自治政府转型的建议，因为他认为若不把“坦噶尼喀非洲民族联盟”吸收进政府一定会发生暴动，而殖民地的安全部队太弱了，将无法应付这种局面。1959 年，哈罗德·麦克米伦(Harold Macmillan)领导保守党赢得英国大选得以组阁。麦克米伦首相任命伊恩·麦克劳德(Iain Macleod)为殖民大臣。这标志着东非开始摆脱英国的控制。麦克劳德接受了特恩布尔的建议，同意让坦噶尼喀尽快建立自治政府。

1959 年，一个由英国任命的委员会起草了新的宪法草案。草案建议将立法委员会的人数增至 71 人，其中有 50 个开放性席位。另外保留了 10 个欧洲人席位，11 个亚洲人席位。有选举权的人数增加了，但未实现普选，因为保留了文化程度和收入的资格限制。尼雷尔尽管呼吁“一人一票”，不过还是决定参加 1960 年的选举。

在 1960 年 8 月的选举中，“坦噶尼喀非洲民族联盟”又赢得了压倒性的胜利。71 个席位中产生竞争的只有 13 席，最终“坦噶尼喀非洲民族联盟”赢得了 71 个席位中的 70 席。1960 年 10 月，尼雷尔被任命为首席部长，他宣誓将带领民众与无知、贫困和疾病作斗争。1961 年 3 月，麦克劳德参加了在达累斯萨拉姆召开的宪法会议，并在坦噶尼喀实现独立的问题上迅速达成协议。5 月 1 日，坦噶尼喀建立了内部自治政府，尼雷尔担任总理。1961 年 12 月 9 日，坦噶尼喀在“坦噶尼喀非洲民族联盟”领导下摆脱了英国统治，实现了完全独立。

4. 殖民地经济

如前所述，二战后殖民政府投入了巨大精力强制性地促进农业发展。20 世纪 50 年代中期，无论在政治上还是经济上这都被证明是适得其反。殖民当局采取新的政策，承认并确实鼓励农村地区的多样化发展。资源集中投入给相对富裕的农民，因为他们愿意利用现代手段和机械、雇用劳工以增加商品农业的产量。而那些拒绝现代化生产方式的贫农则被打上了“懒惰”的标签，日益被忽视。于是，殖民政府通过有选择性的增加贷款、信息以及奖励，加剧了农村地区的不平等。结果，到 1961 年整个殖民地只有资本主义小农被认可。

在 20 世纪 50 年代鼓励资本主义小农成长的过程中，农产品价格提高，合作社营销制度也建立了起来。在全国推广合作社后，这种营销制度发挥了巨大的作用，出口作物的生产显著增加。20 世纪 50 年代后半期，棉花出口增加了 2.5

倍，咖啡出口增加了约40%，但其中大部分的盈余来自少数资本主义小农。正如安德鲁·科尔森所指出的，合作社运动导致了农村地区的分化，因为资本主义小农作为合作社的社员能够获得最多的好处。

产品出口的不断增长、农村地区的日益分化，并没有立即转化成发展工业的机会。在二战后最初几年里，英国的政策仍然是不鼓励坦噶尼喀的工业化，只有在某些必须有一定工业发展的农业生产项目上才能看到工业化的影子。在这些方面的工业化始于1945年以后，很大程度上表现为进口替代的形式，主要集中在食品生产与廉价消费品领域。然而，这样的工业化发展进程依旧缓慢，坦噶尼喀还要依赖从肯尼亚不断增长的商品进口。坦噶尼喀的主要产品是棉花与剑麻，但到20世纪50年代末境内还没有一家棉布或麻绳加工厂。在独立前三年里，制造业有了一点发展，但独立的坦噶尼喀还将面临真正令人畏惧的任务——在20世纪60、70年代高度竞争的国际环境中几乎从一无所有开始建立独立的工业基础。独立虽使坦噶尼喀摆脱了英国的控制，获得了自由，但这个新国家及其领导人还将在经济领域面临巨大的挑战。

三、乌干达

二战后乌干达政治发展的模式与坦噶尼喀、肯尼亚有着巨大的不同。乌干达的民族主义在很大程度上受制于布干达的分离主义。20世纪50年代中期，民族主义者与殖民行政当局共同面临的最根本的政治问题是，如何将布干达变成统一的、自治的乌干达的一部分。

1.布干达的普遍不满

二战期间及战后，在乌干达保护国中人口与财富最多、受基督教与西方影响最大的省份——布干达王国，政治运动与不满情绪继续集中在两次世界大战之间就已产生的问题上，即酋长们的政治与经济特权，这在本质上是一个地方性问题。巴塔卡和受过教育的年轻的干达人反对酋长们的优势地位，呼吁在布干达行政机构中实行更大的民主。20世纪40年代发生的事件就反映出了布干达社会的这种尖锐分化。

总督查尔斯·邓达斯爵士(Sir Charles Dundas，1940—1944年在职)在乌干达执行的英国殖民政策是，试图不断强化间接统治。他反对将西方更大范围民主的观念引入布干达的行政系统。他认为，殖民官员仅仅应该扮演顾问的角色，行政管理事务则应留给酋长们去做。1944 年，总督赋予酋长更大的权力。卢基科要求以增加选举成员的方式进行改革，邓达斯对此也未采取任何压制措施。

然而，越来越明显的是，由酋长支配布干达的体系引起了普遍不满。1943 年，保护国政府希望获得一块土地以扩大麦克雷雷学院，这激起了由卡巴卡支持的大规模反对活动。巴塔卡党（Bataka Party）宣称这是欧洲移民在布干达“安全着陆”阴谋的一部分，其领导的抗议因而得到广泛支持。卢基科反对巴塔卡党的做法，认为只有长期斗争才能取得影响。1945 年，民众的不满公开化了。1944 年 9 月，卡提基罗被谋杀，随后在 1945 年 1—2 月布干达出现了骚动。在这些事件中，巴塔卡党表达出了在经济与政治上的强烈不满。

乌干达新任总督约翰·霍尔爵士（Sir John Hall）采取了与邓达斯相反的政策，不过他也未认真处理巴塔卡党的诉求。卢基科进行了改革，吸纳了一些间接选举的成员，但酋长在卢基科中仍占多数。巴塔卡党并不满足于这种改革，要求更大的民主化。1949 年，巴塔卡党向卡巴卡递交了一份备忘录，要求在卢基科中设立 60 名非官方代表（非酋长），对酋长实行普选，取消布干达现政府，同时提出了经济要求，表达了对亚洲人中间商控制棉花加工业的强烈不满。在新成立的非洲农民党（African Farmers Party）的支持下，巴塔卡党要求非洲人自己来轧自己生产的棉花并控制棉花的出口销售。1949 年 4 月，强烈的不满引发了请愿活动，并导致了在布干达的骚乱与无序。巴塔卡党与非洲农民党的领导人被捕，这两个政党也被取缔。

当一系列针对布干达现存体系的敌对事件发生的时候，布干达政府继续表现出分离主义情绪，这在“紧密联盟”问题上清楚地反映了出来。二战后，英国当局试图增加保护国中央政府及立法委员会中的非洲人人数。在做了大量的说服工作后，卡巴卡才同意向立法委员会推荐一名代表。1946 年，立法委员会中有三名代表，全都来自乌干达保护国南部地区。1949 年，非洲代表增至八人。尽管布干达在立法委员会中有两名代表，但卢基科对此还是持强烈的保留态度，因为他们普遍担忧《1900 年布干达协议》赋予布干达王国的特殊地位将会不保。这对未来统一的乌干达国家而言可不是好兆头。

与坦噶尼喀、肯尼亚不同的是，乌干达并不需要克服欧洲移民的控制这类严重问题。早在1950年就形成一个原则，即立法委员会中非洲人代表的人数应是亚洲人代表和欧洲人代表的人数之和。乌干达是一个非洲人占主导的国家，非洲人在快速实现参与政治、政府的过程中似乎没有什么障碍。至少，1952年1月担任总督的安德鲁·科恩爵士(Sir Andrew Cohen)是这么认为的。

2. 安德鲁·科恩爵士与“卡巴卡危机”

与此前的总督相比，安德鲁·科恩爵士有一些特别。他来自英国工党，是有史以来派驻东非各殖民地的最自由的一位总督。他迅速推进经济与政治改革，希望扩大农业生产，希望通过建立合作社帮助非洲种植者销售其产品。在政治方面，1953年他极大地扩充了立法委员会，其中包含28名非官方成员，14名是非洲人。科恩还在大部分地区建立选举委员会，以此推动地方政府改革。

布干达也未能从总督科恩的改革热情中逃脱。在总督与卡巴卡穆特萨二世(Mutesa II)磋商后，卡巴卡同意在其政府中多任命三名部长，而卢基科应批准所有的部长任命。卢基科中的选举代表要占89名代表中的60名。此外，卡巴卡的政府要负责小学教育、农村卫生、农业与兽医服务。尽管卡巴卡及其政府接受了这些改革，但这只是一个相当令人不快的妥协。立法委员会的扩充以及科恩想将其改造成为国家立法机构的意图，令卡巴卡等人感到不安。

然而，导致布干达政府与英国当局敌对的直接原因是所谓的“卡巴卡危机”(Kabaka Crisis)。有可能建立的“东非联邦”是布干达一直以来担心的问题。1953年殖民大臣在伦敦的讲话中提到有可能建立“东非联邦”。干达领导人对此感到十分不安。他们仍强烈反对肯尼亚移民的统治，当时“中非联邦”(Central African federation)的成立为他们敲响了警钟。“中非联邦”就是英国政府强加给反对它的大多数非洲人的。[①] 由卡巴卡、卢基科发起的抗议活动很快就提出了一些很极端的、确保他们自身地位的要求，比如要求把布干达的事务转给外交部处理，这其实是在乌干达建立前所未有的罗得西亚式“伙伴关系”；要

---

① “中非联邦”(1953—1963)是联合中部和南部非洲三个国家南罗得西亚、北罗得西亚、尼亚萨兰(分别是今天的津巴布韦、赞比亚和马拉维)而组成的一个白人占主导地位的联邦。1951年9月，在维多利亚瀑布城会议上非洲人强烈反对建立联邦的提议。但英国政府坚持己见，于1952年、1953年开会继续推动建立联邦。1953年6月，英国女王最终批准联邦；9月7日，中非联邦成立。当时北罗得西亚的白人领袖曾叫嚣，若非洲人不“照办”，就要遭到像北美印第安人同样的命运。译者注。

求英国允许布干达独立，并与保护国其他部分分离。

英国保证，只要干达人反对他们就不会再提“东非联邦”。但这并不够。随着卡巴卡的亲自加入，危机达到了高潮。1953年10月，穆特萨二世与总督科恩举行了一系列会议，但未能达成解决方案。11月30日，总督最终撤回了英国政府对卡巴卡的支持，并将其放逐到英国。

这不仅未能平息干达人的不满，放逐卡巴卡的行为使民众更加支持卡巴卡和反对英国。此前，卡巴卡最多不过是英国的傀儡，现在却变成了国家的领导者。在干达人中，卡巴卡的受欢迎度与民众对他的支持到1962年取得独立前从未发生过动摇。在布干达的日常管理难以为继，因为民众都要求穆特萨二世回国继续担任他们的领导者。各类政治派别——酋长、农民、受教育的精英、激进分子——都支持这个要求。布干达团结一致地要求穆特萨二世回国，但不幸的是，这种支持所隐含的意思是布干达要从乌干达保护国中获得一种特殊的、实际上是分离的地位。这从与英国达成的解决危机的协议中以及50年代后半期日益增强的布干达分离主义中都可以清楚地看出来。

1954年，殖民部任命英联邦研究所(Institute of Commonwealth Studies)的主管基斯·汉考克爵士(Sir Keith Hancock)去研究这一问题，并提出化解僵局的方案。经过几个月的走访调研后，1955年英国与卡巴卡政府草拟了一份新的《布干达协议》(Buganda Agreement)。卡巴卡成为立宪君主，政府部长的任命由卢基科控制并由总督批准。布干达也同意继续留在保护国内，随后立法委员会的代表选择机制建立了起来。接受协议后，穆特萨二世被允许回国，1955年10月他在布干达受到了喧嚣纷乱的欢迎。[①] 表面上看，协议削弱了卡巴卡的地位，但实际上他在回国后获得了支配性的政治权力。1955年的《布干达协议》强化了布干达在乌干达内的地位，这在1955年后引起了乌干达其他族群极大的恶感，导致了局势的紧张。

3. 民族主义政治与布干达分离主义

1952年，在伊格内修斯·穆萨齐(Ignatius Musazi)的领导下成立了乌干达第一个民族主义政党“乌干达国民大会党”(Uganda National Congress, UNC)。

---

① 1955年10月17日穆特萨二世回国时，布干达到处都装饰了鲜艳的凯旋门，夜晚还举行了火炬游行。作者在这里使用“喧嚣纷乱”(tumultuous)一词表达了自己的态度。译者注。

该党代表了来自布干达及乌干达其他地区的受过教育的新教徒精英的利益，呼吁团结所有的乌干达民众建立自治政府，主张由非洲人掌握乌干达的经济资源。而且，若亚洲人和欧洲人愿意加入非洲人的阵营并成为乌干达公民，乌干达国民大会党将不否认他们的权利。不过，该党在布干达很不受酋长们的欢迎，几乎不能从酋长那里获得任何支持。

像在坦噶尼喀与肯尼亚一样，在乌干达一些地区也出现了反对殖民当局农业政策的运动。乌干达国民大会党与“坦噶尼喀非洲民族联盟”类似，试图利用地方上的不满情绪作为获取民众支持的手段。例如，乌干达国民大会党支持基苏咖啡种植者反对政府。不过，它并没有取得像“坦噶尼喀非洲民族联盟”那样的成功；到了 20 世纪 50 年代中期它已不再重要了，也未能建立起真正的民族主义基础。

1955 年后，其他政党开始挑战乌干达国民大会党，其中最重要的是建于 1956 年的民主党(Democratic Party, DP)。民主党的成立是天主教徒在布干达政府中争夺政治影响力失败后的直接产物。从 19 世纪 90 年代开始，天主教徒在布干达及保护国其他地区一直都是政治上的“出局者”。民主党宣称支持所有乌干达民众，致力于最终实现自治政府。不过，它获得的大多数支持都来自那些不愿意处于二等地位的天主教徒。另一方面，乌干达国民大会党的领导人通常都是新教徒。因此，国家层面的政治分化是以宗教差别为特征的。在乌干达政治中，几乎没有新特点了。1958 年，干达人律师贝内杜克托·基瓦努卡(Benedicto Kiwanuka)成为民主党领导人。他反对布干达的孤立主义，并努力强化、扩大民主党的影响。

布干达统治者对这些新党派不感兴趣。非常有活力的卡巴卡成为孤立的民族主义的焦点。他和那些在卢基科中拥有传统权力的酋长并未成立自己的政党。他们更愿意以“卡巴卡”的名义，利用卢基科、地方管理机构等他们控制的制度。当 1958 年立法委员会宣布要任命一位发言人的时候，布干达代表退出了委员会。布干达政府同样拒绝参加 1958 年举行的第一次非洲人选举。

第一次选举在整个乌干达激发了政治觉悟，鼓舞了政治运动。不过，布干达、基苏以及安科莱等地反对直接选举，所以没有参加。有投票资格的人非常多，保护国境内超过 3/4 的男性都允许参加 10 月的投票。乌干达国民大会党赢得四席,民主党赢得一席,独立候选人赢得了四席。选举后,几名独立人士联合一些乌干达国民大会党的党员组建了新党"乌干达人民联盟"(Uganda Peoples Union)。在一些基苏、安科莱成员加入以后,该党在立法委员会中站稳了脚跟。最终,乌干达人民联盟有七个席位,乌干达国民大会党三席,民主党一席,还有一名独立候选人。

新的乌干达人民联盟是立法委员会中最大的党,但它在农村地区的基础并不稳固。它是第一个由非干达人领导的政党,采取了反对布干达的立场。而乌干达国民大会党则遭遇了另一次分裂,兰戈人米尔顿·奥博特(Milton Obote)领导一些非干达人成员退党。乌干达国民大会党的力量不断削弱,在反对干达人传统主义的斗争中不再能取得任何进步,最终在政治活动中消失了。这反映出政治忠诚的转移,也表明当时没有一个政党发展出了大规模的支持者。它们更多的是精英间的周末"茶会",缺乏来自民众的广泛支持。与此同时,布干达的孤立主义也日益加深。

1958年年底,总督弗雷德里克·克劳福德爵士(Sir Frederick Crawford)宣布了宪法委员会的建议,即在全国实行直接的普选。1961年举行了选举。布干达卢基科拒绝为委员会提名候选人,也不提供相关材料。然而,宪法委员会建议的是基于普选权的选举,而且提议赢得立法委员会多数席位的政党受邀组成政府。

所有这些似乎都把布干达撇在了一边,甚至连干达民族主义者也未参加选举。包括乌干达国民大会党前领导人穆萨齐在内的一些人都与干达传统主义者走得很近。他们成功组建了"乌干达民族运动"(Uganda National Movement, UNM),在布干达赢得了追随者,卡巴卡政府也支持它。1959年,乌干达民族运动组织了一场抵制亚洲人、欧洲人商店的运动,并伴随有恐吓、暴力——生动地反映了殖民统治末期的反亚洲人情绪。英国人逮捕了乌干达民族运动的领导人并取缔该党。

4. 走向独立

1960—1962年是决定乌干达能否以一个统一的国家走向自治的关键时期。20世纪60年代初,干达人的分离主义愈演愈烈。60年代中期,卡巴卡率领一个代表团到伦敦,要求推迟选举直到布干达与乌干达其他地区的联邦关系确立以后。随后,布尼奥罗、托罗、安科莱的统治者也呼吁延期选举,但英国并未同意。卢基科的领导人要求干达人不去登记投票,并提出布干达的分离要求,甚至在1961年的第一天宣布了“独立”。尽管分离实际上并未发生,却反映出干达分离主义者渴望维护其权力与特权的愿望,他们不愿自身特权被自治的乌干达忽视。此外,他们通过卡巴卡的号召力激发起干达人的民族主义情绪,将广大干达人与他们的诉求牢牢结合在一起。

这使得1961年选举成为民主党与新成立的“乌干达人民大会党”(Uganda Peoples Congress, UPC)之间的竞争。后者是“乌干达人民联盟”与“乌干达国民大会党”中奥博特派的联合。奥博特成为新的乌干达人民大会党的领导。在这次选举中,地方事务比国家事务更受关注,尤其重要的是布干达的地位问题。由于卢基科呼吁干达人抵制选举,所以只有很少一部分有资格的干达人投票登记。参与投票者选出了布干达的21席,其中20席为民主党候选人。民主党几乎囊括了布干达的所有席位,一共取得43席,而乌干达人民大会党虽然多赢了8万张选票,但只取得35席。民主党胜利后,总督任命基瓦努卡为政府首脑并组阁。

1961年7月,为了回应布干达及其他王国在处理与中央政府未来关系上的焦虑,设立了“乌干达关系委员会”(Uganda Relationships Committee),并发布了一份报告。委员会建议与布干达建立联盟关系,与其他王国建立准联盟关系。报告中提出布干达卢基科将由直接选举产生,并呼吁卢基科有权选择国会议会代表的产生方式是直接选举还是间接选举。民主党对此强烈反对,因为这么做意味着在未来它将无法赢得任何一场选举。民主党对干达统治精英强烈不满,认为不应该在卢基科中举行直接选举。

1962年在伦敦召开的宪法会议上,此问题与其他一些问题获得了最终解决。在会上,干达领导人和他们的老敌人——乌干达人民大会党的奥博特达成了一项重要交易。由于这场传统主义者与民族主义者间的“联姻”,乌干达人民大会党支持布干达有权决定进行直接选举或间接选举,而布干达将在选举后在国家层面支持乌干达人民大会党。乌干达人民大会党意识到赢得独立前选举以便牢牢控制住权力的重要性,其领导人便与布干达做了这个交易,帮助确立布干达的独特政治地位,但这对未来乌干达的国家统一产生了不利影响。

会后,这些政客回国为自治政府与选举做准备。1962年3月1日组成了内部自治政府，基瓦努卡成为第一任总理。在布干达卢基科的选举注定了他的任期是短暂的。为了赢得在卢基科中的选举，传统主义者建立了一个新的组织“卡巴卡耶卡党”（Kabaka Yekka，意为“国王唯一”）作为工具。卡巴卡的号召力是势不可挡的；反对卡巴卡耶卡党意味着反对穆特萨二世本人。卡巴卡耶卡党没有确定的意识形态，它的最终目的就是击败民主党和“保护”布干达的利益。作为交易的一部分，乌干达人民大会党没有反对这次选举，最终卡巴卡耶卡党赢得了压倒性的胜利，获得了65个席位，而民主党只赢得3席（都来自“失地”地区）。随后，卢基科决定选举在国民议会中的布干达代表。当然，民主党不会有机会了。

在1962年4月的大选中，民主党绝望地避免失败，而乌干达人民大会党则是信心百倍地参选，期待胜利的到来。基瓦努卡向托罗、布尼奥罗、安科莱发出呼吁，承诺改善它们的地位，并声称乌干达人民大会党将整个国家都出卖给了卡巴卡。但民主党只赢得了三个王国中的两个席位，这远远不够。最终，乌干达人民大会党赢得了37席，民主党只获得了24席。对前者而言，这并非绝对多数；不过，5月卡巴卡耶卡党的21席代表加入了乌干达人民大会党，组成了由奥博特领导的执政联盟。10月9日，这个政府使乌干达获得独立。

“失地”问题是独立时尚未解决的一个重要问题。[①] 在那里，大量尼奥罗人生活的地区归属布干达，并由干达人酋长统治。随着自治政府的成立，布尼奥罗当局不断向英国政府施压，要求归还这些“失地”。在“失地”存在许多混乱，包括非暴力反抗、纵火以及对布干达官员的袭击。布干达宣称，基于《1900年布干达协议》，它对这些地区的控制是永久性的。于是，英国官员就被置于两难困境，无论他们怎么做，都必然会开罪其中一方。处理这一难题的一个委员会建议，在这些尼奥罗人占多数的“失地”中举行公民投票，如果那些县的投票结果是加入布尼奥罗，则由布尼奥罗管辖。1962年6月，在最后一届宪法会议上决定在两年后举行关于“失地”的公民投票。英国就这样摆脱了困境，而奥博特政府要在日后处理这一不稳定与潜在分裂的隐患。

① 根据《1900年布干达协议》，布尼奥罗有六个县划归布干达管辖，其中有两个县的尼奥罗人口占多数。布尼奥罗一直要求收回这些“失地”。由于当时布干达是英国的盟国，两国共同对布尼奥罗作战，布干达在赢得战争后便占领了布尼奥罗的土地，也得到了英国的支持。译者注。

5. 殖民地经济

二战后，乌干达此前的许多发展趋势仍继续保持，乌干达经济继续以小农农业为基础，主要的经济作物由非洲人农场主种植。这种状况产生的影响是，与其他东非殖民地中的非洲人相比，乌干达非洲人在独立前夕贡献了国内生产总值中的更大份额。乌干达初级产品极其依赖世界市场的价格，价格波动通常会影响到其大多数经济部门。

1945 年后，乌干达经济有了重要变化。咖啡取代棉花成为保护国最重要的出口产品。到 1962 年，咖啡占乌干达出口约一半的份额。棉价不断下跌以及咖啡种植面积持续扩大，是棉花跌落到出口商品第二位的主要原因。另一方面，蔗糖在很多种植园中仍是主要的作物。像在坦噶尼喀一样，乌干达殖民行政当局也坚持促进资本主义小农发展的政策，其中特别强调发展合作社。

二战后，乌干达交通状况得到改善，制造业也开始发展。铁路由基奥加湖向北延伸至尼罗河，并一直通向保护国的西部地区，连通了那一地区的铜矿产地。乌干达公路也得到极大改善。到 20 世纪 60 年代初，大多数主要公路都已铺设完毕。到独立时，乌干达公路网比邻国要完善得多。在金贾(Jinja)，欧文瀑布(Owen Falls)上的电站大坝完工，带动了这一地区制造业的发展。1952 年，乌干达政府成立了“乌干达发展公司”(Uganda Development Corporation)。这是一个促进工业项目发展的法人团体，在私人公司未曾投资、将来也不会投资的领域进行投资活动，并在新建公司中取得部分所有权。到 1962 年，纺织、水泥、啤酒酿造、冶铜等制造业部门已经起步。

四、肯尼亚

1945 年以后，肯尼亚继续成为英国在东非地区的主要利益聚焦点，因为欧洲移民支配着肯尼亚的经济与政治。无论在从开普(Cape)到开罗的通道还是在印度洋地区，肯尼亚都具有重要的战略地位。英国对肯尼亚的投资领域也不断增加，远远超过在乌干达、坦噶尼喀的投入。此外，在二战后七年多一点的时间里，英国面临一场发生在其非洲殖民地中最严重的后征服时代的叛乱。英国向肯尼亚倾注了大量的人力、财力，用以镇压茅茅叛乱，并补救潜伏于其中的社会、经济问题。英国政府以前所未有的力度推动肯尼亚的教育与农业发展。可是，在一个非洲人政府的领导下，肯尼亚走向独立的运动比在1945年时所能想像到的还要快得多(尽管肯尼亚在东非大陆殖民地中最晚取得独立)。

1. 二战与米歇尔时代

在边境击败意大利军队后，二战对肯尼亚而言最重要的影响是，欧洲移民农场主享受到了经济的繁荣，大批为英军服役的非洲人离开肯尼亚赴境外作战。二战期间农产品价格上升，在战后最初五年的和平时期价格也都保持在有吸引力的水平。对于移民农场主尤其是种植谷物或经营混合农业的农场主而言，这是第一个真正的繁荣期。结果，他们都热衷投身于殖民地看似极有希望的农业未来，而英国政府则在战后继续鼓励更多移民定居肯尼亚。农业繁荣加快了农业的机械化进程，这使得于20世纪30年代后期开始的欧洲移民侵占"棚户民"特别是基库尤人土地的进程大大加速了。基库尤人的失地问题也明显增加了。

战时及战后的持续繁荣给非洲农民带来的好处并不多。在二战期间，当局过分强调让非洲农民种植粮食作物(如玉米)，经济作物的种植则被忽视了。开始于20世纪30年代的在选定的几个非洲人区域中的咖啡种植并未被推广，还处于试验性阶段。此外，移民种植者强烈反对一些民族(如基库尤人)种植咖啡。在战时采取了一些重要措施(如提前确保农产品价格)以改善非洲人农产品销售的市场情况。不过，像改善耕作方式以解决地力衰竭问题这类保护性技术虽然有潜在的利益，但还是遭到一些人的反对。

战争使许多非洲年轻人离开东非。在服役过程中他们接受了正规的或非正规的教育。许多人提高了知识水平，也看到了世界其他地方人的生活。对许多人而言，欧洲人优越的神话破灭了，不少人都是带着远大理想回到国内的。然而，回国后他们发现，肯尼亚的状况与过去相比变化不大。这些士兵原以为回国后英国人等白人会平等地对待他们；但实际情况是，在肯尼亚白人看来，他们还不如二等公民。于是，二战后许多退伍兵成为非洲政治、经济与社会进步的坚定提倡者，其中不乏激进者。

菲利普·米歇尔爵士(Sir Philip Mitchell)于1944年担任肯尼亚总督。他意识到了非洲人的进步需要，试图在高于酋长层次的行政管理系统中吸纳一些非洲人，支持在立法委员会中任命非洲人成员。1944年，埃利乌德·马图(Eluid Mathu)成为立法委员会中的第一位非洲人成员。此外，米歇尔在1944

年还鼓励成立“肯尼亚非洲人学习联盟”(Kenya African Study Union),这个组织为受过教育的非洲精英提供了一个各抒己见的平台,马图本人也向该机构咨询问题。

米歇尔试图在多元种族主义的框架内促进受过教育的非洲人的进步。他希望看到占多数的非洲人与移民分享政治控制权,而非独占这一权力。为了避免欧洲移民的反对,他的改革非常缓慢,包括推进多元种族主义政策。不过事实表明,许多非洲人尤其是基库尤人对经济与政治变革的这种步调并不都感到高兴。

2. 茅茅的来临

二战后,肯尼亚非洲人的不满持续积累。正如一个烘烤机中的蒸汽需要释放一样,民众的不满也要释放以防爆炸发生。不幸的是,菲利普·米歇尔爵士领导的管理机构并未提供这样一个释放的渠道,非洲人的抗议不断升级,演变为更激进的形式。

基库尤人是肯尼亚族群中受殖民统治影响最深的一个——从失去土地到基督教、西方教育的扩散。1945—1952 年,基库尤人是抗议活动的主要参与者。

民众不满情绪日益增长有很多原因。尽管米歇尔的计划推动进步,但很少有受过教育的非洲人受到政府或在经济上的影响。一个经常被引用的例子就是米歇尔如何对待 1946 年从英国返回肯尼亚的乔莫·肯雅塔。尽管肯雅塔此前在英国生活了超过 10 年,也在伦敦大学学习过,但米歇尔还是拒绝任命他为立法委员会成员。二战期间,英国反对种族主义、强调平等,但这些理念在肯尼亚一点儿也看不出来。种族隔离和歧视有色人种在生活的方方面面都表现得根深蒂固,欧洲移民还特别看不起受过教育的非洲人。

二战后,非洲小资产阶级也面临着巨大的阻碍,其中许多人是条件改善了的农民,他们希望种植高价值的经济作物,也希望从事贸易、店铺、运输与建筑行业。面对亚洲商人的竞争,这些非洲的原始资本家很难从殖民政府获得什么援助。殖民政府的意图事实上是抑制非洲资本主义的发展。例如,非洲人资本家发现,他们几乎没有可能获得充足的贷款。这些人对殖民政策越来越不满。20 世纪 40 年代与 50 年代初,这些人中的大多数是基库尤人。

若说精英和小资产阶级感到自己被殖民体系阻碍,那么在战后同样的原因也引起了农村地区与城市民众尤其是内罗毕市民的不满。在这里,基库尤人的三个群体特别受到影响。基库尤人长期饱受缺地之苦,随着二战后人口的增长这一问题变得更加突出。在基库尤人土地上,不断得到发展的农场主们牢牢控制着土地所有权;失去土地的基库尤人只能选择寄居于欧洲移民的农场,成为"棚户民"。这些无地的基库尤人几乎无法找到改善经济状况的希望。此外,从20世纪30年代末开始,在政府的支持下移民迫使"棚户民"在农场做工,限制了他们的农业活动,并迫使他们离开自己的土地。这样就产生了一群潜在的激进群体,他们被迫进入基库尤人保留地,在那里他们没有自己的土地;另一些人则被迫去内罗毕,在那里他们生活在极度贫困中。这些城市贫民成为二战后第三支产生不满的群体。

政府的农业政策也造成了农村地区的动荡。基库尤农民仍然不允许种植咖啡,只能种植当局指定的一些农作物。在基库尤人居住的姆兰加地区(Murang'a),政府试图强迫推行的土地利用与水土保持政策遭遇到特别强烈的抵抗。在1947年被称为"米塔罗"(mitaro,挖沟开渠)的农村反抗运动中,农民表达了对强迫劳动的极大不满。另一个农村抵抗的事例在20世纪40年代末,裂谷地区推行了一个"奥伦古隆尼移民项目"。[①] 在那里,基库尤人离开了政府分给他们的土地,因为他们不愿意接受政府有关土地使用的条例。

在战后时期,强烈的不满与激进主义情绪在内罗毕也十分突出。在内罗毕,非洲人的工资与居住条件都十分恶劣。城市政府在很大程度上由欧洲人控制,非洲人仅仅能扮演咨询者的角色。在内罗毕,欧洲人和亚洲人的富裕与非洲人的贫困形成了极为鲜明的对比。失去土地的基库尤人涌入城市,也产生了一些问题,如许多人处于半失业或失业状态。内罗毕犯罪率的增多也反映了一些未能有效处理的深层次的社会、经济问题。无论在城市还是在农村,退伍士兵都是激进运动的先锋,他们曾在国外服役、开阔了眼界,但在国内却几乎得不到任何经济或政治机会。

在城市尤其是在蒙巴萨和内罗毕,工会制度成为非洲人不满的焦点。1947年初,蒙巴萨发生了一场罢工,并导致"非洲工人联盟"(African Workers

① 20世纪30年代末,白人农场扩大了机械化发展,许多居住在其农场中的人被驱逐。其中一些基库尤人非法居留者被殖民政府安置在大裂谷地区的奥伦古隆尼(Olenguruone),这就是所谓的"奥伦古隆尼移民项目"。译者注。

Federation)的成立。联盟领导人切格·基巴查(Chege Kibachia)被捕后,这一组织也消亡了。从1948年开始,亚洲人工会成员与激进的马克汗·辛格(Makhan Singh)一起组织起了更强大的工会运动。1949年5月,他与一些非洲工人领导人一起在内罗毕成立了"东非工会大会"(East Africa Trade Union Congress),旨在团结殖民地内的所有工人,并组成一个有效的联盟。弗雷德·库拜(Fred Kubai)担任大会主席,辛格是秘书长。大会提出了更加激进的经济与政治主张,1950年5月发生在内罗毕的大罢工标志着它的运动达到了高潮。此后,库拜、辛格被捕,"东非工会大会"被宣布为非法组织。

二战后,"肯尼亚非洲联盟"(Kenya African Union, KAU)是非洲人表达不满的最重要的组织。尽管它吸引了来自肯尼亚各地的一些支持,但本质上还是一个基库尤人的组织。"肯尼亚非洲联盟"成立于1945年,是"肯尼亚非洲人学习联盟"的继承者。其成员多为受过教育的精英以及原"基库尤中央协会"的成员。"基库尤中央协会"曾得到城市与农村地区基库尤人的支持。虽然最终"肯尼亚非洲联盟"分裂为激进派与温和派,但它最初的抗议活动采取的是渐进的、宪法框架内的斗争方式,主要目标是让更多的非洲人参与政府、消除种族歧视、解决土地问题。1947年6月,乔莫·肯雅塔担任"肯尼亚非洲联盟"的主席,直到1952年的突发事件发生。[①] 肯雅塔在任主席的后期面对着的是一个分裂的政党,他不得不在温和派(通常为基库尤人酋长或其他族群的成员)与激进派(多为基库尤人)之间进行协调。

"肯尼亚非洲联盟"在宪法框架内的斗争,在促进政府采取行动缓和非洲人不满方面几乎没有取得什么成果,不过在促进基库尤人团结方面却取得了一些成效。"肯尼亚非洲联盟"采用了此前"基库尤中央协会"使用过的促进团结、确保义务的方式,即基库尤人传统中的誓约限制,促进了基库尤人的团结。在中央省、裂谷省以及内罗毕省,基库尤人的誓约特点不同,随着时间推移誓约的形式也发生了变化。到1949年年初,开始出现一种以战斗甚至是以暴力为目标的新誓约形式。

这就预示了"肯尼亚非洲联盟"的分裂。1951年以前,温和派在党内占据支配地位,但当年6月激进派开始控制"肯尼亚非洲联盟"的内罗毕分部。他们呼

① 所谓的突发事件指1952年10月7日肯雅塔等领导人被捕。译者注。

吁激进、快速的改革，尤其要求迅速建立自治政府；他们甚至准备在必要时以暴力手段实现此目标。

1951年6月控制内罗毕分部的核心激进分子，曾积极参与好战的工会组织。弗雷德·库拜曾是"东非工会大会"的主席，在大会被禁止后一度在监狱中服刑，此后他将注意力转向了"肯尼亚非洲联盟"。一个地方政府工人联盟的领导人、曾参军的比勒达·卡基亚(Bildad Kaggia)，也加入了"肯尼亚非洲联盟"。经过选举，两人分别担任了内罗毕分部的主席与书记。库拜呼吁在三年内取得非洲人统治下的独立。更多基库尤人通过誓约、建立武装并可能诉诸直接行动的方式加入了内罗毕分部，从而增强了其力量。

当激进主义者在"肯尼亚非洲联盟"最重要的分支占据主导并试图煽动国内其他分支的激进派势力以后，温和派(不包括多疑的肯雅塔)的处境就变得非常困难了。温和派决定起草一份大型请愿书，其中列出"肯尼亚非洲联盟"对土地问题的不满，并呈送英国议会。从某种意义上说，这代表着在宪法框架下解决土地问题的最后一次努力。结果是，请愿书直到1953年才被送至英国议会，也未取得什么成效。

随着激进好战势力的兴起，暴力事件不可避免地不断上升。这些事件多是失望情绪的自发性表达，而不是在中央协调性机构引导下的有策略的行动，值得注意的是，"肯尼亚非洲联盟"主席肯雅塔并未参与。从1950年开始，誓约与暴力活动的迹象不断增加，困扰着欧洲移民和政府。1950年，政府禁止了"茅茅协会"(Mau Mau Association)。"茅茅"在基库尤语以及肯尼亚其他族群的语言中并不代表什么意思，只是政府描述反欧洲人活动的一个口头语。在农村地区，大、小酋长不断遇袭，还出现了袭击移民农场里的牲畜的事件。肯雅塔与"肯尼亚非洲联盟"也承受着反对"茅茅"的压力。肯雅塔认为这么做并不明智。他在"肯尼亚非洲联盟"内部努力平衡温和派与激进派，处境艰难。而欧洲人把肯雅塔不肯反对"茅茅"的态度解读为他就是"茅茅"的组织者。1952年8月，肯雅塔在基阿穆(Kiamu)的大会上谴责了"茅茅"，但欲使殖民当局和移民相信这一点为时已晚。

1952年，在中央省、裂谷省及内罗毕省各地持续发生的暴力活动令欧洲移民越来越不安。他们开始呼吁采取强硬对策。此外，1952年年初菲利普·米歇尔爵士退休后至其继任者伊夫林·巴林爵士(Sir Evelyn Baring)9月到任前政府政策似乎摇摆不定。巴林上任后不久,最重要的基库尤人酋长之一、殖民政权的坚定支持者瓦鲁休酋长(Chief Waruhiu)光天化日之下在中央省被刺死。瓦鲁休遇刺两日后,巴林电告伦敦,要求宣布进入"紧急状态"。五天后,要求获得批准。1952年10月20日,肯尼亚宣布进入紧急状态。总督命令逮捕肯雅塔、库拜、卡基亚及其他"肯尼亚非洲联盟"领导人,希望能以此阻止冲突与暴力的不断升级。但事与愿违。

3. 紧急状态

肯尼亚宣布进入紧急状态,也就意味着被称为"茅茅叛乱"的运动的开始。在"肯尼亚非洲联盟"领导人被捕后,许多人都走进森林,开始了游击战;他们致力于推翻殖民统治,并将白人移民赶出肯尼亚。他们以"土地自由军"(Land Freedom Army)的名义进行战斗,转战至肯尼亚山和阿伯德尔山地区的森林中。这些地方接近基库尤人定居点,有利于开展游击战。1953年,大部分叛军通常采取的是小规模作战形式,而非统一命令下的行动。他们向殖民当局的警察、武装力量主动发起进攻。当年3月,叛军成功袭击了纳瓦沙(Naivasha)警局,取得了重要胜利。

殖民当局需要为其宣布的"紧急状态"找出理由。1952年11月,肯雅塔和其他六名"肯尼亚非洲联盟"领导人在卡彭古里亚(Kapenguria)接受审判,罪名是组织"茅茅"的犯罪行为。从本质上讲,这是一场政治审判。1953年4月,肯雅塔被判有罪,并判处七年苦役。"肯尼亚非洲联盟"在沃尔特·奥德德(Walter Odede)领导下继续存在,但同年奥德德也被捕,"肯尼亚非洲联盟"被禁。此后,政府严格控制政治运动,在好几年里非洲人都未能组织起全国性的政治组织。

"肯尼亚非洲联盟"被禁止、其领导人被逮捕并判刑,这些都未能终结叛乱。总督巴林被迫召集了大批英军来镇压叛乱。这是一项艰巨的任务,因为在实践中要拘押并审查所有的基库尤人,更不用说相关的恩布人和梅鲁人了。基库尤人被集中在一些更易被保护的村落,这改变他们传统的定居形式。那些忠诚受到怀疑的人未经审判就被逮捕并被关押很长时间。例如,在1954年4月的"铁砧行动"(Operation Anvil)中,逮捕了内罗毕几乎所有的基库尤人。到1956年年底,"茅茅"叛军的主要反抗行动都被镇压,他们最重要的领导人,例如德丹·

基马蒂(Dedan Kimathi),也遭到逮捕。

随着叛乱的发展,它也显现出许多基库尤人内战的特征。一些所谓忠诚的基库尤人加入英军。尽管忠诚者在数量上比叛军少得多,但在“紧急状态”下他们还是获得了很大的优势。作为大小酋长,他们舞动着手中巨大的、常常是未加抑制的权力,他们有权占有叛军的土地。那些叛军要么还在作战,要么已被逮捕了。大多数忠诚者都被强烈的基督教原则所驱使,他们认为反叛运动与西方价值观、基督教义相违背。而且相对而言,大多数忠诚者都受过良好的教育,家境富裕。在很大程度上,这些人必然会成为基库尤人社会中的“富人”;而那些进入森林的“土地自由军”则多是些“一无所有者”,既没有土地,也未受过教育。为了充分认识茅茅叛乱的规模,了解一下反殖民斗争情况是很重要的。

英国政府意识到,肯尼亚的抵抗运动背后隐藏着深层的政治、经济与社会问题,因为镇压叛乱的目标不仅在于取得军事上的胜利,而且要推动改革以消除非洲人的不满情绪。英国为镇压茅茅叛乱付出了惨重代价,这也使殖民当局确信他们没有能力继续支持欧洲移民在肯尼亚获得的经济与政治支配地位了。在十年之内,移民的政治影响力被一扫而空。从这个意义上可以讲,茅茅叛乱加速了非洲人自治政府的建立。

英国人试图缓解非洲人不满的一个重要举措是,重点关注农村地区的经济改革。农业部引进了一个雄心勃勃的计划,并以其主管斯韦纳顿(R. Swynnerton)的名字命名。该计划试图改革非洲人的农业。它要求政府鼓励土地重整,向个人颁发土地所有权证,并将一部分外国人占有的土地分给多数肯尼亚人,但不包括基库尤人。计划还包括,中央政府投入更多资金以引进经济作物、改善产品推广服务、为非洲人农民提供贷款。合作社也受到了鼓励。结果,首先在基库尤人的土地上也允许非洲人种植咖啡这类经济作物了。此后,在肯尼亚所有最好的农业区中,殖民当局利用在“紧急状态”下握有的巨大权力,发动了一场农业革命。

这场农业革命的受益者在很大程度上都是保守派,如酋长、非洲商人以及先进的农民。在殖民统治的最后几年,这些人在农村地区的优势地位不断上升,并一直持续到独立时期。

英国改革的另一个重要方面是鼓励更多非洲人参与中央政治。英国当局提出这一改革提议强调，非洲人参政必须在多元种族主义政策框架下进行。非洲人受教育的范围扩大了，他们也实现了与欧洲人、亚洲人平等的政治代表权，但这并不意味着非洲人的多数统治。1954 年新宪法的诞生，是实现各种族平等的重要步骤，它规定在新成立的、多元种族主义的内阁会议中将有一名非洲人、两名亚洲人；不过留给欧洲移民的代表权还是不少（内阁会议共有五名代表）；在立法委员会中也是如此。这些措施既无法让政治上觉醒的非洲人满意，也不能取悦多数欧洲移民。欧洲移民反对任何扩大非洲人政治权利的举措。

4. 走向非洲人的自治政府

尽管进行了宪法改革，但在“肯尼亚非洲联盟”被禁后非洲人还是不被允许组织任何政治团体。1955 年年中以后，才允许非洲人成立政党，而且只能在地方层面上组织。这种抑制国家层面政治活动的政策，鼓励与激发了地方主义、部落主义。国家层面的政治活动被禁止、其领导人被逮捕后，只剩下一个年轻的工会成员汤姆·姆博亚（Tom Mboya）。他在 1953 年建立了“肯尼亚工会联盟”（Kenya Federation of Labour）这个国家性的政治平台。作为联盟的总书记，姆博亚试图保护工人权利，促进与英美工会组织的联系。他成为在国家层面表达非洲人政治愿望的发言人。

在新宪法下，非洲人取得了一些小的进步，其中最重要的是承诺通过调查寻找一种更有效的方式选择立法委员会中的非洲人代表。英国政府与肯尼亚殖民当局接受了一个建议，即应该经由普选产生非洲人代表。1957 年 3 月，就保留给非洲人的八个席位进行了首次选举。与欧洲人、亚洲人的普选不同，非洲人没有获得普选权。选民受到了教育、财产资格的限制。在肯尼亚中部分布着许多基库尤人、恩布人、梅鲁人居住的地区，只有忠诚者才有资格投票。姆博亚赢得了内罗毕的议席，而首位进入立法委员会的马图在竞选中落败。在第一轮当选的非洲人代表中，有日后成为肯尼亚第二位总统的丹尼尔·阿拉普·莫伊（Daniel arap Moi）和成为肯尼亚第一副总统的奥金加·奥廷加（Oginga Odinga）。

这些新当选的非洲代表迅速决定通过拒绝参与行政管理的方式破坏现存的宪法。他们拒绝接受当时为非洲人预留的两个部长职位，这使英国政府在 1957 年 11 月公布了一个新宪法草案。其中规定，在立法委员会中增加非洲代表的名额，并与欧洲代表人数相等。不过欧洲人试图继续维持"多元种族主义"。在1958年的非洲人选举中，姆博亚带领非洲代表拒绝支持新宪法。

于是在1959年，谋划肯尼亚未来前景的宪法会议受到了各方面的压力。欧洲移民在50年代初相对的政治团结此时已化为泡影。大多数移民支持布里格斯上校(Group Captain Briggs)领导的团结党(United Party)，这个党强调在所有领域都要实行白人至上、种族隔离的原则，反对宪法会议的构想。农业部长迈克尔·布兰德尔爵士(Sir Michael Blundell)领导了一个更温和的团体，组建了"新肯尼亚党"(New Kenya Party, NKP)，该党成员支持宪法会议，并在其中发挥了重要作用。

1959年发生的"霍拉营地事件"(Hola Camp affair)改变了政治气氛。当时，11名被拘押的"茅茅"核心成员在霍拉营地死亡，肯尼亚当局试图掩盖死者所处的野蛮环境，这一行为不仅破坏了"复原"项目的构想，也使肯尼亚的多元种族主义政策难以为继。1959年担任殖民大臣的伊恩·麦克劳德通过"霍拉营地事件"确定，肯尼亚需要一场迅速的变革。

1960年年初，宪法会议在伦敦的兰开斯特宫(Lancaster House)召开，带来了这场变革。所有立法委员会中的当选委员都参加了这次会议。会上宣布白人高地将面向各种族群体开放，这导致"死硬派"移民开始离开肯尼亚，移居到津巴布韦或南非。会议上未达成任何协议，因此麦克劳德强加给会议一个解决方案，该方案确保了非洲人在新委员会中的多数地位(33席)，只给欧洲移民保留了10席，并规定在只有白人参加的预选之后才进行以普选为基础的代表选举。亚洲人获得8席。因而，兰开斯特宫会议结束了欧洲人的优势地位，也终结了在肯尼亚推行多元种族主义政治理念的企图。对麦克劳德而言，幸运的是布兰德尔集团接受了新的方案，从而减少了它在英国被接受的阻力。

此时，在国家层面上成立非洲人政党的禁令已经解除了。到1960年年底，出现了两个全国性政党。第一个是"肯尼亚非洲民族联盟"(Kenya African National Union, KANU)。该党代表了两组最大的族群——基库尤人与卢奥人，康巴人与古西人——的利益。在禁止选举肯雅塔为主席后，詹姆斯·吉楚鲁(James Gichuru)当选为第一任主席。当时肯雅塔已完成刑期，但仍被视为威胁安全的危险人物而被拘押。党内其他重要人物还有担任总书记的姆博亚以及担任副主席的卢奥人奥金加·奥廷加。这一时期,“肯尼亚非洲民族联盟”的一个特征是领导人之间的派系斗争,尤其是在姆博亚与奥廷加之间。此后不久,在罗纳德·恩加拉(Ronald Ngala)、马欣德·姆利罗(Masinde Muliro)以及莫伊的领导下,成立了“肯尼亚非洲民主联盟”(Kenya African Democratic Union, KADU),它致力于保护少数族群(如沿海各族、卢西亚人以及卡伦津人)的利益。

作为兰开斯特宫方案的结果,1961 年举行了选举,上述两党在选举中为竞争非洲代表的席位而相互争斗。另外两党则为欧洲代表的席位进行竞争,它们是布兰德尔的新肯尼亚党和更反动的、斐迪南德·卡文迪什—本廷克爵士(Sir Ferdinand Cavendish-Bentinck)领导的“肯尼亚联盟”(Kenya Coalition)。肯尼亚联盟反对肯尼亚当时的前进方向,主张由英国政府购买移民的农场。它在只有欧洲人才能投票的初选中几乎大获全胜,但在接下来的普选中因投票资格限制的放松而失利,因为非洲选民的人数比欧洲选民多得多,他们在多数情况下都将手里的选票投给了新肯尼亚党,助其获胜。在非洲人方面,选举被一件事情支配,即肯雅塔获释。无论是“肯尼亚非洲民族联盟”还是“肯尼亚非洲民主联盟”,都呼吁释放肯雅塔。于是,这就演变为一场“肯雅塔选举”(Kenyatta Election)。“肯尼亚非洲民族联盟”赢得了 19 席,“肯尼亚非洲民主联盟”赢得了 11 席。

雷尼森于 1959 年接替巴林担任肯尼亚总督。两党起初都拒绝总督帕特里克·雷尼森爵士(Sir Patrick Renison)要求他们加入内阁会议的呼吁。他们坚持要求释放肯雅塔,并期待其重返政坛。但总督却将肯雅塔描绘为一个“走向黑暗与死亡”的领导人,拒绝释放他。最终,“肯尼亚非洲民主联盟”同意组织政府,以换得最终释放肯雅塔的承诺。虽然“肯尼亚非洲民主联盟”处于少数地位,但它与新肯尼亚党的结盟克服了这一问题;同时,它利用总督的权力,提名内阁会议的成员。1961 年 8 月,肯雅塔获释。他在担任“肯尼亚非洲民族联盟”主席后,促使“肯尼亚非洲民族联盟”与“肯尼亚非洲民主联盟”实现了团结。不过,这两党之间的分歧在某种程度上延缓了建立自治政府的进程。

在 1962 年举行的、旨在规划实现自治政府路线的第二次兰开斯特宫宪法会议上,两党的分歧表现得非常明显。新的殖民大臣雷金纳德·麦德宁(Reginald Maudling)主持会议,“肯尼亚非洲民主联盟”主张实行“马金博”(majimbo,意为“联邦制”),而“肯尼亚非洲民族联盟”则主张单一制。会议面临在二者之间选择的问题。麦德宁通过采取半联邦制的解决方案获得一项有关宪法框架的协议，尽管"肯尼亚非洲民族联盟"反对这一协议，但很明显它代表了大多数肯尼亚人的利益。麦德宁这么做是为了引发"肯尼亚非洲民族联盟"的分裂，令姆博亚及其追随者加入"肯尼亚非洲民主联盟"，以此反对他所认为的由奥廷加领导的激进派。根据协议，将建立六个确保其权力的地方议会，在中央则设立一个两院制议会。新宪法的细节将在会议后制定出来，以便进行选举。

在此影响下，两党领导人肯雅塔与恩加拉组建了一个联合政府。不过，两党间还是存在着严重的分歧；"肯尼亚非洲民族联盟"很不情愿地接受了联邦制，希望能赢得独立前的选举以便随后改变宪法。沿海地区（从理论上讲这里是桑给巴尔素丹的领地）以及肯尼亚东北部索马里人居住地区的分离主义运动，对肯尼亚未来的稳定与统一构成了威胁。大多数欧洲人与亚洲人对未来非常不确定，并丧失了信心。因此，殖民地的未来看起来并不明朗。

英国前首相之子、新任总督马尔科姆·麦克唐纳（Malcolm MacDonald）上任后，新宪法才最终完成。雷尼森此前已无法与肯尼亚政治领导人（特别是肯雅塔）有效开展工作去完成这部宪法了。完成的新宪法中增加了第七部分，其中满足了索马里分离主义者的要求。"肯尼亚非洲民族联盟"与"肯尼亚非洲民主联盟"为 1963 年 5 月的选举展开了激烈的竞选活动。"肯尼亚非洲民族联盟"在新立法机构的下院无疑是获胜者（73∶31），但在上院只处于微弱多数。

1963 年选举的结果是，肯雅塔呼吁成立一个能够引领肯尼亚实现自治、走向独立的政府。在他任首相期间，肯尼亚于 1963 年 6 月 1 日获得自治，12 月取得完全独立。"肯尼亚非洲民族联盟"的政府需要在保持一个联邦制宪法或变更为一个单一制国家之间做出选择，而少数党强烈反对建立单一制国家；新政府还面临着分离主义的问题，特别是在东北地区，那里的索马里人抵制了 1963 年的选举。经济问题也摆在新的非洲人政府面前，移民与欧洲投资者对肯尼亚政治未来的不确定导致了 1961—1963 年的经济恶化。

5. 殖民地经济

20 世纪 50 年代，肯尼亚农业开始了一场重大变革。随着"斯韦纳顿计划"的推行，政府工作重点转变为促进、改造非洲人农业。在肯尼亚全国范围内都开始进行圈地与土地重整，肯尼亚的非洲农民拥有了私人土地所有权。非洲农民得到了更多且更好的农业服务，并被鼓励种植一些高价值的经济作物如咖啡、除虫菊和茶叶，于是在整个60年代，肯尼亚农业总产值有了显著的、持续的上升。移民主导的农业经济很快走到了尽头。

随着生产的增长，农村地区的分化也加速了。非洲富农与贫农之间的差距在拉大，政府政策也倾向于向富农提供服务、贷款等项目，土地重整及登记的规定使富农可以购买更多的土地。此前只有欧洲人才能利用的合作社，随着非洲人农作物销售的增长也逐渐建立起来，富农也从合作社中获利。

1945年后，在城市地区尤其是在内罗毕和蒙巴萨，制造业获得了发展。制造业起初大多归移民与外国人所有，主要是向乌干达、坦噶尼喀输出食品、生活日用品等的进口替代工业。20世纪50年代，此前集中在商业领域的肯尼亚亚洲人资本开始转向制造业。与此同时，外国直接投资特别是来自英国的投资也流向了制造业。1963年以前，投资集中在鞋类、涂料、肥皂与水泥等行业。新工业开始建立，移民也参与其中。内罗毕逐渐成为地区性的工业和金融中心，独立后它的这一地位也十分稳固。

五、桑给巴尔

二战后，阿拉伯人继续在桑给巴尔、奔巴的政治中占有优势，从某种程度上说，在经济上也是如此。英国对此是支持的，直到1963年桑给巴尔独立前殖民行政当局都试图维持这一局面。英国大力扶持阿拉伯精英；阿拉伯人作为桑给巴尔的天然统治者，拥有大多数的丁香种植园。

1. 政党演变

二战后最初的政党很大程度上都是种族主义性质的。尽管阿拉伯人在总人口中所占的比例很小（1948年时还不到10%），不过“阿拉伯人协会”（Arab Association）还是致力于维护阿拉伯人的优势地位。此外还有印度教徒的“印度人协会”（Indian Association）、亚洲穆斯林的“穆斯林协会”（Muslim Association）、声称自己是最早来到岛上的非洲人后裔所组织的“设拉子协会”（Shirazi Association）。来自非洲大陆的非洲人（奴隶、移民劳工的后裔）则加入1934年成立的“非洲人协会”（African Association）。20世纪50年代，阿拉伯人协会带头提出了选举立法委员会成员的要求。

1954年，英国提议宪法改革，建议立法委员会中的种族比例为四名阿拉伯人、四名非洲人、三名亚洲人和一名欧洲人。阿拉伯人后来提出了更过分的要求，如要求对内阁系统进行非正式多数的成年人全民普选。[①] 由于英国不接受这些要求，阿拉伯人协会成员就退出了立法委员会。

尽管阿拉伯人反对，英国人仍继续推进宪法进程。立法委员会中的非官方代表由8名增至12名，随后宣布派1名特派专员对此进行调查。1956年特派员提交的报告认为，立法委员会中的6名代表应由普选产生，另外六名则由官方指派。阿拉伯人尽管反对这些建议，但最终还是决定停止抵制活动。

在1957年选举中的政治活动更为明显。"桑给巴尔民族主义党"(Zanzibar Nationalist Party，ZNP)成立于1955年。该党源于一些农村非洲农民的活动，他们曾组织了一个短命的政党，即桑给巴尔民族主义党的前身，他们鼓吹在素丹治下的独立。阿拉伯人协会的领导层与农村激进派联合起来组成了桑给巴尔民族主义党。它不仅吸引了阿拉伯普通民众，也吸引了像阿里·穆辛谢赫(Sheikh Ali Muhsin)这样的阿拉伯精英分子，阿里后来还进入了党的领导层。桑给巴尔民族主义党还利用伊斯兰教的号召力以及阿拉伯人的传统领导角色，设法吸引到桑给巴尔其他群体(如设拉子人)的支持。该党组织良好，也许是受到北非人的影响，采取了强烈反对殖民主义的立场。

并非所有的非洲人(设拉子人和大陆人)都欢迎桑给巴尔民族主义党。非洲人协会、设拉子协会组成了"非洲—设拉子党"(Afro-Shirazi Party，ASP)，就成为桑给巴尔民族主义党的主要对手。1957年，在非洲人协会领导人阿贝德·卡鲁姆谢赫(Sheikh Abeid Karume)的领导下，非洲人协会与设拉子协会合并组成了非洲—设拉子党，它比桑给巴尔民族主义党更少民族主义与激进主义色彩。

1957年选举的特点是种族关系日益紧张。在选举中，非洲—设拉子党以61%的得票率、赢得3席而胜出，桑给巴尔民族主义党则仅有21%的得票率，也没能赢得立法委员会中的席位。卡鲁姆以压倒性的优势击败了桑给巴尔民族主义党的领导人穆辛。

---

① 这里的非正式多数的成年人全民普选指局限于阿拉伯人等少数族裔且排除占人口多数的非洲人的普选。译者注。

2. 走向独立

1957年选举后，民众的政治意识大大增强了。不断增加的党派竞争，导致了阿拉伯人与非洲人关系的紧张。试图和解的努力，如组织“自由委员会”(Freedom Committee)，未能奏效。1959年宣布选举产生的议员将由6名增加到8名，而且允许妇女参加选举。两党领导人都呼吁加快建立自治政府。

1960年，英国提出增加行政委员会与立法委员会中的代表名额。在立法委员会中，选举产生的代表将达到22名，赢得多数席位的党的领袖将成为首席部长。两党都试图获得更多支持，双方的关系也愈加紧张。1959年年中，出现了一个新党，这就是由穆罕默德·沙姆特谢赫(Sheikh Mohammed Shamte)领导的“桑给巴尔和奔巴人民党”(Zanzibar and Pemba Peoples Party, ZPPP)。它从非洲—设拉子党中分离出来，并赢得了设拉子人特别是奔巴岛上的设拉子人的支持。

桑给巴尔和奔巴人民党既不愿让阿拉伯人、也不愿让大陆的非洲人主宰桑给巴尔。在1961年1月的选举中，桑给巴尔和奔巴人民党、非洲—设拉子党以及桑给巴尔民族主义党成为三个主要的竞争者。非洲—设拉子党以更温和的形象赢得了10席，稍激进的桑给巴尔民族主义党赢得9席，而桑给巴尔和奔巴人民党只赢得3席。随后，桑给巴尔和奔巴人民党分裂，2名代表转而加入桑给巴尔民族主义党，1名代表加入非洲—设拉子党。这导致两大党在立法委员会中各有11名代表，谁都无法组阁。1961年6月进行了另一次选举，在这次选举中发生了严重的暴力，约20人死于政治、种族冲突。虽然为了避免平局而增加了席位，但选举还是造成了另一个僵局。桑给巴尔民族主义党和非洲—设拉子党各赢得10席，桑给巴尔和奔巴人民党赢得3席。桑给巴尔民族主义党与桑给巴尔和奔巴人民党联合组织政府，英国专员于是要求桑给巴尔民族主义党的领导人穆辛组阁，但出乎意料的是，桑给巴尔和奔巴人民党的领导人沙姆特最终成为首席部长。

桑给巴尔最终开启了通向自治的道路，但各政党之间仍存在巨大的分歧。非洲—设拉子党抵制当选政府并呼吁进行新的选举，而桑给巴尔民族主义党与桑给巴尔和奔巴人民党的联盟则希望保持自己获胜的影响力。英国最终接受了重新选举的要求，同意在独立前进行一次新的选举，并决定扩大立法委员会。

1963年6月，沙姆特成为总理，但在7月还将进行选举。

在新选举中，占支配地位的桑给巴尔民族主义党与桑给巴尔和奔巴人民党联盟取得了胜利。尽管两党只获得73 000张选票，非洲—设拉子党赢得87 000张选票，不过桑给巴尔民族主义党赢得12席，桑给巴尔和奔巴人民党赢得6席。两党联盟占据了立法委员会中的多数地位，非洲—设拉子党只有13个席位。尽管非洲—设拉子党抗议选举不公，但英国还是于1963年12月准予这个在政治、种族与经济等方面依然分裂的桑给巴尔独立。这个两党联盟的统治将非常短暂。

和肯尼亚与乌干达一样，桑给巴尔的独立也是以政治分裂为特点的，这种政治分裂反映出种族与地区间的不团结，并对未来产生了巨大的影响。另一方面，坦噶尼喀在“坦噶尼喀非洲民族联盟”领导下以较为团结的方式取得了独立。1961年，坦噶尼喀是东非大陆殖民地中最穷的一个，但它却能说服殖民当局给予其比邻国更早的独立；事实上，它比大多数英国官员预料的要早独立20年。

在二战后的20年间，东非发生了巨变。在“茅茅叛乱”的刺激下以及接受了“变革之风”[①]的理念后，在20世纪60年代初，英国便放弃了对东非的政治控制。除了政治变革，经济变革和社会变革在殖民统治的最后20年里也开始了。在三个殖民地中经济作物的种植都扩大了，农作物产量也达到了在殖民统治前十年无法企及的高度。仅从教育与医疗这两个领域来看，政府也极大地增加了资金的投入。

实现了政治独立的新国家也面临着惊人的问题。在20世纪50年代与60年代初，东非得益于有利的世界经济形势，出口品的价格不断上涨。但这种形势不会持久，而这些国家所承继的依附的、不发达的经济将在未来造成令人畏惧的挑战。

① 1960年，英国首相麦克米伦在访问南非时发表了“变革之风吹遍非洲”的演讲，表达了他对英国继续维持殖民统治将面临的困难与危险的担忧，希望在殖民地问题上付出尽可能少的代价。译者注。

阅读建议

Anderson, David, *Histories of the Hanged*. London, 2005.

Apter, David, *The Political Kingdom in Uganda*. Princeton, 1967.

Berman, Bruce and John Lonsdale, *Unhappy Valley Bood. 2*. London, 1992.

Coulson, Andrew, *Tanzania: A Political Economy*. Oxford, 1982.

Elkins, Caroline, *Imperial Reckoning: The Untold Story of Britain's Gulag in Kenya*. New York, 2005.

Iliffe, John, *A Modern History of Tanganyika*. Cambridge, 1979.

Karugire, S. R., *A Political History of Uganda*. Nairobi, 1980.

Kitching, Gavin, *Class and Economic Change in Kenya*. New Haven, 1980.

Low, D. A. and Smith, Alison eds., *History of East Africa. Vol. III*. Oxford, 1976.

Ogot, B. A. and W. R. Ochieng, *Decolonization and Independence in Kenya*. London, 1995.

Pratt, Cranford, *The Critical Phase in Tanzania, 1945 — 1968*. London, 1976.

Rosberg, Carl and Nottingham, J., *The Myth of Mau Mau: Nationalism in Kenya*. New York, 1966.

Temu, A. J. and Kimambo, I. eds., *A History of Tanzania*. Dar es Salaam, 1969.

Throup, David, *Economic and Social Origins of Mau Mau*. London, 1988.

第十一章 独立的东非：20世纪60—90年代[①]

1961年12月至1963年12月，坦噶尼喀、乌干达、肯尼亚与桑给巴尔都脱离了英国，相继取得了政治独立。这些新独立的国家不仅继承了相似的殖民遗产，而且在成为独立国家的最初日子里都面临着许多相似的问题。其中最根本并持续存在的一个问题就是如何加快促进经济的发展。这些国家虽然在商品生产与社会服务方面取得了成功，但在削减贫困、愚昧和疾病领域仍然面临着巨大的挑战。政治的发展趋势是走向一党制。其中两个国家的政府曾被暴力推翻。独立后，东非国家通过建立"东非共同体"(East African Community)加强了彼此间的联系，但这个组织的存在时间并不长。

一、独立与依附

尽管从理论上讲东非国家通过独立、自治政府与多数统治控制了自己的命运，可它们对英国的强烈依附远未结束，这种依附性在许多方面甚至增加了。无需怀疑的是，英国同样期待保持这种依附性，以利用它让前殖民地与自己在政治和经济上保持密切的关系。首先可以看到，英国留下来的政治与管理结构将在相当长的一段时间里为新国家所用。这些国家的管理使用无党派倾向的公务员系统，这套系统当初是为了帮助进行殖民统治而建立的；国家政治由基于威斯敏斯特模式(Westminster model)的议会系统控制。然而，东非国家尤其是桑给巴尔迅速进行了重大的宪政和管理体制改革，与承继自英国的体系渐行渐远。

由于缺乏经过培训的本地人力资源去填充高水平的技术和管理职位，所以有关依附的一个重要方面就涉及有技能的人力资源。政府未来要用很长时间去

① 本章涉及的内容已更新至2008年的东非历史。译者注。

雇用欧洲的公务员和专家，这一点是公认的。依赖在国外出生的非洲人或在非洲出生的外国顾问成为获得独立性的潜在障碍。而快速培训非洲人去接管公务员职位的可能性又依赖于英国留下的教育体系。这套体系更强调理论而非技术教育，学校也没有能力大规模培养人才。而且，处于高层次的教师多是欧洲人。

东非国家试图通过革新培训程序、扩充教育设施克服这种类型的依附。中学和大学教育都有显著的扩充，但这些机构所能提供的培训仍然无法满足大多数人的需要。大批学生被送去国外特别是美国接受教育和培训，他们学成后将会回国进入政府工作。所有国家都推行了非洲化计划，让非洲人取得以前非洲人以外的人控制的职位，但这一进程实现得并不快，所以也无法让所有公民感到满意。独立30多年后，东非国家在很大程度上已经实现了公职的非洲化，但某些需要特定技能的职业如医药行业，非洲人还无法完全接手。

在经济领域的依附性表现得最明显。所有东非国家都作为英镑区的成员而与英国联系密切，英国也是东非国家主要的海外市场和几乎所有发展资金的来源。英国希望自己的出口能占有东非市场的巨大份额，东非国家基本上都继承了资本主义经济结构，在这个结构里非洲人以外的人扮演了重要的角色。在殖民统治最后几年开启的农业发展道路似乎是东非新国家唯一可遵循的。在农村地区，这通常就意味着不断努力去帮助所谓的先进农场主和促进富裕的自耕农阶层的出现，他们种植用于出口和生存所需的农作物。由殖民官员讨论过的、任何企图打破这种依附性的主张，都很可能被证明是有害的。

然而，东非三国都试图改变和打破这种在经济上依赖英国的模式。市场和出口作物变得多样化。工业特别是进口替代型工业得到了鼓励；与殖民时期相比，工业发展规模大得多。东非国家从联合国、所谓的西方集团、苏联及其盟友以及中国那里都获得了发展援助。所有这些东非国家都向它们称之为社会主义的方向转型。与过去相比，新国家能在更大程度上控制工业与生产资料的所有权，并能提供更多的社会福利服务。

东非国家尽管付出了巨大的努力，但要打破经济依附被证明是极其困难的。尽管东非国家对英国的依附不那么强了，但仍然在市场与资本来源上依附于发达国家，它们主要的收入来源还是农业生产，这依赖世界市场；而生产制成品的国家几乎不受控制。跨国公司控制了东非的市场与制造业的许多领域，这便制造出另一种类型的依附。发达国家提供的资金项目很少是没有附带条件的。在独立后出现的、作为新的主要外汇来源的旅游业，当然也依附于海外的游客。

独立的东非国家与英国的关系由于欧洲人、亚洲人少数群体的存在而变得复杂。英国最初希望欧洲人和亚洲人的处境能够与在殖民时期的状况差不多，并鼓励他们取得新国家的公民身份，不过他们都没有什么热情去接受这个建议。最后，英国不得不提供给他们另一个选择，即给予他们英国公民权。在肯尼亚，许多欧洲人都将农场变卖，英国为他们提供资金，随后大多数移民都离开了东非。遍布东非的亚洲人感到他们的未来不确定，他们中的许多人失去了工作与产业，并被非洲人取代；非洲人认为亚洲人阻碍了非洲人的进步。因此，大多数亚洲人选择取得英国公民权。虽然英国扩大了给予东非亚洲人的入籍范围，但并不情愿过多亚洲人获得英国国籍，于是英国政府在20世纪60、70年代与东非国家谈判有关入籍配额的安排，以便逐步安置亚洲人。

二、东非实现紧密合作的努力

自治政府建立后再次试图实现联邦或“紧密联盟”。殖民时期乌干达、坦噶尼喀担忧肯尼亚移民在东非其他地区事务中占据支配地位，最终导致了联盟的失败。现在，这已不仅仅是一种可能性了，民众意见开始倾向于支持联邦。根据“东非高级委员会”(East African High Commission)此前的安排，1961年，“东非共同服务组织”(East African Common Services Organization)成立，为东非国家提供共同服务并在东非促成一个自由贸易区。在之后三年里这一组织看上去发展得很好，似乎会成为一个“东非联邦”的基础。1963年年中，尼雷尔、奥博特与肯雅塔在内罗毕会面并承诺致力于东非的政治联合。然而，乌干达退缩了，走向联盟的努力没有取得结果。

在东非，肯尼亚的支配地位在很大程度上取决于殖民遗产，这也成为建立更紧密经济合作的进程中遇到的一个问题。肯尼亚制造业所占份额最大，在共同体内的出口也远远超过其他国家。内罗毕是东非的金融中心。1964年起草的《坎帕拉协议》(Kampala Agreement)试图对三国间的状况进行调整，此前肯尼亚在“东非共同服务组织”框架下似乎取得了在共同市场运营中的绝对优势。而《坎帕拉协议》的目的是实现跨境贸易的平衡，并促进选址远离肯尼亚的工业发展。它还为跨境贸易提供了一套配额制度。

三国尽管进行了合作,但很快就放弃了共同货币,各自发行独立货币。虽然出现一些经济分歧的倾向,不过三国还是试图在共同服务、经济合作以及更大的政治联盟领域达成一些更确定性的协议。1967 年 6 月,三国总统在坎帕拉签署了《东非合作条约》(Treaty for East African Cooperation)。总部设在坦桑尼亚北部阿鲁沙(Arusha)的“东非共同体”取代了“东非共同服务组织”。共同市场与服务继续保持,新的措施相继出台以促进成员间更公正的利益分配。有一个值得注意的条款,其中规定坦桑尼亚与乌干达可以在某些情况下对进口的肯尼亚产品征税以保护本国工业。另一项措施是建立“东非发展银行”(East African Development Bank),为乌干达与坦桑尼亚提供更多融资渠道。提供服务的多家公司总部,如港口(在坦桑尼亚)、邮政和电信(在坎帕拉),都从肯尼亚迁出。

东非共同体有一些无法克服的重大分歧。共同体得以存在,其实在某种程度上是所有国家牺牲与妥协的结果,但它们所能做的也就到此为止了。每个成员国都按照自己的财政与发展战略行事,随着时间的推移这些战略间的分歧愈加明显。由于在关键领域缺乏共同政策,共同体内的成员在目标与理念上不可避免地产生了冲突。1967 年以后,坦桑尼亚开始逐渐推行社会主义经济政策,强调自力更生。肯尼亚则实行了一套资本主义发展战略,这与坦桑尼亚官方追随、遵循并坚持的非洲社会主义政策的理念极为不同。发展道路的分歧加之意识形态上的差异,导致了两国领导人关系的紧张。

第二个导致分裂的因素在于贸易不平衡的持续。肯尼亚工业继续以超过其他两国的速度发展。肯尼亚向乌干达、坦桑尼亚的出口仍然远多于从这两国的进口。20 世纪 70 年代中期,这两个国家占了肯尼亚出口市场 1/3 的份额。肯尼亚领导人越来越不愿意抑制自身的经济发展和做出牺牲,其他两国则认为是它们的资金使肯尼亚变得繁荣。

1971 年 1 月以后,三国总统不再作为一个组织内的成员坐在一起讨论共同体的问题与前景。在乌干达,一场政变推翻了奥博特总统的政府并建立起军事独裁。尼雷尔总统坚决反对这种情况的出现。他在坦桑尼亚为奥博特提供了庇护,并拒绝会见任何来自独裁者伊迪·阿明(Idi Amin)政府的代表。在这种情况下,东非共同体无法发挥作用也是不难预见的了。

由于这些因素以及其他一些因素的影响，1977 年初“东非共同体”终于解体了。服务业崩溃了，它们之前更多的是承担各自国家的事务，如“坦桑尼亚航空”(Tanzania Airways)、“肯尼亚铁路”(Kenya Railways)，而非区域性实体。共同体解体的时候，坦桑尼亚关闭了它与肯尼亚的边界，这导致了好几个月的双边关系紧张。促进地区合作并建立一个联邦的可能性遭受到一次巨大的、也许是无法克服的挫折。经过多年谈判，有关共同体财产分配以及负债分割的协议最终于 1983 年达成。是年 11 月，坦桑尼亚与肯尼亚的边界重新开放。在之后十年里，三个东非国家努力增进相互理解、加强经济联系，但缺乏重建东非共同体的认真考虑。

直到 1999 年三国才订立一个条约，表示同意建立一个新的东非共同体。2001 年，新的共同体正式启动。然而，这并不意味着要在东非仓促地建立一个联盟体系。尽管总统们对联盟与建立共同体的立法议会表示支持，但直到 2004 年才达成了有关关税同盟的协议。2007 年，卢旺达、布隆迪也加入了东非共同体，进一步促进了区域一体化。不过，建立共同市场、使用共同货币的目标还要留待未来去解决。

三、坦桑尼亚

1964 年，桑给巴尔与坦噶尼喀联合组成了“坦桑尼亚联合共和国”(United Republic of Tanzania)。在独立后的 50 多年里，坦桑尼亚是东非国家中在许多方面都最与殖民体系疏离的一个国家。坦桑尼亚设立了新的管理与政治结构，果断地打破了独立之初的依附性安排，甚至走得更远：1961 年建立了社会主义性质的经济。

1. 建立共和国

在朱利叶斯·尼雷尔担任总理期间，坦噶尼喀于 1961 年 12 月取得独立。无论以哪种经济标准来评估，坦噶尼喀都是东非最穷的国家，在发展援助和计划、人力资源培训以及承继以往的政治与管理结构上都严重依赖英国。最高层的公务员职位都由非洲人以外的人把持；这种情况刺激了执政党“坦噶尼喀非洲民族联盟”，它呼吁在高层公务员中增加非洲人的数量。

1962 年 1 月，尼雷尔令人意外地辞去总理职务，拉修迪·卡瓦瓦(Rashidi

Kawawa)继任。为了让“坦噶尼喀非洲民族联盟”获得更广泛的支持,尼雷尔试图重新界定与党内各阶层、派别的关系,并寻找一种能更紧密参与国家发展的方式。因此,与独立后肯尼亚、乌干达的情况形成对比的是,尼雷尔所追求的是动员政党,使之成为动员民众的有生力量。尼雷尔辞职并决定为党与民众工作的行为产生了另一个重要影响。正如克兰福德·普拉特(Cranford Pratt)指出的,这标志着尼雷尔不再接受依附于新殖民主义关系。此后,坦噶尼喀日益摆脱英国强加的政府与发展模式。

在卡瓦瓦担任总理期间,英国留下的体制被废除。政府部门领导职位的非洲化步伐大大加快。1962 年,管理部门的特征从根本上得到改变,殖民时期的省、地方专员由新任命的地区与地方专员取代。

这些新管理者是“坦噶尼喀非洲民族联盟”的成员,也是议会成员。于是,公务员不带党派性的英国传统被迅速打破。卡瓦瓦政府还将工会置于严密的监视与控制之下,毕竟工会是讨厌的反对派的潜在来源。最后,政府还决定废除英国式的议会体制,并代之以总统掌握行政权的体制。

1962 年年底的共和国宪法设置了一套强有力的总统制。尼雷尔重回政治中心,并竞选总统。他的对手是“非洲人国民大会”的穆特姆乌(Z. Mtemvu)。尼雷尔以 1 127 978∶21 276 赢得大选。虽然只有约 25%的选民参与了投票,但还是显示出了“坦噶尼喀非洲民族联盟”的优势地位。此后,各级层面的党和政府都将保持密切的联系。

2. 从坦噶尼喀到坦桑尼亚

桑给巴尔在坦噶尼喀独立约两年后也取得了独立。新政府仍由素丹领导,并被桑给巴尔民族主义党与桑给巴尔和奔巴人民党的联盟控制。不过,这个政府是短命的,因为它虽然在立法委员会中占有多数席位,但在独立前的普选中只获得了少数民众的选票。对于非洲—设拉子党以及新成立的、更激进的“乌玛党”(Umma Party)而言,最糟糕的状况就是阿拉伯人统治的延续。

1964 年 1 月,自封为陆军元帅的约翰·奥凯洛(John Okello)发动了一场革命,推翻了政府,素丹也流亡海外。奥凯洛把权力移交给“革命委员会”(Revolutionary Council),它由非洲—设拉子党的领导人卡鲁姆谢赫所领导。奥凯洛很快又被新政权驱逐出境。针对没有逃离岛屿的阿拉伯人的报复行动开始了。卡鲁姆尽管声称代表人民，但没有努力通过选举获得民意支持。非洲—设拉子党领导人迅速建立了由国家控制的经济。丁香产业及其他大多数产业都被国有化。大庄园被没收，其中一些分给了农民。

革命后不久，尼雷尔总统提议桑给巴尔和自己的国家结盟。卡鲁姆同意了，坦桑尼亚联合共和国在1964年4月成立。尼雷尔任总统，卡鲁姆任第一副总统。两个实体在政治、经济上快速整合为一个单一国家的情况没有发生。与“坦噶尼喀非洲民族联盟”在大陆的统治相比，非洲—设拉子党十多年来以更不民主、更不关心人权的方式在桑给巴尔与奔巴掌权。与大陆相比，桑给巴尔与东欧国家尤其是东德保持了更密切的关系。到1977年，“坦噶尼喀非洲民族联盟”和非洲—设拉子党才合并为一个单独的实体。

3. 一党制国家

“坦噶尼喀非洲民族联盟”在独立前选举和1962年总统选举中的胜利，意味着坦噶尼喀在大多数场合已经成为一党制国家。与桑给巴尔的联合并未改变“坦噶尼喀非洲民族联盟”在大陆取得的最高权威，因此对于“坦噶尼喀非洲民族联盟”内部的许多人而言，在法律上承认建立一党制不过是认可现状罢了，它还强调，当国家没有能力实现快速发展并消除无知、疾病的时候，反对党的存在是一种奢侈。

“坦噶尼喀非洲民族联盟”主导了政府，工会也被置于政府控制下。总统还有权对持不同政见者进行预防性拘捕。桑给巴尔革命后不久，军队出于改善待遇及要求结束英国军官指挥的目的发动了一场兵变。在英国帮助下，兵变被镇压下去。这支军队被解散，一支新的人民的军队建立起来。到1965年，“坦噶尼喀非洲民族联盟”已处于不容挑战的地位。

尼雷尔总统任命了一个委员会，为其政府研究如何在坦桑尼亚建立一党制。参考委员会的建议颁布了1965年宪法。这部宪法是民主与集权倾向的混合，反映了党的领导人的思想。“坦噶尼喀非洲民族联盟”是唯一合法的政党。任何党员都可以参选国民大会，但需要获得党的地方成员的提名，“坦噶尼喀非洲民族联盟全国执委会”(National Executive Committee of TANU)将最终决定在一个选区中的两位候选人谁将当选。国民大会有权选择其新增成员，总统也有这样的权力。地区专员和非选举产生的“桑给巴尔革命委员会”(Zanzibar

Revolutionary Council)的成员也是国民大会的成员。

1965年10月,在宪法框架下大陆举行了第一次议会选举。25名以上的前议员选择不再竞选。13名议员的参选资格被地方党组织取消,17名议员在选举中被击败。这一逆转既反映出一党制下的民主,也反映出民众要求变革的愿望。一般而言,国民大会在坦桑尼亚的政策制定中并不扮演领导角色。1965年总统选举及随后的民意调查采取了不同的形式。当时尼雷尔作为唯一的候选人面对全体选民,选民要在投票时决定选或不选。

4. 社会主义与自力更生:《阿鲁沙宣言》

坦桑尼亚摆脱了对英国和西方的依附,试图在公正的基础上发展一个新国家,这造成了持久的困难,也导致它转向了社会主义。1960—1968年,尽管国家的年增长率超过4%,但农村地区的民众几乎得不到任何好处。城市工人的状况要好得多,独立后城乡间收入差距变大了。在城市和农村地区,阶层分化还在继续扩大,传统非洲人生活方式的共同价值观被侵蚀。尼雷尔总统希望避免出现一个由富有业主、商人组成的统治阶层,于是决定让坦桑尼亚转而发展社会主义。他把向社会主义过渡作为一个核心问题加以关注,与其说这是由于民众不断增长的要求,不如说是尼雷尔自己对坦桑尼亚未来设想的反映。尼雷尔的社会主义观受到了他同胞的欢迎。

尼雷尔也很关注自己的国家过度依赖外援的问题。实际的外援不仅少于期待中的,而且附加了一系列条件。尼雷尔由于英、美等国的对非政策而感到深深的苦恼。他认为,过分依赖援助抑制了坦桑尼亚的发展,他更加坚信必须要自力更生。

1967年尼雷尔的《阿鲁沙宣言》(Arusha Declaration)为国家描绘了一幅发展社会主义的蓝图。宣言呼吁坦桑尼亚人集中精力做那些利用本国资源就能做到的事情。尼雷尔强调社会主义过去是非洲社会和经济体系的组成部分,他没有想引进欧洲的马克思主义。宣言禁止"坦噶尼喀非洲民族联盟"领导人与高级公务员从事与资本主义有关的任何事情:不能持有股份或成为私人公司的董事;不能接受超过一份以上的薪水;不能从事物业出租;不能雇用他人为自己做事。《阿鲁沙宣言》发布后,国有化快速推进,所有私人银行都被接管、主要的食品加工及保险公司、主要的进出口公司也都国有化了。尼雷尔还确定了政府将控制若干制造业公司的大多数股权，表明政府欲在剑麻业中扮演重要角色。1972—1973 年，政府最终接管了地产、移民农场以及在大小城市中的不动产（特别是用于物业出租的不动产）。1976 年由政府公司建立的国有化合作社开始运作，如从事农产品交易的国有磨坊公司（Milling Corporation）。这是仰赖于总统的地位和荣誉才得以制订的措施，正是由于这个原因，尼雷尔才能让他的政策在几乎没有反对的情况下被党和国家接受。

5. 建立一个社会主义的坦桑尼亚

正如许多第三世界国家一样，1967 年后坦桑尼亚在经济上没有一个轻松的时期。20 世纪 60 年代坦桑尼亚的出口商品价格上涨，出口普遍活跃，进入 70 年代后价格开始波动甚至下跌。70 年代的降水不足导致了干旱与食品短缺。此外，石油价格不断上涨给经济造成了巨大的压力。在这一时期，坦桑尼亚继续促进贸易模式多样化。坦桑尼亚不仅面向英国出口，也增加了对欧洲经济共同体（European Economic Community）、中国和美国的出口。在 1975 年以后，与莫桑比克的贸易也得到快速发展。

《阿鲁沙宣言》之后的十年里，尼雷尔持续推进社会主义与自力更生。1971 年他发布新的领导人准则（姆文格佐，mwongozo），强调党和政府的领导行为要遵守社会主义原则。在教育领域，重点也发生了变化。新建立的教育体系不再强调学术教育，也不为学生升学做准备，而更关注农业初级教育。政府制定政策，试图在 1977 年年底普及初等教育，这一重要的目标成功实现了。成人教育也受到重视，在消除文盲方面也取得了显著进展。与之相反的是，从事学术性教育的中学和大学没有得到太多支持。

尼雷尔试图建立社会主义的最重要的一项措施是建立乌贾马村（ujamaa，意为“社会主义性质”）。在乌贾马村里，共同价值观以及为之付出的努力都被鼓励。独立后不久就推出了村社安置计划，新建的村子在农村地区成为对土地短缺与生产问题的回应。然而，这些努力并不是很成功。在《阿鲁沙宣言》后，尼雷尔决定在生产和交易方面都做出努力。此外，将农村居民集中在村社中更便于提供社会服务如健康和教育。不过，将农村居民移至乌贾马村的进展不快，直到 1973 年年底政府才决定加速乌贾马村的创建。在接下来的两年里，随着政府诉诸武力迫使村民进入乌贾马村，这些村社的移民才显著增加。

这一成功却引发了许多问题。许多村庄在建立很久后都无法有效提供水源与社会服务。更致命的是，使用武力迫使加快村社移民的做法给农业生产带来了消极影响。农作物的种植与收获量都下降了，1974—1975年在许多地区又发生了严重的旱灾，这些因素共同导致了坦桑尼亚的食品供应短缺。许多外国观察家认为，村社化项目推行得过快、过于激烈。大多数评论家都认为，这是坦桑尼亚建设社会主义过程中最不成功的一项举措。

另一些经济部门在《阿鲁沙宣言》后也没有像期待中的那样取得成功，包括国营工业。新工业发展起来，其中许多从工业过于集中的达累斯萨拉姆转移至其他地区。不过，根据一般标准坦桑尼亚工业的表现并不理想，工人的生产没有显著提升，国内生产总值中工业贡献的比例自20世纪60年代以来也只有少许增加。工业发展遭遇困境的主要原因是政治方面的：尽管有大量国家投资，但糟糕的管理与缺乏激励机制都阻碍了工业的发展。

总体上看，对坦桑尼亚经济发展而言，70年代不是个轻松的时期。科尔森认为，无论是农业生产者、城市工人，还是高收入阶层，70年代末他们的收入都比70年代初有所下降。食品与日用消费品依然短缺。政府只在扫盲、初级教育以及医疗服务扩展方面取得了成功。

独立后，政府经营了一项主要的发展项目，它就像成功与困难的混合体，这就是坦赞铁路(Tazara Railway)。其实在1967年以前为内陆国赞比亚寻找另一条出口也是很必要的。可只有中国愿意承担修建连接达累斯萨拉姆和赞比亚铜带地区的铁路项目。这个中国在非洲最大的援助项目始于1970年，直到1975年才完工，共1770公里。铁路的修建有助于开发坦桑尼亚南部地区的潜力，可以促进那里的农业发展以及开采有价值的资源，如在那一地区发现的大量煤矿。然而，拥堵的港口、有毛病的机车影响了这条线路的运营效率。

20世纪70年代最重要的政治成就是国内两个政党的结盟。1964年以来，“坦噶尼喀非洲民族联盟”在大陆居于主导地位，而非洲—设拉子党在桑给巴尔占主导。尽管理论上已经实现了政府联合，但两党仍然是分别独立的实体。1972年卡鲁姆死后，他的继任者阿布德·琼布(Aboud Jumbe)最终同意两党合并。1977年年初，非洲—设拉子党和“坦噶尼喀非洲民族联盟”合并组成“查马·查·马宾杜兹”(Chama Cha Mapinduzi，CCM)[①]，由尼雷尔担任主席。在桑给巴尔，日益增长的反对联盟的舆论迫使琼布于1984年1月辞职，阿里·哈桑·姆维尼(Ali Hassan Mwinyi)继任。同年，尼雷尔宣布不再寻求总统连任。

令一些观察家感到惊讶的是，革命党将姆维尼选为尼雷尔的继任者。1985年11月尼雷尔下台，他成为非洲为数不多的自愿离职的领导人之一。新总统宣布过去的政策没有变化，他也试图解决国家面临的经济困难。

1979年后恶劣的气候条件导致坦桑尼亚一些地区出现了农业问题。1980年和1981年坦桑尼亚不得不进口粮食。与乌干达的战争又消耗了大量资金。据估计，在战争中每天要消耗100万美元的资金，这阻碍了坦桑尼亚恢复自70年代末就一直衰退的经济的努力。此外，坦桑尼亚的出口收入远远无法弥补进口。坦桑尼亚的出口商品价格没有显著回升，剑麻产品的价格在70年代后期也下跌了。

20世纪80年代，为了应付食品生产日益恶化的局面，政府在政策上做出了显著调整。1978年以后，政府市场部门收购粮食的份额逐步下降。到了1982年5月，政府引入立法手段重建农村合作社以刺激生产。另外，更多份额的发展预算也分配给了农业。

尽管政府在推动自力更生，不过坦桑尼亚还是成为非洲接受外援最多的国家之一。20世纪80年代，随着援助的减少，国家经济更困难了。

6. 从乌贾马撤退

从20世纪80年代中期开始，坦桑尼亚在独立之初25年间建立的政治、经济结构渐渐开始被抛弃了。这种变化是内外压力共同作用的结果。在工业和农业方面都持续糟糕的经济表现、政治管理不善、腐败等问题，促使新总统姆维尼探索可替代的战略，他还要面对经济、政治变革的压力，这种压力来自国际货币基金组织(IMF)和世界银行(World Bank)，后者给予坦桑尼亚外部财政援助，使其经济产生依赖性；可坦桑尼亚又很难不接受这种援助。尽管前总统尼雷尔表示反对，但1986年以后政府还是开始在许多方面实施由国际援助组织和援助国倡导的结构调整政策，措施包括削减政府开支、货币贬值、削减对半国营企业的补贴、鼓励地方与外国投资、鼓励私人企业。根据这些政策采取的措施特别是

① 意思就是“革命党”(Revolutionary Party)。

上述措施，使坦桑尼亚明显偏离了社会主义与自力更生。虽然 90 年代初在降低通货膨胀、促进国内生产总值增长方面取得了一些进展，可坦桑尼亚经济在 20 世纪末还是面临着巨大的困难与不确定的未来。

和经济领域一样，坦桑尼亚政治领域也发生了虽是渐进的、却十分重要的变革。1990 年以来，姆维尼总统逐渐牢固确立了自身的权威。尼雷尔从总统职位上退下去以后仍是革命党的主席，不过在 1990 年他也让出了这一职位。姆维尼总统被选为新的党主席，从而在党和政府中获得了更大的影响力。在 1990 年的大选中姆维尼确立了自己的优势地位。然而一年后，在坦桑尼亚国内外逐渐产生了强烈的关于结束一党制、改行多党制的呼声。这种要求变革的情况不仅在坦桑尼亚出现，在其他许多非洲国家也发生了。随着在民众中的争论不断扩大，前总统尼雷尔也对外表示赞成多党体制。1991 年政府任命了一个委员会研究这一问题，革命党在 1992 年 2 月批准开启政治多元化的进程。随后立法允许组织反对党。革命党不再完全控制政治领域，但继续控制着政府并拥有政治影响力，这意味着革命党仍然强有力。在多党登记后，革命党轻松赢得选举。

以 1995 年举行的第一次多党选举为例，革命党赢得了巨大胜利。革命党的总统候选人本杰明・姆卡帕(Benjamin Mkapa)赢得了超过 60％的选票。在议会选举中，革命党候选人获得了 186 席。姆卡帕试图继续与社会主义脱钩，他加速经济改革，例如对前国有企业的私有化。他还承诺减少政府腐败，在前任姆维尼统治的最后几年里腐败已让政府背上恶名。姆卡帕的一系列行动帮他在 2 000年总统大选中赢得了令人印象深刻的胜利。他以 72％的得票率连任。革命党在议会选举中继续得到巨大的支持，在革命党支持者的努力下获得了超过 200 个直选议席。姆卡帕的任期于 2005 年结束，革命党选择贾卡亚・基奎特(Jakaya Kikwete)为候选人。他赢得了比他前任更压倒性的胜利，以 80％的得票率远超那些由四分五裂的竞争者推举出的九名候选人。同样，革命党在 2005 年的选举后继续牢固控制着立法机构。

废除乌贾马村制度带来了一些经济上的成功，却也产生了困难。新千年开始之际，坦桑尼亚取得了令人印象深刻的年经济增长率，远远高于其周边国家。例如，2004 年国内生产总值增长了 6.7％，2005 年增长了 6.8％。高增长以及姆卡帕政府的经济自由化项目获得了世界银行、国际货币基金组织的好评。尽管如此，国家还是严重依赖农业出口和外部的财政援助。农村地区经济增长率很低，那里的普遍贫困仍是一个问题；在收入与服务方面的城乡差距也同样令人困扰。

总体看来，坦桑尼亚在新千年通常被视为东非最稳定的国家，它能够开展定期选举，让民众有机会表达自己的意见。但桑给巴尔是一个重要的例外。自从20世纪90年代以来，它的政治体系、与大陆的关系、对糟糕领导的指责、少有经济与社会进步等都是问题。1995年和2000年的桑给巴尔政府选举是在革命党与其在桑给巴尔、奔巴的主要竞争对手“公民联合阵线”(Civic United Front, CUF)间展开的残酷争夺。公民联合阵线对两次选举的结果都表示异议，许多国外观察家也认为选举既不自由也不公正。例如，2000年选举曾被取消，虽然随后重启，但争议没有结束。革命党候选人、桑给巴尔首任总统卡鲁姆谢赫的儿子阿玛尼·卡鲁姆(Amani A. Karume)在一片争议声中宣布赢得选举。这一深刻的政治分歧继续成为桑给巴尔事务的特征，2005年的选举结果仍受到争议，革命党继续控制着桑给巴尔这一面临巨大挑战的政府。

7. 外交事务

坦桑尼亚自独立以来一直遵循着不结盟的政策。尼雷尔在东西方集团间周旋，他因坚持崇高原则并具有廉洁德行而赢得了东西方集团共同的尊敬。或许，尼雷尔的原则在南部非洲问题上得到了最好的体现。他支持在津巴布韦、莫桑比克、安哥拉、纳米比亚和南非实现大多数非洲人的统治。20世纪60年代初之后，坦桑尼亚就是南部非洲大多数自由运动组织的总部所在地。在莫桑比克，“莫桑比克解放阵线”(Frelimo)能成功夺取政权在很大程度上要归功于坦桑尼亚，后者在“莫桑比克解放阵线”对葡萄牙的长期战争中提供了支持、做出了牺牲。作为“前线国家组织”(Front Line States)的领导者，坦桑尼亚支持了津巴布韦“爱国阵线”(Patriotic Front)、纳米比亚“西南非洲人民组织”(SWAPO)，尼雷尔还声援反对种族主义与压迫的自由战争。他一贯主张尊重人权，并推行非种族主义政策，认为这是解决南部非洲问题的唯一途径。

在东非地区，1971年1月乌干达奥博特总统被推翻，这为坦桑尼亚制造了许多外交难题。尼雷尔拒绝承认阿明的军政权，并在坦桑尼亚为奥博特提供庇护。这导致两国关系的紧张。1972年底，一支前奥博特的流亡者武装从坦桑尼亚攻入乌干达。他们很快被击败，阿明随后发动了对在乌坦边界坦桑尼亚一侧城镇的空袭。在索马里共和国的调停下，冲突终于结束，但两国关系从未得到改善。1978 年年底，阿明军队在维多利亚湖以西地区发动了对坦桑尼亚的野蛮进攻。尼雷尔动员坦桑尼亚军队，赶走了入侵者，并攻入乌干达境内。坦桑尼亚反击的成功导致了阿明出逃及其政权的瓦解，不过，坦桑尼亚也付出了巨大代价。

阿明倒台后，坦桑尼亚军队还在乌干达留驻了差不多三年时间。许多观察家认为，坦军的存在是 1980 年年底奥博特得以重新掌握权力的关键性因素。无疑，这使两国关系得到极大改善。1977 年东非共同体解体后，坦桑尼亚与肯尼亚的紧张关系也得到了改善。

20 世纪 80 年代，坦桑尼亚及其领导人仍然在非洲事务中发挥着关键性的作用。事实上，尼雷尔在退休离任前，不仅在非洲而且在整个第三世界都已成为一位受尊敬的雄辩的代言人。90 年代初苏联的解体以及南非实现民主化，从某种意义上讲，都削弱了坦桑尼亚在国际事务中的影响力与地位。

四、乌干达

独立以来的乌干达历史表现出了远远超过其他东非国家的政治斗争。布干达分离主义的问题一直持续到独立。总理奥博特想找到一种方法，推进想和解的领导层与地方有权力的领导人之间的平衡，以此政策来实现和解、安抚布干达以达到整个国家的稳定，但这被证明是徒劳的。奥博特依靠军队的支持毁灭了布干达，并颁布一部新的共和国宪法，他则自任总统。他试图团结国家，并通过实施《平民宪章》(Common Man's Charter)来建立一套大规模动员民众的体制，但这个目标未能实现。奥博特依赖军队，却又无法有效控制军队，最终他被军队总司令伊迪·阿明推翻。

1. 与布干达的合作、冲突

1962 年独立时的乌干达政府由总理奥博特领导的乌干达人民大会党与卡巴卡耶卡党的联盟组成。卡巴卡耶卡党代表的是卡巴卡与布干达传统主义者，在国民大会中占有四个内阁职位，布干达在新国家也享受到自由的地位。奥博特还娶了一位来自布干达王国的妻子，以改善与王国的关系。在 1963 年乌干达成为共和国的时候，他还设法让卡巴卡当上总统。尽管总统一职更多是礼仪性的，大部分权力被总理与内阁掌握，不过任命穆特萨二世为乌干达总统还是关键的一步。这标志着两党合作的顶峰。

可两党合作注定是短暂的，因为之间有太多潜在的不和谐因素。奥博特和乌干达人民大会党果断地粉碎了布干达当局企图控制“失地”的打算。布尼奥罗要求归还20世纪初被划给布干达的领土的呼声在殖民统治结束时期十分强烈，但是英国将全民投票的决定推迟到独立以后进行。卡巴卡穆特萨二世和卡巴卡耶卡党反对举行任何出于此种目的的投票，而奥博特却在1964年11月组织了投票。那些地方的居民有权选择留在布干达或回归布尼奥罗，也可以选择作为单独的地区直接被中央政府管理；布尼奥罗选民以压倒性的13 600张选票选择回归布尼奥罗，选择留在布干达的投票有3 500张，赞成被中央政府直接管理的选票只有约100张。

统治布干达的卡巴卡与传统主义者（奥博特的支持者通常都把他们看作封建主义者）对这样的结果很不满意。1962年后约有9 000名干达人迁徙到这些地方，但他们没有被允许投票。卡巴卡耶卡党从奥博特联合政府中退出，穆特萨二世开始采取法律行动阻止那些地方转归布尼奥罗。尽管失去了卡巴卡耶卡党的支持，但奥博特的政治处境并不困难，因为1964年年底一些民主党与卡巴卡耶卡党在议会中的成员加入了乌干达人民大会党。1964年年底，乌干达人民大会党在议会中有67席，卡巴卡耶卡党有14席，民主党有10席。加入乌干达人民大会党的人包括民主党在议会的领导人巴兹尔·巴塔林加亚（Basil Bataringaya），他随后成为奥博特政府中的一名部长。

在独立之初有另一件事值得一提，这就是1964年年初的军队哗变。像发生在肯尼亚与坦噶尼喀的一样，这次哗变也是源于对更好薪酬、服务条件以及非洲人军官控制军队的要求。然而与其他两国不同，在乌干达最终没有起诉或开除军队中的任何人。他们的要求在很大程度上被满足了。参与者之一的伊迪·阿明获利甚多，随后他在军事机构中的地位迅速提升，成为第一批非洲人军官之一。

2. 政治混乱与卡巴卡的倒台

1964年年底奥博特稳固的政治地位是很短暂的。他随后就发现，自己不仅要面对卡巴卡穆特萨二世和布干达政府的敌意，而且受到党内分裂的威胁，他的领导地位遭到挑战。乌干达人民大会党因政策、个人因素及地方主义而分裂。在1964年党的会议上，与奥博特关系密切的约翰·卡孔戈(John Kakonge)在竞争总书记一职时被来自安科莱的内阁部长格雷斯·伊宾吉拉(Grace Ibingira)击败。伊宾吉拉于是成为领军人物。特别是在乌干达南部，那些不满奥博特领导的人都支持伊宾吉拉。到1965年年底，他获得内阁中约1/3的支持率。

1966年年初，奥博特的领导地位遭遇到严峻挑战，即针对军队副司令阿明在军队中盗窃与腐败的指控。这些在议会中发起的指控还牵涉到了奥博特与其他两名部长的腐败问题，他们涉嫌在对付反刚果中央政府的反对派武装的过程中从刚果贪污现金、象牙和黄金。一项开展调查并让阿明停职的动议在议会中获得通过，反对票仅有一张。

当讨论和通过此项动议的时候，奥博特不在坎帕拉。奥博特确保了北方民众对他的支持，更为重要的是，阿明和军队也支持他。奥博特回到首都，两周后在内阁会议上逮捕了伊宾吉拉与其他四名部长，未经审判就拘押了他们。奥博特还宣布中止宪法。卡巴卡也被指控寻求外国势力的帮助，因此被解除总统职务。阿明被提升为军队总司令。奥博特在处理掉对手后，在4月还完成了一场相当于官方的“政变”。他召集了国民大会，制定出新的共和国宪法。布干达丧失了自治地位与其他特权，例如从布干达选择所有议会成员的权力。宪法还赋予总统广泛的权力，奥博特担任了总统职务。

布干达卢基科迅速讨论并否决了新宪法，5月通过一项决议要求乌干达中央政府从布干达境内离开。奥博特宣布国家进入紧急状态。5月24日，他命令阿明指挥军队攻打蒙戈山(Mengo Hill)上的卡巴卡宫殿。穆特萨二世出逃，布干达的抵抗也被武力镇压。王国随后被分割为四个地区。虽然粉碎了布干达的分离主义，但付出了沉重的代价。布干达对奥博特及其政府的仇恨并没有减少，奥博特被迫依赖军事力量而非依靠选举中表达出的民众意愿维持其统治。

3. 乌干达的新共和国

1967年，奥博特推出一部新宪法。所有四个王国都被正式废除。经过讨论，乌干达议会通过了这部宪法，其中赋予总统巨大的权力，在某些情况下总统甚至无需议会同意就可以立法。

在1967年宪法框架下，奥博特继续担任总统，掌握权力。他在议会中获得压倒性的支持(1968 年国民大会党拥有 83 席,而民主党只有 6 席),并继续保持国家紧急状态,从而控制布干达。新宪法在议会中赢得支持,因为议员的薪水与特权得以保留,又无需在近期面对选举。奥博特还获得阿明领导的军队的支持。马兹鲁伊(Mazrui)教授将奥博特这一时期的统治描绘为知识阶层(如受过良好教育的政客)与军队(大多数未受过正规教育)的联盟。

奥博特显然意识到他需要通过获取民众支持以巩固自身地位。他这样做显然是受到《阿鲁沙宣言》与坦桑尼亚经验的影响。奥博特寄希望于通过转向大规模的政治动员从而赢得农村民众的支持。不论原因如何,1969 年奥博特的政策开始向左转。

乌干达的"阿鲁沙宣言"——《平民宪章》的公布标志着政策开始转向社会主义。这个宪章强调了 1966 年的事件,攻击了部落主义与封建主义,对社会主义的表述则相当含糊。它承诺扩大社会保障体系,组织新的农业合作社,并笼统地提到了可能发生的国有化。在 1969 年 12 月乌干达人民大会党的会议上,奥博特试图获得人们对他政策向"左"转的支持。他在成功地向党代表们致辞后,在一场刺杀事件中负伤。奥博特很快恢复,但这一事件似乎刺激了奥博特,他加速推行《平民宪章》,同时猛烈打击那些似乎是敌人的人。在国家紧急状态之下,许多人包括民主党前领导人基瓦努卡都被逮捕了。

1970 年上半年,政府宣布了一系列让乌干达向"左"转的措施。乌干达人民大会党以外的所有政党都被禁止了,乌干达成为了事实上的一党制国家。还制订了一套复杂的选举制度,其首要目标是促进国家利益、而非部落或地区的利益(成功的候选人的选区必须在他家乡以外的地方);同样重要的是,奥博特继续掌握权力。自 1962 年以来,乌干达就不曾举行过全国大选。同时还宣布控制公务员加薪与增收。一个具有争议性的建议是,要求每个人(升入中学的人除外)在小学毕业后要从事一段时间的"国家服务"。国有化方案在 5 月 1 日劳动节那天宣布。国家将完全控制进出口贸易,并控制银行、保险公司和基伦贝铜矿(Kilembe copper mines)的大多数股份。不过,这些措施的影响尚未全面显现,奥博特政权就终结了。

4. 奥博特的倒台与阿明独裁

奥博特倒台并被逐出乌干达,更多的是因为他与军队的关系,而非他所推行的社会主义政策。1966 年后奥博特依赖军事力量得以持续控制权力,到 1970 年,此前一直维持的军队与知识阶层的联盟结束了,只有军队还继续保有权力。阿明获利最多。他没有受过正规教育,但还是在三年内从上校升为少将,并实际控制了国家军队。在此位置上,阿明不断巩固自己的地位,提拔对他友好的军官,并征募了在南苏丹的前"安延亚游击队"(Anyanya guerillas)作为雇佣军。[1] 他的花销大大超过了军事预算开支。1970 年年底奥博特开始控制军队的时候,为时已晚。

无疑,奥博特注意到了军费超支与阿明权势增长的问题。1971 年 1 月奥博特赴新加坡参加英联邦会议前要求阿明提供一份军队开支的账目。阿明还被怀疑要对奥克亚准将(Brigadier Okoya)被残忍杀害的案件负责。奥克亚曾公开批评阿明在 1969 年试图谋害奥博特的行动。为了免于被起诉,也是害怕丧失自己在军队中的地位,还由于对权力与奢华的沉迷,阿明在奥博特赴新加坡期间武力推翻了乌干达政府。

阿明夺取政权这一事件在许多地区特别是布干达地区得到了人们欢欣鼓舞的祝贺。政治犯,包括基瓦努卡和奥博特的几位前部长,都被释放了。在流亡英国期间客死他乡的卡巴卡穆特萨二世的遗体也运回乌干达安葬。阿明承诺最终将让乌干达回归文官统治,但他是否打算把权力让给一个民选政府这一点很值得怀疑。阿明第一次任命政府官员时看似很渴望想对一些高素质的人委以重任,不过很快他就采取了独裁的方式,并赋予自己"终身总统"(Life President)的头衔。

阿明在实施独裁统治、使用暴力与"替罪羊"的同时注重美化个人形象、大搞个人崇拜。他的独裁统治是浸泡在鲜血中的。奥博特所属的兰戈人以及阿乔利人曾广泛分布在军队中,他们是第一批被阿明屠杀的对象。阿明政权屠杀了成千上万乌干达人。知识分子、政客消失了,他们都是臭名昭著的国家调查局(State Research Bureau)的受害者,这个机构有权消灭阿明的敌人。受害者中包括基瓦努卡,他曾被阿明任命为首席法官。在恐怖统治的后期,阿明甚至敢于下令谋杀乌干达圣公会大主教鲁乌姆(Luwum)。

---

① 安延亚游击队是第一次苏丹内战期间(1955—1972 年)活跃在今南苏丹共和国境内的分离主义组织,它致力于通过武装斗争脱离苏丹的统治,实现独立。译者注。

阿明的主要“替罪羊”是以色列人，他把以色列人以及在乌干达的亚洲人都驱逐出境。阿明还受到许多阿拉伯领导人的欢迎，例如利比亚的卡扎菲(Qaddafi)，卡扎菲把这个乌干达独裁者视为一个伊斯兰国家的同道穆斯林领袖。这些领导人帮助阿明筹集资金以维持其政权，阿明主要把钱花在军队上，让士兵获得好处，这是优先于任何一个发展项目的，而发展项目事实上已停止了。1972 年，阿明驱逐了所有的亚洲人，包括获得乌干达国籍的亚洲人。这一措施最初受到了乌干达人的欢迎，但导致了阿明统治时期的经济灾难。出口下降，最后几乎停顿了，基本消费品处于短缺状态。尽管阿明宣布发动经济战并夺取了不少外国公司，但乌干达的经济还是每况愈下。

到 1978 年年底，阿明试图把乌干达人的注意力转移到外国敌人身上，但这被证明是一场灾难。他入侵坦桑尼亚却被击退，坦军反攻进入乌干达。阿明的军队毫无抵抗之力，阿明也逃离乌干达。1979 年 4 月，阿明的血腥政权终于瓦解了。

5. 后阿明时代的乌干达

1979 年 3 月，在独裁者倒台前不久，各种乌干达流亡者聚集在坦桑尼亚的莫希(Moshi)，他们组成了一个临时管理机构以取代阿明。坦桑尼亚军队追击阿明及其军队，并将其逐出乌干达，一个立法机构也随之建立，麦克雷雷学院前校长尤素福·卢莱(Yusuf Lule)出任总统。

新政府试图恢复秩序并稳定乌干达糟糕的经济与管理体系。然而，新政府建立后政治争吵与对抗一直持续。经由在乌干达保留大量军队的坦桑尼亚政府的认可，卢莱总统于 1979 年 6 月被迫离职。戈德福里·比奈萨(Godfrey Binaisa)继任总统，他的任期也很短，1980 年 5 月新的乌干达军队将其推翻。随后建立了以姆万加(P. Muwanga)为首的军事委员会。姆万加是前总统奥博特的坚定支持者。

1980 年 12 月，军事委员会组织了选举。奥博特此时已回到乌干达并领导乌干达人民大会党，其主要对手是重组的由塞莫格雷雷(P. Ssemegomere)领导的民主党。第三支政党是乌干达爱国运动(Uganda Patriotic Movement, UPM)，由年轻而激进的约韦里·穆塞韦尼(Yoweri Museveni)领导。

在姆万加安排的选举中，乌干达人民大会党赢得了新国民大会 20 个议席中的多数席位，奥博特再次担任总统，同时兼任财政部与外交部的部长。姆万加被任命为副总统和国防部长。民主党与乌干达爱国运动都指责选举舞弊，但由于胜选和军队的公开支持，奥博特在政治上成功地东山再起。

奥博特的复出并没有快速解决乌干达的问题。巨大的通货膨胀、国内和进口物资短缺、出口乏力都成为新政府需要解决的艰巨任务。随着世界银行、国际货币基金组织和西方国家的援助，在奥博特的第二届总统任期里政府还是在打击经济弊病方面取得了一些成绩。产品价格提高了五倍之多，出口也恢复了。例如，1981—1982 年乌干达完成了咖啡出口指标。在此前一年，奥博特还允许向坦桑尼亚出口玉米。

不过，奥博特政府在纠正国家政治弊病上几乎没取得什么进展。1981 年年初后，内乱成为家常便饭。就像在阿明统治下一样，在奥博特统治下不稳定与暴力的政治局势表现出了拘禁、酷刑以及杀戮的特点。穆塞韦尼宣称奥博特操纵选举，于是采取游击战的方式进行反抗，要以武力推翻奥博特。穆塞韦尼领导的国家抵抗军(National Resistance Army，NRA)是以武力实现这一目标的组织之一。国家抵抗军赢得了布干达的支持，后者对奥博特仍怀有敌意。安科莱及其他南方地区也支持国家抵抗军。新的乌干达军队则由与指挥官来自同一个族群的、未经训练但忠于个人指挥官的士兵组成，他们以自己的暴行回答了反政府武装的暴行。

正是这支新乌干达军队在 1985 年 8 月结束了奥博特的第二届总统任期。由于无法平息国家抵抗军的反政府行动，乌干达军队中也开始以族群为界分裂为相互敌对的派别。阿乔利人领导提托·奥凯洛(Tito Okello)将军获得了本族人的支持，而阿乔利人又在军队中占有优势地位，于是他以武力驱逐了奥博特。但这并没有解决国家抵抗军带来的问题。尽管肯尼亚人试图帮助乌干达恢复和平，但国家抵抗军还是向奥凯洛政权发动了攻击。1986 年 1 月，国家抵抗军击败了奥凯洛的军队并将其逐出坎帕拉。国家抵抗军建立了以穆塞韦尼为总统的新政府，并在随后两个月里控制了其他主要城镇，但在农村地区特别是北方树立新政府的权威还要花更长时间。

尽管新总统穆塞韦尼宣称把民族和解作为政府首要任务之一，但还是有许多组织反对他掌权，而且这种反对经常是十分坚决的。于是从 1987 年到 1991

年政府发动了各种类型的军事与安全行动，目标是针对各种反对派组织。由艾丽斯·拉卡维娜(Alice Lakwena)领导的宗教与政治运动形成了对国家抵抗军政府最为严重的挑战之一。她的反政府思想吸引了来自乌干达北部与东部地区的最弱势人群(尤其是阿乔利人)的强大支持。拉卡维娜的反抗运动最终被消灭，数千人在运动中丧生。1991 年年底，政府已巩固了自身统治。尽管反抗运动并未被完全消灭，但整个国家的安全状况与十年前相比还是有了很大的改观。不过，“圣灵抵抗军”(Lord's Resistance Army, LRA)在此后不久出现，这个组织的暴力和野蛮行为使乌干达北部地区处于进一步的动荡之中。[①]“圣灵抵抗军”由一个自称先知的人——约瑟夫·科尼(Joseph Kony)领导。“圣灵抵抗军”以阿乔利兰地区的军队、平民为袭击对象，并从那里劫掠了大量儿童以补充兵源，或作为“圣灵抵抗军”游击组织的后勤人员。尽管国际社会努力使发生在“圣灵抵抗军”与乌干达政府间的冲突走向终结，但直到 2009 年年初仍未达成和平协议。

上台后，穆塞韦尼创设了既包含军方成员又包含平民成员的国家抵抗委员会(National Resistance Council)，它充当一种咨询立法机构。他在内阁中吸收了各种政党与利益集团的成员，但是政党活动被禁止，因为穆塞韦尼认为国家需要时间从独裁与战争中恢复，之后才能举行民主选举。最初的计划是在 1989 年年底恢复民主制度，可是在这一年结束前政府将任期延长到了 1995 年，理由是需要更多的时间准备新宪法和组织选举。政府通过国家抵抗委员会维持统治。国家抵抗委员会的组织从村庄到地区层面都有分布，最重要的是，依靠在每个层面上相对应的军事力量国家抵抗委员会掌握了权力。这样，穆塞韦尼政府就建立了与基层政治的联系，这与 20 世纪 90 年代初朝着多党选举和不断向民主化发展的坦桑尼亚和肯尼亚不同。90 年代初乌干达的政治结构表现为：支配性、专制、自上而下的政治控制与动员。

穆塞韦尼的政治立场以“运动制”或“无政党政治”闻名，因为尽管最终还是允许政党运作，但政府并不支持它们。这意味着南方地区的大部分民众无法享有充分的公民权，但保持了稳定。在 1996 年乌干达总统选举前，穆塞韦尼都是以武力夺取并维持政权的。他在 1996 年的选举中赢得了超过 70% 的选票，击

① “圣灵抵抗军”形成于 1986 年，并非 90 年代后新出现的组织。译者注。

败了两名对手。竞选成功与他控制国家机器有关，而他在恢复安全与选择经济发展方向上都取得的成功，也让他赢得选举。虽然没有多党民主制，但穆塞韦尼遵守国际货币基金组织的政策，这令他获得了美国及其他援助国的支持。2001年穆塞韦尼击败前同事基扎·贝西杰(Kizza Besigye)博士，再次赢得选举，这可能是他作为民选领导人的最后一届任期。贝西杰则称选举中有许多违规之处。

尽管1995年的宪法被采用，其中将总统任期限制为两届，穆塞韦尼也在2001年声明不打算连任，可是穆塞韦尼的支持者很快就开始推动宪法改革，以取消总统两届任期的限制。在实现了任期突破后，穆塞韦尼于2005年声明准备参加竞选以获得第三届任期。尽管穆塞韦尼在乌干达国内外都遭到普遍批评，可他的政府还是在推动变革，并经2005年公民投票结束了对政党活动的长期禁令。2006年2月穆塞韦尼在竞选中再次面对贝西杰博士，此前贝西杰曾被监禁。这是1980年后的第一次多党选举，穆塞韦尼现政府获胜，虽然与以往的胜利相比，其得票率下降了。贝西杰指责选举有许多违规之处，包括在选举中存在恐吓、许多选民的权利被剥夺。

除了严峻的安全与政治难题外，穆塞韦尼在接管政权时还面临着可怕的经济问题。乌干达经济在阿明时期已被摧毁，在奥博特第二届执政时期虽然国际货币基金组织和世界银行提供了援助，但经济未能从低谷中真正得到恢复。国民经济事实上已经破产，通货膨胀率达到了天文数字的水平，出口无法为国家发展获取足够的收入，基本商品短缺，商店空置。而政府的大规模开支直接用于军事目的。在这种情况下，穆塞韦尼被迫于1987年后接受了国际货币基金组织推动的结构调整政策，以此换取必要的经济援助，在此过程中他放弃了许多他长期坚持的社会主义原则。即使有国际援助，乌干达的经济恢复与重建速度还是很缓慢。不过，到20世纪90年代中期，穆塞韦尼已经成为最受援助国欢迎的非洲领导人之一。大量唾手可得的外援支撑了20世纪90年代每年超过7%的经济增长。在此后十年，经济恢复和增长继续保持。以2004—2005年为例，通货膨胀率下降了，年经济增长率也达到6.6%。

除了经济困难，穆塞韦尼领导下的乌干达还面临着艾滋病广泛流行这一问题。20世纪90年代初乌干达是非洲感染艾滋病最为严重的国家之一。面对这一棘手的问题，政府采取了有力措施与这种传染病斗争。最终，在进入新千年之际，乌干达在控制这种传染病的蔓延速度、降低其传染率方面取得了显著成功。

6. 外交事务

在乌干达独立之初，奥博特更关心国内问题而非国际事务（只有在刚果问题上例外），但在1966—1967年建立共和国后他对非洲事务更为积极。尽管经济上还是与英国关系密切，不过乌干达与坦桑尼亚、赞比亚在南部非洲白人统治及尼日利亚内战问题上进行了密切合作。这是基于奥博特与尼雷尔、卡翁达之间密切的私人关系。乌干达在寻找化解尼日利亚冲突[①]途径的问题上扮演了领导角色。奥博特也越来越直言不讳地批评英国首相爱德华·希思（Edward Heath）对南非的政策。他在出席在新加坡举行的英联邦会议时着重表达了对英国向南非出售武器的关注。可那时，他被政变推翻，还得依靠英国的救助。

阿明的第一个外交政策声明是高度赞扬新殖民主义的。但当他未能从英国获取他想要的资金和武器时，他的表态就变得逐渐激进起来。他坚决支持巴勒斯坦解放组织（Palestine Liberation Organization）和阿拉伯国家（特别是利比亚），而且恶毒攻击以色列。他自封元帅，并呼吁采取军事行动推翻南部非洲的种族主义。阿明对英国权力的不断嘲讽在某些时候是受欢迎的，不过英国和美国最终断绝了与阿明政权的外交联系。他能持续获得来自苏联的军事装备，但拒绝在所有外交政策事务中追随苏联的路线。1975年在坎帕拉举行的非洲统一组织首脑会议（Organization of African Unity Summit Conference）成为阿明最大的外交胜利。尽管遭到赞比亚和坦桑尼亚的抗议，阿明还是当选为来年的非洲统一组织主席。

虽然有这样的外交胜利，阿明的国际地位从来都不高，这是由于他政权的凶残本性。面对1979年年初的坦桑尼亚入侵，阿明向非洲统一组织、联合国的呼吁都未得到响应。唯有卡扎菲上校向这位四面楚歌的独裁者提供了帮助，但这并不足以维持其政权。

奥博特第二届总统任期开始的时候，乌干达面临着巨大的经济与内部问题，在国际事务上保持了相对的低姿态。而穆塞韦尼则试图在地区和非洲事务上发挥更重要的作用。为此，他在非洲统一组织中扮演了领导性的角色。在地区层面，穆塞韦尼的乌干达与坦桑尼亚保持良好关系，不过与肯尼亚、卢旺达的关系

① 即1967—1970年的尼日利亚比夫拉内战。译者注。

经常出现紧张。在与这两国的关系中，穆塞韦尼对利比亚及其领导人卡扎菲的钦佩引起了肯尼亚领导人的关注。从 1987 年开始，乌、肯两国就相互指责对方政府庇护本国的反政府持不同政见人士。不过，由此产生的紧张从未达到阿明独裁统治时期的敌对水平。在与卢旺达的关系中，大量卢旺达难民涌入乌干达以及此后在 90 年代的一次乌干达对卢旺达的入侵行动导致了乌干达与它这个西南邻居间的关系紧张。乌干达政府在这场冲突中对卢旺达爱国阵线(Rwanda Patriotic Front，RPF)给予支持。1994 年卢旺达爱国阵线成功控制卢旺达，曾在穆塞韦尼军队中担任军官的保罗·卡加梅(Paul Kagame)最终成为卢旺达领导人。这使乌、卢两国间的关系变得密切。90 年代，两国政府都对刚果民主共和国进行了军事与政治干涉。最终签署了一项和平协议，大大减少了乌干达对刚果事务的介入。不过，在 2000 年后乌干达与卢旺达的关系不再那么紧密了。

与此前乌干达政权一样，穆塞韦尼政府关注的另一领域是与苏丹政府的关系。苏丹政府努力平息波及乌干达边境地区的南苏丹人长期的叛乱，对乌干达北部地区也造成了影响。苏丹官方怀疑乌干达政府支持本国的反叛武装，而穆塞韦尼政府则指责苏丹政府支持“圣灵抵抗军”。因此，两国关系日益紧张，1995 年断绝了外交关系。不过，乌干达对各种旨在结束南苏丹冲突的行动给予了支持，也对 2005 年达成的《永久停火协议》和新的政治安排表示了欢迎。协议给予苏丹南部地区以很大程度的自治。[①] 可是，乌干达政府与“圣灵抵抗军”的冲突还在持续，未能获得解决。

五、肯尼亚

尽管有些观察者认为肯尼亚很有可能发生政治动荡与种族对立，但在乔莫·肯雅塔稳定、富有魅力的领导下，肯尼亚在独立后实现了相对的稳定，表现出令人印象深刻的经济增长。即使在肯雅塔去世后，肯尼亚依然根据宪法平稳实现了向新任总统的过渡。

在许多方面尤其是在经济领域，肯尼亚是东非国家中与英国联系最密切的国家，也是英国对非援助中的最大受援国之一。肯尼亚的行政体制承继自殖民

① 经 2011 年 1 月的公投，当年 7 月 9 日南苏丹正式脱离苏丹独立。译者注。

统治时期，除了改由非洲人操控之外，几乎没有变动。由于得到英国的大量援助，肯尼亚才能使白人高地平稳地转变为非洲人农民的土地。这一转型、公共服务系统的非洲化、学校与公共设施的整合，成为肯尼亚独立以来取得的卓越成绩，这与20世纪60和70年代南部非洲的动乱形成了鲜明对比。

1. 肯尼亚非洲民族联盟与单一制国家

独立之初，宪法规定肯尼亚是一个联邦制国家，不过肯尼亚非洲民族联盟控制了政府，强烈主张建立单一体制。肯尼亚非洲民主联盟领导人则要求保持联邦制，并在议会两院获得了强大的支持，阻止任何试图修改宪法的企图。1964年，两院中的大量肯尼亚非洲民主联盟成员加入了统治党。1964年年底，肯尼亚非洲民族联盟能够提出一部新的共和国宪法。11月，为了国家的统一，肯尼亚非洲民主联盟领导人主动解散了他们的党，并加入肯尼亚非洲民族联盟。于独立一周年之际颁行的这部共和国宪法规定肯尼亚为单一制国家。实际上，肯尼亚由此变为一党制国家。1967年，联邦制的最后"遗迹"(如上院)也被合并到下院，组成了一个一院制的立法机构。肯尼亚非洲民主联盟的领导人加入肯尼亚非洲民族联盟后，普遍强化了后者内部如姆博亚这类温和派的力量。

肯雅塔当选为新共和国总统，拥有巨大的行政权。卢奥人领袖奥金加·奥廷加被选为副总统。作为姆博亚的长期对手，奥廷加已成为党内更激进的、更倾向于在肯尼亚推行社会主义政策的激进派的代言人了。肯尼亚非洲民主联盟的领导人之一丹尼尔·阿拉普·莫伊进入内阁，担任内政部长。姆博亚则负责制订经济计划。

1964年，肯雅塔政府更清晰地表现出温和的特征。此后，除了将非洲人安排到关键职位外，政府对英国人留下的行政机构改动不大。肯尼亚非洲民族联盟在很大程度上被蔑称为动员与控制的工具，它取代了省级行政机构。1965年，政府公布了被命名为"非洲社会主义"的经济蓝图。这一政策比较温和，反映了姆博亚与此后担任财政部长的姆瓦伊·齐贝吉(Mwai Kibaki)的思想。国有制、国家控制权也不意味着排斥私人企业与投资。外国投资仍然得到鼓励。实际上，肯尼亚对"非洲社会主义"的定义与坦桑尼亚的极其不同，许多资本主义元素仍在肯尼亚经济中发挥巨大作用。这样的政策有利于产生一个非洲中产阶层，这一阶层包含土地所有者(在殖民土地整合与农业实践中创造出来的)、商人和企业家。20 世纪 60、70 年代，肯尼亚的中产阶层发展壮大并具有影响力。

政治问题、宪法制定与经济政策并非肯尼亚新政府唯一关注的问题。当时对新国家的稳定构成最严重威胁的是东北省的、索马里持不同政见者发动的游击战。东北省几乎全部都是索马里人，其中相当一部分人赞成脱离肯尼亚并与索马里共和国结盟。肯雅塔政府拒绝接受这种分裂国家的诉求。独立后不久，索马里人就在东北省及肯尼亚其他地区以政府设施与公务员为目标发动了一系列袭击。肯尼亚官方称这些游击队为“希夫塔”(shifta，意为“土匪”)，他们得到了邻国的积极支持。肯尼亚大部分武装力量都用在这个东北部干旱、贫瘠的省份中，直到 1967 年肯尼亚与索马里共和国最终订立了和平协议。东北省仍是肯尼亚的一部分。

由于英国的援助，肯尼亚在很大程度上避免了涉及欧洲移民与白人高地的难题。肯雅塔敦促所有肯尼亚居民忘却过去、一起工作。他以自己为例，表示愿意忘记欧洲人曾经加于他的残酷行为。他将“哈拉比”(Harambee，意为“齐心协力”)作为国之箴言，鼓励努力工作、民族团结。对于肯尼亚独立后想离开的移民而言，英国提供资金购买他们农场的全部产权，并将这些土地分割成小块给非洲人，以满足非洲人对获得更多土地的强烈需求。这一过程是循序渐进的，在独立后的 15 年里约有 200 万英亩的土地被重新安置。非洲人也可以获得贷款，以完整购买欧洲人的农场。起初，英国提供了数百万英镑的资金，推进在肯尼亚的这种贷款项目，以购买欧洲人的农场与资产，20 世纪 70 年代末，这笔资金的大部分都被一笔勾销。肯尼亚独立后，大多数欧洲移民都离开了，但如迈克尔·布兰德尔爵士、德拉米尔勋爵(前政治领袖之子)等移民则成为肯尼亚公民，并在肯尼亚的农业、工业等领域继续扮演重要角色。

同样，亚洲人在独立后的肯尼亚经济中继续发挥重要的作用。然而有许多亚洲人遭遇了公民身份认同的难题。许多或者说绝大多数亚洲人都选择加入英国籍。1967 年，肯尼亚制订了新的移民与工作许可条例，旨在加速推进经济领域公私部门的非洲化进程。这导致了非肯尼亚籍的亚洲人无法获得工作与贸易许可。于是，许多亚洲人希望去英国，可又发现英国政府不愿意接受他们，英国制订了更严格的入境管理制度，许多亚洲人因为某种罪行而被捕。选择加入肯尼亚籍的亚洲人并未受到公开的歧视。尽管非洲人已进入批发领域，但亚洲人继续在零售与制造业中发挥重要作用。

2. 两党制与肯尼亚人民联盟

1964年后，肯尼亚非洲民族联盟成为肯尼亚唯一的政党，但内部分歧最终导致了党的分裂。肯尼亚副总统、肯尼亚非洲民族联盟副主席奥金加·奥廷加是引发分裂的领导者。奥廷加更倾向于以社会主义方式发展肯尼亚经济，加强与社会主义阵营的联系。但总统及内阁多数人并不赞成这种主张，而奥廷加在公共事务中也越来越少露面了。此外，奥廷加与姆博亚间的政治对立还在继续。在1966年3月召开的肯尼亚非洲民族联盟的大会上，奥廷加遭遇了最大的挫折，会议修改了党章，取消了副主席一职，代之以每个省选出一位副主席，奥廷加却未获得其中任何一个职位。4月中旬，奥廷加辞去副总统职务，退出肯尼亚非洲民族联盟，他指责政府的指导思想是谋求私利而非大众福利。不到两周后，他宣布组建新党——“肯尼亚人民联盟”(Kenya Peoples Union, KPU)。

一部分肯尼亚非洲民族联盟成员退党并加入奥廷加的肯尼亚人民联盟，其中包括一位内阁部长、两位助理部长。加入肯尼亚人民联盟的多数人要么来自一个族群(例如卢奥人)，要么同意奥廷加所认为的政府忽视大众、只支持富人的观点。共有29名代表与议员退出肯尼亚非洲民族联盟、转而加入肯尼亚人民联盟。政府在姆博亚掌权时期通过了一个宪法修正案，它要求更换党派的人同时从议会中辞职，并在选区中进行新的选举。此修正案导致了1966年的“小型大选”(Little General Election)。

政府利用其巨大的资源与影响力使肯尼亚非洲民族联盟在选举中获胜，肯尼亚人民联盟获得的大量支持来自卢奥人地区。奥廷加虽以优厚的待遇重新当选，不过在肯尼亚人民联盟赢得的9席中只有3席来自卢奥人以外的地区。尽管奥廷加声称他获得了穷人的巨大支持，但此次选举后肯尼亚人民联盟还是处于相对弱势的地位。肯尼亚人民联盟被视为一个单一族群的政党。然而事实上，奥廷加及其政党并未完全获得卢奥人的支持。肯尼亚第二大族群卢奥人分裂为两派：一派人忠于奥廷加，另一派人则支持仍为肯尼亚非洲民族联盟成员的姆博亚。肯尼亚人民联盟成立后产生的另一个重要后果是，奥廷加辞职后莫伊被任命为副总统。莫伊是此前肯尼亚非洲民主联盟的主席，也是卡伦津人。1967年莫伊成为副总统，并在此后11年里兼任内政部长。

肯尼亚非洲民族联盟的政府在随后几年里维持了主导权。通过操控政治以及利用行政机构权力，它消除了所有威胁。这些手段包括在1968年的市政选举中取消所有肯尼亚人民联盟候选人的资格，理由是其提名文件填写与程序上的错误。1969年7月姆博亚遇刺事件引起了强烈的反响。姆博亚之死在许多地方尤其是在卢奥人地区引发动荡。1969年10月，肯雅塔总统在卢奥人居住地区的中心基苏木为一所新医院揭牌，当时的骚乱也导致一些人死亡。此后不久，奥廷加及其他肯尼亚人民联盟领导人被预防性拘捕，肯尼亚人民联盟也被禁止。奥廷加在未经审判的状态下一直被拘押至1971年。

政府利用大众民主的方式压制肯尼亚人民联盟。在逮捕了肯尼亚人民联盟领导人之后，当年12月举行了选举。只有一个政党参加了这次竞选，肯尼亚人民联盟则没有资格参选。不过，选举是自由开展的，几乎每个席位都有许多候选人竞争。肯雅塔总统在没有对手的情况下再次当选，不过也有2/3的前议员（包括几位部长）在这次选举中落选。

3. 20世纪70年代的肯尼亚

虽然在法律上肯尼亚并非一党制国家，不过在20世纪70年代，肯尼亚政治是由单一政党主导的。肯雅塔总统继续掌控着政治权力，但由于年事已高他已无法积极参与日常的政治活动了。他愈发成为一个“家长制”的领导人，或扮演了这个国家的“父亲”的形象。他被肯尼亚人视为“姆兹”（mzee，意为“长者”），当内阁成员对危机的处理意见不一或政客之间争吵不休的时候他才介入调停。时光流转，批评与质疑之声一般都不再指向他了。

20世纪70年代，肯雅塔继承人的问题日益引发人们的兴趣。1976年，几位有影响力的部长、政客建议修改宪法，以禁止副总统在总统去世后继任。这将继承人问题的争论推向顶峰。这项建议可以被理解为试图阻止莫伊成为总统，它也是执政党内政治权力斗争的反映。最终，总统和首席检察官查尔斯·恩琼乔（Charles Njonjo）否决了该建议。

20世纪70年代初，肯尼亚经济继续发展，多数作物的生产水平都得到提高。茶叶、糖的产量增幅很大。咖啡产量也扩大了，农产品仍是肯尼亚最重要的出口商品。此前咖啡种植被移民垄断，现在非洲小农生产的咖啡量比大庄园生产的要多得多。20世纪70年代，随着个人所有制与相关契约制度的引入，肯尼亚大部分地区的土地所有制发生了巨大变化。20 世纪 60、70 年代，旅游业日益成为国家税收的重要来源之一。在肯尼亚新建了许多酒店，旅游业成为仅次于咖啡业的全国第二大外汇来源行业。

像农业一样，肯尼亚的工业也表现出了混合经济的特征。政府、合作社与私人企业都在其中占有一席之地。很大一部分的经济作物都是通过合作社流向市场的，肯尼亚的合作社数量在独立后有了巨大增长。大部分工商业都掌握在私人手中。肯尼亚受益于殖民时期的发展先机，那时它依靠工厂、金融机构与交通设施而在东非各国中处于领先地位，这种地位在独立后继续得以保持。许多跨国公司在肯尼亚设厂运营。肯尼亚政府在大多数跨国公司中都拥有股份，不过经营权通常由非洲人以外的人掌握。

然而，20 世纪 60 年代令人满意的经济发展到 70 年代多少有些放缓了。许多因素，包括粮食歉收、世界市场价格的下跌及石油价格的大幅上扬，都导致肯尼亚经济发展速度变慢。只有 1976—1977 年因咖啡价格上涨才出现了与这一衰退趋势不同的繁荣。像在 20 世纪 60 年代一样，70 年代肯尼亚超高的出生率也抵消了一部分发展的成果。

在肯尼亚，不是所有的地区都同样享受到了工农业发展的成果。例如，在肯尼亚北部，尤其是游牧的尼罗特人与库希特人，几乎未被国家的发展计划涵盖到。即使在农业高度发展的地区，人们的财富差别也在日益扩大。政府的发展政策更倾向于关注那些成功的自耕农，而非挣扎在生存线上的耕种者。这使一些农村地区的阶层分化更严重了。

肯尼亚经济政策的一个后果就是，在农村与城市中都产生了所谓的“经济精英阶层”。其中的城市精英无疑是对国家最具影响力的一群人。他们在城市与农村都拥有大量土地，接受了西方教育，在政府官僚体制中也有巨大的力量。此外，与坦桑尼亚不同的是，肯尼亚政府政策允许公务员在履行其政府职责以外从事商业活动。

肯尼亚尽管有多样化的出口市场，可还是与英国保持了密切的经济联系。英国是肯尼亚主要的进出口市场，还是肯尼亚主要的援助国；许多人将这种密切关系视为新殖民主义。在他们看来，英国和英国公司在肯尼亚拥有的巨大影响力将损害后者。肯尼亚与英国的联系究竟是消极的还是积极的，这取决于观察者所持的政治立场。

20 世纪 70 年代初，肯尼亚的政治形势并非政党之间的竞争。1974 年选举继续延续了此前的投票情况。大量候选人通过竞选进入议会。只有奥廷加和其他大多数肯尼亚人民联盟的成员在肯尼亚非洲民族联盟的坚持下被禁止参选。一大部分前议员获得连任。他们的个性以及他们将更好地促进所代表地区发展的相关见解，似乎在最大程度上影响了选举结果。

1974 年后的政治形势多了许多不确定因素，一些观察者认为政府的控制力度在加强。基库尤人在政府中占据主导、相对的少数人占据突出地位、富人精英对权力的渴望、腐败的蔓延，都传递出了民众的焦虑。在这种氛围中，政府政策的主要批评者之一卡里乌基（J. M. Kariuki）在 1975 年被谋杀。人们普遍认为一些政府领导人卷入了这次事件，政府阻止议会对卡里乌基案件的有效调查。在接下来的几年里，总统下令拘押了那些在议会中批评政府的议员。这压制了反对的声音。

1978 年 8 月，肯雅塔总统的去世导致了政治环境的巨大变化。尽管许多外国观察者做了悲观的预测，但副总统莫伊还是顺利继任总统。莫伊提出了追随已故总统"尼耶约"（nyayo，意为"脚步"）的口号，但还是通过释放所有政治拘禁者、采取措施打击腐败的方式缓和了政治气氛。这些及其他一些举措使莫伊总统受到了肯尼亚公众的极大欢迎。

4. 莫伊总统时期

1979 年年底，莫伊总统在没有对手的情况下赢得竞选，同时产生了新一届议会。这次议会选举有一个值得注意的情况，即自肯尼亚独立以来在由非洲人组织的选举中第一次出现了一位欧洲人候选人与一位亚洲人候选人。基库尤人姆瓦伊·齐贝吉（Mwai Kibaki）被任命为副总统兼财政部长。

在莫伊执政时期，肯尼亚经济状况不容乐观。出口收入不像前些年那样快速地增长了，石油的进口严重消耗了外汇。20 世纪 80 年代，由于粮食欠收及不合理的计划，肯尼亚面临着食品短缺的问题。加之 1983 年和 1984 年的严重干旱，肯尼亚被迫开始进口食品。

除了经济上的困难，涉及主要政治人物特别是齐贝吉与恩琼乔贪污腐败的指控与争论，也导致了对国家日益增长的批评与不确定性。恩琼乔 1980 年辞去首席检察官职务，并以当选议员的身份进入内阁。政府同意向美国开放其军事设施的协议也遭到许多方面的反对。1982 年上半年，行政当局主要采取了一些措施以强化自身地位、平息异议，议会通过立法确认肯尼亚为一党制国家，此前被莫伊请回肯尼亚非洲民族联盟的奥廷加又被开除，许多被认为是同情马克思主义的政客与学者未经审判就被拘押。

在政治气氛日益紧张的环境下，1982 年 8 月 1 日，一些空军人员试图发动一场政变。在一些高校学生的支持下，政变军人一度控制了官方广播中心“肯尼亚之声”(Voice of Kenya)、内罗毕机场以及城市的主要邮局。腐败、限制自由成为暴力推翻现政府的理由，不过肯尼亚军队很快就平息了这场政变。政变导致约 150 人丧生，政变过程中的抢劫扩大了内罗毕的财产损失。空军被解散，数百名军人被捕，内罗毕大学(University of Nairobi)也关闭了很长一段时间。莫伊总统孤立了有不忠嫌疑的人，毅然地恢复国家秩序，巩固其政权。查尔斯·恩琼乔就是被怀疑的典型人物。1983 年 5 月，他被逐出内阁，一个月后他辞去在议会中的席位。恩琼乔被大肆攻击，被认为是一个政治叛徒，在 1984 年的大部分时间里根据总统命令他就其行事接受司法调查，调查证明他有非法行动。虽然最终他被总统赦免，但他的政治影响力也就此终结了。

除了孤立恩琼乔，莫伊还举行了新的选举以确认其领导地位。他和齐贝吉都再次当选，不过约 40%的议员(包括五名部长)都落选了。1983 年 9 月的选举只有 48%的选民投票，这比 1979 年选举少了 20%。莫伊总统处于更强势的地位，此后五年里他实施了一系列举措，扩大了行政部门的权力，旨在拓展、巩固其对肯尼亚政治结构的支配。新的宪法修正案取消了首席检察官、财务主管与审计长、高院法官以及“公共服务委员会”(Public Service Commission)主席等职务的固定任期，这就使总统有权力随意撤换这些部门或官员的职务。在 1988 年的一党制选举中，立法规定了“排队投票”的方式。在选举初期的公开场合，支持者站在其所支持的候选人的照片后面；莫伊和肯尼亚非洲民族联盟其他领导人都强烈提倡这种比秘密投票更为“民主”的方式。若候选人在“排队投票”中获得 70%的得票，便可以直接获得议会议席，而无须参加非记名投票竞选。在 1988 年 3 月的议会选举中第一次引入这种“排队投票”程序，不过，甚至连莫伊总统后来都承认这种选举方式导致了大规模的欺骗与操控。

这种革新以牺牲政府中的立法、司法机构为代价，极大地增强了行政机构的权力。一党制议会压倒性的力量激怒了反对派。教会集团强烈批评这种宪法与选举改革，其中最突出的是几个圣公会主教，"肯尼亚律师协会"(Law Society of Kenya)也对这种改革持批评态度。20 世纪 80 年代中期，这种私下异议以"穆瓦肯尼亚"(Mwakenya)运动的形式表现出来；这一组织中的许多人被判刑入狱，他们被看作鼓吹以暴力推翻政府的人。从 1987 年开始，政府面对不断增长的国际批评，这主要是由于肯尼亚的人权纪录，特别表现在缺乏民主、未经审判的拘捕、警察和安全部队实施的酷刑等方面。1985—1990 年恶化的经济状况也成为国内产生不满情绪的原因之一。

直到 1989 年年底，肯尼亚非洲民族联盟与莫伊的地位似乎都是不可挑战的。1988 年选举后，齐贝吉虽然还留在内阁，但已不再是副总统；而其他一些政治上较有影响的人如肯尼斯·马蒂巴(Kenneth Matiba)，则被逐出内阁并开除出党。但是到了 1989—1990 年，人们对莫伊政权的独裁性日益不满。其中最突出的要求就是实现政治多元化、结束一党制国家。教会领导人及政客如马蒂巴、查尔斯·卢比亚(Charles Rubia)发出了变革的呼声，肯尼亚民众则扩大了这一呼声。当局尽管拘押了马蒂巴与卢比亚，却无法压制民众要求实行多党制的呼声；政治抗议加之日益恶化的经济形势，导致了 1990 年 7 月发生在内罗毕的骚乱。1990 年 2 月，肯尼亚外交部长罗伯特·奥库(Robert Ouko)被杀，政府却不能逮捕相关责任人，这进一步损害了当局在民众中的信誉。不断增强的要求进行政治改革的国际压力也起到一定作用，政府被迫对 20 世纪 80 年代的政治进行一些变革。1990 年年底，当局同意放弃"排队投票"，重新实行无记名秘密投票的程序，并恢复此前被取消的那些职位的固定任期。

这些变革几乎不能平息民众日益增长的要求更大范围民主的诉求，这些诉求的核心是通过结束一党制促进民主。国内不满情绪日增，肯尼亚的主要援助国也对其施加了要求政治多元化的压力，这些都迫使莫伊政权于 1991 年年底以立法的形式满足人们要求建立其他政党的诉求。此后便产生了几个反对党，其中最突出的是"恢复民主论坛"(Forum for the Restoration of Democracy, FORD)与"民主党"(Democratic Party, DP)。后者是齐贝吉于 1991 年 12 月退出肯尼亚非洲民族联盟后建立的。1992 年是一个多党制的时期，许多政治组织都在为1992年12月举行的总统、议会选举做准备。然而,在投票前“恢复民主论坛”分裂为两个政党,分别是马蒂巴领导的“正统恢复民主论坛”(FORD—Asili)和由奥廷加领导的“肯尼亚恢复民主论坛”(FORD—Kenya)。在总统选举中,莫伊面对三个主要对手及若干较小的竞争者,尽管他只有略高于36%的得票率,但还是获胜了。相对于四分五裂的反对党,肯尼亚非洲民族联盟在新议会中占据了多数席位。

在莫伊作为总统的最后两届任期中,肯尼亚表现出以下特征:族群间紧张关系的不断升温,表现为在肯尼亚几个省份中的针对所谓“非本土人”的冲突(如1991年)、经济不断恶化、严重的腐败问题。肯尼亚国内的腐败、低效政策、主要出口商品价格普遍下跌、环境恶化、援助国中断援助等问题对莫伊政权形成压力,而莫伊政府将精力放在治理腐败又导致了肯尼亚经济的停滞,反对党与肯尼亚民众则致力于推动宪法改革。20世纪末21世纪初,肯尼亚不止一次出现了经济负增长,失业率上升,生活在贫困线以下的民众数量不断增加。茶叶成为当时肯尼亚最有价值的农业出口品。20世纪90年代,肯尼亚人日益增长的不安全感是另一个主要问题。尽管面对种种困难,莫伊还是在1997年的选举中设法击败了那些仍处于分裂状态的反对党。莫伊的得票率远未达到多数,可他还是击败了齐贝吉、“民族发展党”(National Development Party, NDP)的领导人拉伊拉·奥廷加(Raila Odinga, 1994年去世的奥金加·奥廷加的儿子)、“肯尼亚恢复民主论坛”的领导人迈克尔·基加纳·瓦马瓦(Michael Kijana Wamalwa)。肯尼亚非洲民族联盟在1997年议会选举中也再次赢得多数。

5. 莫伊时代的结束

在莫伊总统最后五年的任期里,经济问题、不断增加的改革诉求(包括制定新宪法)以及总统关注的继承问题都比较突出。莫伊勉强同意修宪,但仅是建立一个审查委员会就耗费了相当长的时间,直到2002年12月预定的大选前该委员会也未能起草出一部新宪法。莫伊为了让肯尼亚非洲民族联盟保持权力并确保继任者能维护他的利益,于2002年促成了肯尼亚非洲民族联盟与民族发展党的联盟。于是,拉伊拉·奥廷加在2001年进入了莫伊内阁,不过莫伊最终选择乌呼鲁·肯雅塔(Uhuru Kenyatta, 肯雅塔总统的儿子)作为肯尼亚非洲民族联盟的总统候选人;这迫使奥廷加及其他几个肯尼亚非洲民族联盟的支持者退出了政府,他们在

2002年大选前转而加入“自由民主党”(Liberal Democratic Party, LDP)。

退出政府的这些人包括此前长期担任副总统的乔治·萨托提(George Saitoti),他们迅速加入反肯雅塔、反莫伊的联盟。齐贝吉、瓦马瓦和查瑞提·恩吉卢(Charity Ngilu)一起组织了“肯尼亚民族联盟党”(National Alliance Party of Kenya, NAK),并推选齐贝吉为总统候选人。奥廷加与自由民主党也加入其中,并组成了“全国彩虹同盟”(National Rainbow Coalition, NARC)。在12月的大选中,全国彩虹同盟大获全胜,齐贝吉成为第一位在总统选举中以多数选票当选的总统,全国彩虹同盟在议会选举中也赢得了大多数议席。

新总统承诺打破过去政府的运作模式,建设更民主的文化。他还承诺恢复经济,给肯尼亚人一部新宪法。齐贝吉通过肯尼亚民族联盟党与自由民主党的支持建立了一个强大的政府,但由于新任部长间的分歧问题马上又产生了。其中最重要的分歧涉及修宪。“宪法审查委员会”(Constitutional Review Commission)虽然完成了其在2003年召集宪法大会的工作,但直到次年才起草出新宪法草案。草案主张通过削弱总统权力以减少行政部门的力量,还主张创设总理一职,并将中央政府的权力下放到地方政府。齐贝吉的许多支持者赞成保留一个强势的总统,而奥廷加与许多自由民主党领导人则支持新宪法草案。2004—2005年,随着议会掌控了起草新宪法的进程,分歧进一步加深了。2005年8月新公布的宪法草案激起了许多自由民主党中坚分子的强烈反对,因为在这一草案中未涉及设立总理、真正下放权力等问题。奥廷加与其他自由民主党领导人加入肯尼亚非洲民族联盟并组织了“橙色民主运动”(Orange Democratic Movement, ODM),在11月举行的公投中反对该宪法草案。肯尼亚人拒绝接受这样的新宪法,齐贝吉总统随后解散了整个内阁。在随后任命的新内阁中没有“橙色民主运动”的成员。

这也意味着为2007年大选做准备的、新的政治阵营已划分出来。齐贝吉宣布谋求连任,声称支持成功的经济复兴。政府恢复了“肯尼亚肉制品协会”(Kenya Meat Commission)和“肯尼亚乳品合作社”(Kenya Co-operative Creameries)这两家在莫伊时代破产的机构,2006年肯尼亚的经济增长反弹到令人印象深刻的水平。尽管如此,齐贝吉政府还是由于未能有效处理腐败问题以及未能颁布新宪法而遭到了指责。

在 2007 年 12 月的大选中，齐贝吉连任总统，但分歧也加深了。齐贝吉的主要对手奥廷加起初拒绝接受齐贝吉赢得总统选举的官方结果，奥廷加的支持者也赢得了议会中的多数席位。这导致了 2008 年 1 月发生在肯尼亚许多地区的严重抗议与暴力事件。随后非洲联盟介入，联合国前秘书长科菲·安南(Kofi Annan)也出面调停。齐贝吉与奥廷加最终同意组建一个联合政府，以分享权力、重建和平。奥廷加在新政府中担任新设立的总理一职。这个新政府面临着骚乱后重建的巨大难题，毕竟骚乱导致大量肯尼亚人流离失所。

6. 外交事务

肯尼亚独立后曾正式宣称实行中立或不结盟政策，实际上却实行了亲西方的外交政策。肯尼亚保持了与英国的密切关系，20 世纪 70 和 80 年代不断发展了与美国的关系。这些国家为肯尼亚提供了大量的经济、军事援助。肯尼亚与苏联保持了正常的关系，不过在 20 世纪 60 年代中期曾一度恶化，因为当时苏联被怀疑在某些方面支持奥廷加及肯尼亚人民联盟。总体看来，肯尼亚并未采取非常激进的外交政策。肯雅塔在当政时期很少因为外交事务而离开肯尼亚。

20 世纪 60 年代，对肯尼亚外交事务最重要的影响因素也许就是发生在国家东北部的“希夫塔战争”了。为了寻找盟友对付由索马里支持的叛军，肯尼亚自然地找到了埃塞俄比亚；后者同样反对索马里共和国对其领土的要求。这促使肯、埃两国建立紧密关系。虽然在 20 世纪 70 年代埃塞俄比亚的帝制政权垮台并被激进的马克思主义政权取代，但肯尼亚与埃塞俄比亚的关系未受影响。尽管在意识形态上两国存在巨大差异，但肯尼亚与埃塞俄比亚密切合作，共同反对索马里对它们提出的领土要求。由于其他非洲国家领导人特别是赞比亚总统卡翁达的调停，希夫塔战争终于在 1967 年结束。

20 世纪 60 和 70 年代，与坦桑尼亚、乌干达相比，肯尼亚在非洲事务中扮演了较为低调的角色。当时，肯雅塔总统试图参与解决非洲问题与冲突，如 1964 年的刚果内战与 1976 年的安哥拉内战，但往往并不成功。肯尼亚与津巴布韦、纳米比亚一样，都有被白人统治的相似历史，不过它作为“前线国家”一员所发挥的作用并不重要。

到了 70 年代中期，肯尼亚在东非看起来特别孤立。它与索马里共和国的关系从未好转，1975 年后与阿明政权的关系也严重恶化了。阿明总统声称对肯尼亚西部领土拥有主权;而肯尼亚则允许以色列飞机在内罗毕停留,这些飞机于1976年年中实施了营救在恩德培的人质的行动。[①] 东非共同体的破裂又恶化了肯尼亚与坦桑尼亚的关系,坦桑尼亚关闭了与肯尼亚的边界。80年代,这种孤立状态有所缓解,国家间开始相互理解。阿明政权的倒台是一个因素,而莫伊总统也能与邻国建立起70年代从未出现过的融洽关系。1983年年底,肯、坦两国达成协议,重新开放边界并恢复正式外交关系。

在莫伊时期,肯尼亚在非洲事务乃至世界事务中发挥了更大的作用。他广泛出访,积极表达肯尼亚对非洲及世界重要问题的立场。他对南部非洲的局势畅所欲言,并于1981年当选非洲统一组织主席,随后肯尼亚主办了非洲统一组织的年会。

20世纪80年代,莫伊政府在外交上采取了更加亲西方的政策。为了获取军事与财政援助,肯尼亚与美国的密切关系甚至超过了与英国的关系。肯尼亚参与了由美国领导的对1980年莫斯科奥运会的抵制行动。肯尼亚还允许美国使用其境内的特别是蒙巴萨的军事设施。可以说,80年代初肯尼亚是东非三国中与美国关系最紧密的国家。不过,20世纪80年代末、90年代初肯尼亚与美国等大国的关系日益紧张。冷战结束后美国对肯尼亚政治制度与人权纪录的批评使两国关系不断恶化。

90年代,肯尼亚政府的腐败问题日益严重,莫伊的政策也受到越来越多的批评。这导致援助国中止了对肯尼亚的经济援助,如1991—1993年。2002年姆瓦伊·齐贝吉当选总统后,肯尼亚与许多援助国之间的关系有所好转,但2005年后齐贝吉政府承受了不断增加的批评,尤其是因为政府在处理腐败问题上的无能。

在莫伊执政的最后几年以及齐贝吉时期,肯尼亚为了促使饱受内部冲突之苦的邻近国家如苏丹、索马里实现和平而参与了国际谈判。肯尼亚的外交官与领导人声称他们成功地帮助苏丹南部地区恢复了和平,但在索马里问题上成效不大。

东非国家独立和正式脱离英国统治后,三个国家在处理各自面对的政治、经

---

① 1976年6月底,一架从特拉维夫途经雅典飞往巴黎的客机在雅典机场起飞后遭劫持。被劫持客机在乌干达总统阿明的许可下降落在恩德培机场。7月初,以色列发动“霹雳行动”成功解救困在恩德培的以色列人质。肯尼亚在此次行动中允许以色列飞机在内罗毕机场停靠、加油,并帮助救护伤员。译者注。

济问题时选择了不同的方式。然而，在某种意义上讲，没有哪个国家能真正抛弃殖民时代的遗产，它们仍然都非常依赖发达国家。坦桑尼亚对过去的殖民影响消除得最彻底，肯尼亚则相反。但两国都被迫处在一种非常难以有效改变的经济模式中，这套模式是过去60年的殖民统治创造的。外部市场、发展援助仍然是决定其命运的关键因素。在政治上，肯尼亚与坦桑尼亚发展出不同形式的一党制体系。两国的首任总统肯雅塔和尼雷尔都受到民众的普遍尊敬，因此国内都保持了相对的政治稳定。选择不同道路的这两个人尤其是尼雷尔，在国家独立后的发展中留下了深深的个人印记。两国都找到了符合非洲人实际的、促进国家团结的方式，这也是一种合理可行的政治文化。

与两国相反的是，乌干达独立后的历史表明，殖民时代的问题衍生出严重的政治骚乱，尤其是布干达的分离主义、政治上的宗教对立以及“失地”问题。20世纪60年代初，谋取政治私利的行为注定了乌干达人民大会党与卡巴卡耶卡党的低效和短命。不出所料，这种谋私行为导致了痛苦的不平等，并给国家带来了挑战，用卡鲁基勒(Karugire)博士的话说，就是“空想战胜了现实”。乌干达仍要像肯尼亚、坦桑尼亚一样，建立一种可行的政治文化，并找到促进团结的方式。尽管在独立之初的一段时期里乌干达的经济在东非三国中是最好的、也是工农业发展最为均衡的，但随后的事件粉碎了这一切。而穆塞韦尼统治时期取得的进步则展现了乌干达经济发展的潜力。

阅读建议

Coulson, Andrew, *Tanzania: A Political Economy*. Oxford, 1982.

Gertzel, Cherry J., *The Politics of Independent Kenya*. Nairobi, 1970.

Karugire, S. R., *A Political History of Uganda*. Nairobi, 1980.

Kitching, Gavin, *Class and Economic Change in Kenya*. New Haven, 1980.

Kyemba, Henry, *State of Blood*. London, 1977.

Leys, Colin, *Underdevelopment in Kenya*. Nairobi, 1974.

Mazrui, Ali, *Soldiers and Kinsmen in Uganda*. Beverley Hills, 1975.

Pratt, Cranford, *The Critical Phase in Tanzania*. Cambridge, 1976.

参考文献

Alpers, Edward, *Ivory and Slaves: Changing Pattern of International Trade in East Central Africa to the Later Nineteenth Century*. London, 1975.

Apter, David E., *The Political Kingdom in Uganda*. London, 1961.

Atieno—Odhiambo, E. A., *Siasa: Politics and Nationalism in East Africa*, 1905—1939. Nairobi, 1981.

Barnett, D. L. and Njama, Karari, *Mau Mau From Within*. London, 1966.

Bates, Robert, *Beyond the Miracle of the Market*. Cambridge, 1989.

Beattie, J. H. M, *Bunyoro: An African Kingdom*. New York, 1960.

Bennett, George, *Kenya: A Political History*. Nairobi, 1963.

Berman, Bruce, *Control and Crisis in Colonial Kenya*. London, 1991.

Berman, Bruce and John Lonsdale, *Unhappy Valley*. London, 1992.

Bishop, W. W. and Clark, J. D. eds., *Background to Evolution in Africa*. Chicago, 1967.

Brett, E. A., *Colonialism and Underdevelopment in East Africa*. London, 1973.

Buell, Leslie, *The Native Problem in Africa*. 2 vols. New York, 1928.

Bunker, Stephen G., *Peasants Against the State*. Urbana and Chicago, 1987.

Chittick, H. N. and Rotberg, Robert I. eds., *East Africa and the Orient*. New York, 1975.

Clark, J. D., *The Prehistory of Africa*. London, 1970.

Clayton, Anthony and Savage, Donald, *Government and Labour in Kenya*, 1895—1963. London, 1974.

Cliffe, Lionel and Saul, John eds., *Socialism in Tanzania*. Dar es Salaam, I973.

Clough, Marshall S., *Fighting Two Sides: Kenyan Chiefs and Politicans* 1895—1949. Niwot, Col., 1990.

Cohen, D. W. and E. S., Atieno Odhiambo. *Siaya*. London, 1989.

Cohen, D. W., *The Historical Tradition of Busoga, Mukama and Kintu*. Oxford, 1972.

Cole, S., *The Prehistory of East Africa*. London, 1963.

Cooper, Frederick, *From Slaves to Squatters*. New Haven, 1980.

Cooper Frederick, *Plantation Slavery on the East Coast of Africa*. New Haven, 1977.

Coulson, Andrew, *Tanzania: A Political Economy*. Oxford, 1982.

Dilley, M. R., *British Policy in Kenya Colony*. 2nd ed. London, 1966.

Dunbar, A. R., *A History of Bunyoro-Kitara*. Nairobi, 1965.

Ehret, Christopher, *Ethiopians and East Africans*. Nairobi, 1974.

Ehret, Christopher, *Southern Nilotic History*. Evanston, 1971.

Ehret, Christopher and Posnansky, Merrick eds., *The Archaeological and—Linguistic Reconstruction of African History*. Berkeley, 1982.

Eliot, Sir Charles, *The East Africa Protectorate*. London, 1905.

Elkan, Walter, *The Economic Development of Uganda*. London, 1961.

Elkan, Walter, *Migrants and Proletarians: Urban Labour in the Economic Development of Uganda*. London, 1961.

Fallers, L. A., *Bantu Bureaucracy*. Cambridge, 1956.

Fearn, Hugh, *An African Economy*. London, 1961.

Feierman, Steven, *The Shambaa Kingdom*. Madison, 1974.

Ford, V. C. R., *The Trade of Lake Victoria*. Kampala, 1955.

Freeman—Grenville, G. S. P., *The East African Coast: Select Documents From the First to the Earlier Nineteenth Century*. Oxford, 1962.

Freund, Bill, *The Making of Contemporary Africa*. Bloomington, 1984.

Furedi, Frank, *The Mau Mau War in Perspective*. London, 1990.

Galbraith, John S., *Mackinnon and East Africa, 1878—1895: A Study in the "New Imperialism"*. Cambridge, 1972.

Garlake, P. S., *The Early Islamic Architecture of the East African Coast*. Natrobi, 1966.

Gertzel, C. J. , *The Politics of Independent Kenya*. Nairobi, 1970.

Goldsworthy, David, *Tom Mboya: The Man Kenya Wanted to Forget*. Nairobi, 1982.

Gray, Richard ed. , *Cambridge History of Africa. Vol. 4*. Cambridge, 1977.

Gray, Sir John, *History of Zanzibar for the Middle Ages to 1856*. London, 1962.

Greenberg, Joseph H. , *The Languages of Africa*. The Hague, 1963.

Hansen, Holger Bernt and Michael Twaddle eds. , *Uganda Now*. London, 1988.

Harlow, V. C. and Chilver, E. M. eds. , *History of East Africa. Vol. 2*. Oxford, 1965.

Hill, M. E. , *Permanent Way. Nairobi*, 1961.

Hollingsworth, L. W. , *Zanzibar Under the Foreign Office, 1890—1913*. London, 1953.

Huxley, Elspeth and Perham, Margery, *Race and Politics in Kenya*. 2nd ed. London, 1956.

Huxley, Elspeth, *White Man's Country*. 2 vols. New York, 1968.

Iliffe, John, *A Modern History of Tanganika*. Cambridge, 1979.

Iliffe, John, *Tanganyika Under German Rule, 1905—1912*. Nairobi, 1969.

Ingham, Kenneth, *A History of East Africa*. London, 1962.

Ingham, Kenneth, *The Making of Modern Uganda*. London, 1958.

Jackson, Sir Frederick, *Early Days in East Africa*. London, 1930.

Johnston, H. H. , *The Uganda Protectorate*. 2 vols. London, 1902.

Jorgenson, Jan J. , *Uganda: A Modern History*. London, 1981.

Kaggia, Bildad, *The Roots of Freedom*. Nairobi, 1975.

Kaniki, Martin ed. , *Tanzania Under Colonial Rule*. London, 1980.

Kanogo, Tabitha, *Squatters and the Roots of Mau Mau, 1905—63*. London, 1987.

Karugire, S. R. , *A History of the Kingdom of Nkore in Western Uganda to* 1896. Oxford, 1971.

Karugire, S. R., *A Political History of Uganda*. Nairobi, 1980.

Kenyatta, Jomo, *Facing Mount Kenya*. London, 1938.

Ki-Zerbo, J. ed., *General History of Africa. Vol. 1.* Berkeley, *1981*.

Kimambo, I. N., *A Political History of the Pare*. Nairobi, *1969*.

Kimambo, I. N. and Temu, A. J. eds., *A History of Tanzania*. Nairobi, *1969*.

Kimambo, Isaria N., *Penetration and Protest in Tanzania: The Impact of the World Economy on the Pare, 1860—1960*. London, 1991.

Kirkman, J. S., *Men and Monuments on the East African Coast*. London, 1964.

Kitching, Gavin., *Class and Economic Change in Kenya*. New Haven, 1980.

Kiwanuka, S. S., *A History of Buganda From the Foundation of the Kingdom to 1900*. London, 1971.

Kyemba, *H.*, *State of Blood*. London, 1977.

Lamb, Geoff, *Peasant Politics*. London, 1974.

Lamphear, John, *The Traditional History of the Jie*. Oxford, 1976.

Leakey, Richard and Lewin, Roger, *Origins*. New York, 1977.

Leys, Colin, *Underdevelopment in Kenya*. London, 1975.

Leys, Norman, *Kenya*. 4th ed. London, 1968.

Lofchie, M., *Zanzibar: Background to Revolution*. Princeton, 1965.

Low, D. A., *Buganda in Modern History*. Berkeley, 1971.

Low, D. A., *Religion and Society in Buganda, 1875—1900*. Kampala, 1957.

Low, D. A. and Pratt, R. C., *Buganda and British Overrule, 1900—1953*. London, 1960.

Low, D. A. and Smith, A. eds., *History of East Africa*. Oxford, 1976.

Mair, L. P., *Primitive Government*. London, 1962.

Mamdami, Mahmood, *Imperialism and Fascism in Uganda*. Nairobi, 1983.

Mamdami, Mahmood, *Politics and Class Formation in Uganda*. London, 1976.

Martin, David. *General Amin*. London, 1974.

Matson, A. T., *Nandi Resistance to British Rule, 1890—1906*. Nairobi, 1972.

Maxon, R. M., *John Ainsworth and the Making of Kenya*. Washington, 1980.

Maxon, Robert M., *Conflict and Accommodation in Western Kenya, the Gusii and the British, 1907—1963*. London, 1989.

Maxon, Robert M., *Struggle for Kenya: The Loss and Reassertion of Imperial Initiative*. London, 1993.

Maxon, Robert M., *Struggle for Kenya: the Loss and Reassertion of Imperial Initiative*. London, 1993.

Mazrui, Ali, *Soldiers and Kinsmen in Uganda*. Beverly Hills, 1975.

Middleton, John, *The Kikuyu and Kamba of Kenya*. London, 1953.

Mitchell, P., *African Afterthoughts*. London, 1954.

Morton, Fred, *Children of Ham*. Boulder, 1990.

Moyse—Bartlett, H., *The King's African Rif les*. Aldershot, 1956.

Mungeam, G. H., *British Rule in Kenya, 1895—1912*. Oxford, 1966.

Munro, J. Forbes, *Colonial Rule and the Kamba*. Oxford, 1975.

Muriuki, Godfrey, *A History of the Kikuyu, 1500—1900*. Nairobi, 1974.

Murray—Brown, *Jeremy*, *Kenyatta*. London, 1972.

Mwaniki, H. S. K., *The Living History of Embu and Mbeere*. Nairobi, 1985.

Mwansasu, Bismarck and Pratt, Cranford eds., *Towards Socialism in Tanzania*. Dar es Salaam, 1979.

Niane, D. T. ed., *General History of Africa. Vol. 4*. Berkeley, 1984.

Nottingham, John and Rosberg, Carl, *The Myth of Mau Mau: Nationalism in Kenya*. New York, 1966.

Nurse, Derrick and Spear, Thomas, *The Swahili*. Philadelphia, 1985.

Nyakatura, J. W., *The Anatomy of an African Kingdom*. New York, 1973.

Nyerere, Julius, *Freedom and Unity*. Oxford, 1967.

Nyerere, Julius, *Freedom and Socialism*. Oxford, 1968.

Ochieng', W. R., *A Pre-Colonial History of the Gusii of Western Kenya, C. A. D. 1500—1914*. Nairobi, 1974.

Ochieng', W. R. ed., *A Modern History of Kenya*. Nairobi, 1989.

Ochieng', William R. and Robert M. Maxon eds., *An Economic History of*

Kenya. Nairobi, 1992.

Ochieng', William R. ed., *Themes in Kenyan History*. Nairobi, 1990.

Odinga, Oginga, *Not Yet Uhuru*. London, 1967.

Ogot, B. A., *History of the Southern Luo*. Nairobi, 1967.

Ogot, B. A. ed., *Kenya Before* 1900. Nairobi, 1976.

Ogot, B. A., *Zamani*. New ed. Nairobi, 1974.

Oliver, Roland and Fagan, B., *Africa in the Iron Age*. Cambridge, 1975.

Oliver, Roland and Mathew, Gervase eds., *History of East Africa. Vol. 1*. Oxford, 1963.

Oliver, Roland, *The Missionary Factor in East Africa*. London, 1952.

Oliver, Roland, *Sir Harry Johnston and the Scramble for Africa*. London,1957.

Oliver, Roland ed., *Cambridge History of Africa. Vol. 3*. Cambridge, 1977.

Perham, Margery, *Lugard: The Years of Adventure*. London, 1956.

Phillipson, D. W., *The Later Prehistory of Eastern and Southern Africa*. New York, 1977.

Polome, Edgar and Hill, C. P. eds., *Language in Tanzania*. Oxford, 1982.

Pratt, Cranford, *The Critical Phase in Tanzania*, 1945—8. Cambridge, 1976.

Prins, A. H. J., *The Swahili Speaking Peoples of Zanzibar and the East African Coast*. London, 1961.

Richards, A. I. ed., *East African Chiefs*. London, 1960.

Roberts, A. D. ed., *Tanzania Before 1900*. Nairobi, 1968.

Robinson, R. E., Gallagher, J. and Denny, A., *Africa and the Victorians*. London, 1961.

Ross, William McGregor, *Kenya From Within*. 2nd ed. London, 1968.

Rotberg, Robert and Mazrui, Ali eds., *Protest and Power in Black Africa*. New York, 1970.

Rotberg, Robert ed., *Imperialism, Colonialism and Hunger: East and Central Africa*. Lexington, 1983.

Sandbrook, R., *Proletarians and African Capitalism: The Kenyan Case, 1960—72*. Cambridge, 1975.

Schmidt, Peter, *Historical Archaeology*. Westport, 1979.

Shiviji, Issa, *Class Struggles in Tanzania*. New York, 1976.

Sorrenson, M. P. K., *Land Reform in Kikluyu Country*. Nairobi, 1967.

Sorrenson, M. P. K., *Origins of European Settlement in Kenya*. Nairobi, 1968.

Southall, A. W., *Alur Society*. Cambridge, 1956.

Spear, Thomas, *Kenya's Past*. London, 1981.

Spear, Thomas, *The Kaya Complex*. Nairobi, 1978.

Steinhart, E., *Conflict and Collaboration: The Kingdoms of Western Uganda, 1890—1907*. Princeton, 1977.

Stichter, Sharon, *Migrant Labour in Kenya: Capitalism and African Response*. London, 1982.

Strandes, J., *The Portuguese Period in East Africa*. Nairobi, 1961.

Sutton, J. E. G., *The Archaeology of the Western Highlands of Kenya*. Nairobi, 1973.

Swainson, Nicola, *The Development of Corporate Capitalism in Kenya, 1918—77*. London, 1980.

Thomas, H. B. and Scott, R., *Uganda*. Oxford, 1935.

Throup, David, *Economic and Social Origins of Mau Mau*. London, 1988.

Tignor, Robert, *The Colonial Transformation of Kenya*. Princeton, 1976.

van Zwanenberg, R. M. A., *Colonial Capitalism and Labour in Kenya, 1919—1939*. Nairobi, 1975.

van Zwanenberg, R. M. A., with King, Anne, *An Economic History of Kenya and Uganda, 1800—1970*. Atlantic Highlands, 1975.

Wasserman, Gary, *Politics of Decolonization: Kenya Europeans and the Land Issue*. Cambridge, 1976.

Welboum, F. B., *East African Rebels*. London, 1961.

Were, G. S., *A History of the Abaluyia of Western Kenya*. Nairobi, 1967.

White, Luise, *The Comforts of Home*. Chicago, 1990.

Whiteley, W. H., *Swahili: The Rise of a National Language*. London, 1969.

Wilson, Monica, *Good Company: A Study of Nyakusa Age Villages*. Oxford, 1951.

Wolff, Richard., *The Economics of Colonialism*. New Haven, 1974.

Wright, M., *Buganda in the Heroic Age*. Nairobi, 1971.

Wrigley, C. C., *Crops and Wealth in Uganda*. Kampala, 1959.

Yeager, Rodger, *Tanzania: An African Experiment*. 2nd ed. Boulder, 1989.

附录:非洲术语

阿巴鲁苏拉(abarusura):由布尼奥罗—基塔拉的“穆卡玛”卡巴雷加建立的一支常备军,它部分是由雇佣兵所组成。

阿赫伊(ahoi):在基库尤人中自愿性的佃户。

巴康古(bakungu):在布尼奥罗—基塔拉与安科莱的最强有力的酋长,他们管控的地域范围最大。

巴塔卡(bataka):布干达传统氏族首领,在强有力的君权崛起以前,他们控制着土地分配,并对地方事务具有影响力。

巴坦格罗(batangole):在布尼奥罗—基塔拉与安科莱的较低级的酋长,他们管控的地域也较小。

布苏鲁(busulu):在布干达传统的、为酋长劳动的义务,在殖民统治建立后,它改为缴纳税金。

恩乌乔(envujo):在布干达传统的、交给酋长的生产贡赋,在殖民统治建立后,它改为缴纳税金。

贡布洛拉(gombolola):布干达王国中的“县”。

贾戈(jago):阿乔利人中的乡村首领。

卡巴卡(kabaka):对布干达国王的称呼。

卡提基罗(katikiro):布干达王国的首相。

基潘德(kipande):斯瓦希里语中指“一张纸”。1919 年后的肯尼亚政府要求所有非洲人男性都须携带这种登记证书。

里瓦里(liwali):阿曼统治者任命的、代表其东非城邦的统治官员称呼。

马及(Maji):斯瓦希里语中指“水”。

姆巴里(mbari):基库尤人中的亚氏族。

穆兰(moran):在马赛人中属于“战士”年龄级的年轻人。

穆加贝(mugabe):对安科莱国王的称呼。

穆卡玛(mukama):对布尼奥罗—基塔拉与托罗国王的称呼。

穆拉马提(muramati):在基库尤人的长老议事会中扮演领导性角色的、突出的地方性领袖。

姆文格佐(mwongozo):坦桑尼亚于1971年发布的政治领导人的行为准则。

恩特米(Ntemi):指代坦桑尼亚西部与中部的、由酋长统治的相对较小的酋长国。

恩伊卡(Nyika):斯瓦希里语中指"荒地",指代将东非沿海与内陆高原分隔开来的干旱地带,主要分布在肯尼亚。

奥莱波尼(olaiboni):马赛人中的传统宗教领袖。

奥姆瓦米(omwami):在卢西亚人的长老议事会中扮演领导性角色的、突出的地方性领袖。

奥科伊尤特(orkoiyot):南迪人中一个宗教与政治领导的职位,19世纪其设立已制度化了。

波罗里埃特(pororiet):南迪人的半自治性地方政府组织,由长老议事会掌控。

鲁加鲁加(ruga ruga):19世纪坦桑尼亚流动型土匪与雇佣军的名称。[①]

若斯(ruoth):对肯尼亚卢奥人酋长的称呼。

卢沃特(rwot):对阿乔利人中的国王的称呼。

萨扎(saza):布干达王国中的"郡"。

希夫塔(shifta):字面意思是"土匪",在肯尼亚指代索马里分离主义者,1963年后他们为了让肯尼亚东北省与索马里共和国合并而进行战斗。

色拉塔泰法,提萨泰法(Thelatha Taifa, Tisa Taifa):字面意思是"三个部落与九个部落",对蒙巴萨的斯瓦希里部落的传统划分。

乌呼鲁(uhuru):斯瓦希里语中指"自由",民族主义政客用它作为口号呼吁从殖民统治下取得独立。

维通(witang):19世纪在兰戈人中出现的军事领导人。

---

① 原著第106页称这一武装为"鲁加鲁加"(ruga ruga),这是正确的,原著中此处写作"ruga fuga",应为拼写错误。译者注。

译后记

罗伯特·马克森教授的这本《东非简史》，只是狭义的"东非三国"（坦桑尼亚、肯尼亚、乌干达）的历史，偶尔也涉及东非其他国家的一些情况。这三个东非国家的历史，既是非洲历史的一部分，也有其不同于非洲历史的个性，如东非沿海历史深受古代及中世纪印度洋贸易圈的影响。东非三国各有不同，但也有共性，如一战后均为英国殖民地，并曾设想建立合并三国的"紧密联盟"。如今的东非共同体，也是以这三个国家为核心。因此，从总体上把握东非三国史并将其作为单独的研究对象，是很有意义的。

在国内，除了1974年的译著《东非史简编》[①]外，并无其他有关东非的通史性著作。马克森教授的这本《东非简史》自1986年出版后，曾于1994年和2009年两次修订再版，已是一部非常成熟的著作，在美国很多大学作为学习东非历史的教材或参考书。马克森教授的《东非简史》脉络清晰，行文简洁，观点突出，对于了解、研究东非历史是个不错的入门性读本。中文翻译版是根据2009年第三版译出的，书中所涉及的东非历史已更新至2008年。

《东非简史》结构清晰。关于殖民以前的时期，作者按照沿海与内陆两个单元分别进行叙述，内陆则进一步划分为乌干达、肯尼亚与坦桑尼亚大陆三部分；关于殖民时期，按照乌干达、肯尼亚、坦噶尼喀与桑给巴尔四个部分叙述；关于独立后时期，以乌干达、肯尼亚、坦桑尼亚三个国家为单元进行叙述。作者笔下的东非史并非四块殖民地或三个国家的历史的简单叠加；正如他在序言中提到的，这种划分只是把握东非历史的一种手段。确实，在东非历史发展的绝大部分时间里，当前的三国边界并不存在，东非的历史是整体性的，族群的迁徙、互动及融合都是在跨越三国边界，甚至是跨越东非的广大范围内无拘无束地进行的。即使在殖民时期乃至独立后，东非三国的紧密联系与互动也是东非历史的一个重要主题。

---

① 佐伊·马什、G. W. 金斯诺思：《东非史简编》，伍彤之译，上海人民出版社，1974年版。

作者呈现的是一个“不断发展进步的东非”，他是从进化史观的角度看待东非历史的，虽然他对东非的未来发展还有许多担忧。作者虽然是一名美国教授，但他尽量避免了“西方中心论”；同时，不矫枉过正，没有变成另一种形式的“非洲中心论”。他在行文中注意平衡对非洲人以及对欧洲人、亚洲人等外来人群的叙述，能够让读者感到，东非历史的主体是东非本地的民众，同时东非历史的发展演变确实受到了外部的影响，这些影响有时甚至是决定性的。作者公允的观点还表现在不一味谴责奴隶贸易、殖民主义，而是注意分析这些事件带来的积极后果，做到了相对客观的述说。

当然，由于本书是修订版，不可避免地产生了一些结构性的问题。如在第 11 章中作者虽然尽可能地更新了东非三国的最新发展情况，但在章节处理上暴露出了问题。例如，在讲述乌干达 1980 年后 30 年的历史时，作者笼统地以“后阿明时代的乌干达”为题，这在当前看来已不合适了，特别是 1986 年穆塞韦尼执政后乌干达已出现了一个特征鲜明的新时代，或许可以称之为“穆塞韦尼时代”，而把这段时期归于“后阿明时代”过于笼统。在肯尼亚与坦桑尼亚的当代史部分，同样存在类似的问题。第 11 章的标题“独立的东非：20 世纪 60—90 年代”更不准确，毕竟其内容已涉及了直至 2008 年的新情况。译者甚至认为，鉴于东非三国独立都有 50 多年了，用一章来叙述这 50 多年的历史难以有效承载其内容，若能将其分为两至三章，那么在行文上将会更加从容。

另外，作者在书中一些部分很注意将“扎伊尔”替换为“刚果民主共和国”，但在另一些段落却忘记替换了，这不能不说是一个瑕疵。

但总体而言，这是一部优秀的东非史著作，值得翻译介绍给国内从事非洲研究的学者及对东非历史感兴趣的读者。

在翻译过程中，有几点需要说明：(1)文中出现的“chiefs and sub-chiefs”可以直译为“正、副酋长”，但基于对书稿上下文的理解，译者将其译为“大、小酋长”，因为所谓的“sub-chiefs”并非酋长的副手，而是管理着比酋长管辖范围更小的地区的独立地方领袖。(2)文中出现的“sub clan, clan, sub tribe, tribe”这四个范畴依次扩大的社会学词汇，译者分别译为“亚氏族、氏族、亚族、部落”，由于自身学科背景的局限，不知其他学科对此是否有更权威的译法，期待批评指正。(3)在翻译专有名词如人名、族名、地名时，参考了联合国教科文组织编撰的《非洲通史》第一、第四、第五、第七和第八卷中的相应译法。此外，由于2011年7月南苏丹共和国独立，译者在本书涉及原苏丹南部地区的历史时都做了注加以说明。

本书由我和浙江师范大学国际文化与教育学院的暴明莹老师共同翻译。她是《蔚蓝色的非洲：东非斯瓦希里文化研究》的作者之一，曾对东非历史文化有深入的研究。本书的第三、第六和第七章由暴老师翻译，其余章节由我翻译，全书的通校工作也由我完成。

本书能够顺利翻译出版，首先要感谢我们共同的老师刘鸿武教授，他一直非常关心本书的翻译进度，时时询问，不断鼓励，才使我们最终得以完成译稿。可以说，若没有他的支持与鼓励，若没有他提供的出版机会，这本译著将难以面世。

云南大学非洲研究中心的研究生武涛、王严、秦明连、尉小霞、胡洋、张伊川试译了部分章节的初稿，对本书的翻译做出了贡献。云南大学非洲研究中心的杨惠老师、浙江师范大学非洲研究院的肖玉华、牛长松老师帮助我们解决了翻译中遇到的很多疑难问题。

早在2009年就开始酝酿翻译事宜，并联系了版权问题。但由于我个人事务繁杂，加之诸多变故，耽误至今才最终译完。本书的责任编辑柏英老师在此过程中表现出了耐心、细致与负责的态度，对我们的问题予以宽容理解。这是我与她的二度合作，在这里要特别感谢她。

我们对东非历史的研究才刚刚起步，对很多问题了解不深，在翻译过程中一定有许多理解错误、翻译不准确的地方，期待读者批评指正，我的邮箱是：leeweitan2006@yahoo.com.cn。

云南大学国际关系研究院非洲研究中心
王　涛